高速公路路面养护工程施工监理实务

陈　鼎　　　　主　编
冯剑青　尤晓時　副主编
熊广忠　　　　主　审

人民交通出版社
China Communications Press

内 容 提 要

本书共分十二章，主要介绍了高速公路路面养护监理的概念、组织机构设置、监理投标与监理合同、施工准备阶段的监理、质量监理、进度监理、费用监理、合同其他事项管理、工程交（竣）工验收与缺陷责任期监理、文件与资料管理、监理管理制度等。结合养护工程的特点，对安全监理和环境保护监理等监理规范中新增的要求作了重点阐述。此外还对网络技术在养护工程监理中的应用等有益的尝试也作了介绍。附录中汇编了高速公路路面养护监理所必需的安全监理台账、单位（分部、分项）工程的划分和质量评定、施工和监理用表（样表）等。全书力求理论与实践相结合，融系统性、指导性、实用性为一体，具有较强的可操作性。可供高速公路养护监理人员以及公路养护施工和公路管理人员在工作中学习参考，也可作为相关大专院校师生的学习参考用书。

图书在版编目(CIP)数据

高速公路路面养护工程施工监理实务/陈 鼎 主编．—北京：人民交通出版社，2008.8

ISBN 978-7-114-07270-3

Ⅰ.高… Ⅱ.陈… Ⅲ.高速公路—中路—公路养护—工程施工—监督管理 Ⅳ.U418.2

中国版本图书馆 CIP 数据核字(2008)第 101389 号

书　　名：高速公路路面养护工程施工监理实务
著 作 者：陈　鼎
责任编辑：赵瑞琴
出版发行：人民交通出版社
地　　址：(100011)北京市朝阳区安定门外外馆斜街 3 号
网　　址：http://www.ccpress.com.cn
销售电话：(010)59757969　59757973
总 经 销：北京中交盛世书刊有限公司
经　　销：各地新华书店
印　　刷：北京宝莲鸿图科技有限公司
开　　本：787×1092　1/16
印　　张：13.75
字　　数：348 千
版　　次：2008 年 8 月　第 1 版
印　　次：2008 年 8 月　第 1 次印刷
书　　号：ISBN 978-7-114-07270-3
印　　数：0001～3000 册
定　　价：28.00 元

序

XU

经过20多年的不懈努力，我国高速公路从无到有，现已进入快速发展的新时期。2007年底统计，全国高速公路通车总里程已达5.39万公里，位居世界第二位。以高速公路为主体，总规模3.5万公里的“五纵七横”国道主干线网比原计划提前了13年铺筑在中华大地上。川流不息的公路交通有力地支撑起国民经济和社会发展，对现代化综合运输体系的构建发挥着基础性作用。

当前，公路交通发展仍面临着严峻的挑战：一是快速增长的公路交通需求的挑战。日益增长的公路交通需求与公路基础设施有效供给不足的矛盾很突出；二是多样化的出行需求的挑战。公路交通服务的对象、内容和服务质量评判标准都发生了显著变化，高速公路要满足安全、快速、舒适、便捷交通的要求；三是建设资源节约和环境友好型社会的挑战。公路发展必然会对资源和环境产生影响，这就要求建设者增强社会责任感和使命感。

新世纪我国高速公路建设正在按照国务院批准的“国家高速公路网布局规划”展开，路网包括7条北京放射线、9条南北方向线路和18条东西方向线路（也称“7918”规划），总长度为8.5万公里，计划用20～30年时间建成。

与此同时，运营中的高速公路网养护管理的工作越来越重。“按照10年的路面大中修养护周期计算，1988年以后修建的高速公路，从沈大高速公路开始，已经陆续到了改建、扩建、大修和中修的养护时期。根据测算，到‘十一五’末，我国高速公路的养护速度将超过建设速度；在10年和15年后，高速公路的养护速度将分别达到每年6000公里和8000公里，并长期维持在这一水平之上。大规模的公路建设之后必然是大规模的养护管理，而且公路养护管理是长期、持续和无止境的”（潘玉利：关于加强公路养护管理研究，建设创新型交通行业的几点认识）。

公路养护管理是公路建设任务的延续，“建养管并重”是可持续发展的理念。科学的养护可以有效延长公路使用寿命，降低路桥设施的全寿命周期成本。通过科学的管理能有效提高通行能力和效率，更好地发挥高速公路的网络效益。加强高速公路养护管理，是保持高速公路的良好技术状况和安全畅通的重要保证。

20年前，京津塘高速公路建设首次实施国际通行的FIDIC条款管理，揭开了我国高速公路建设监理制的序幕。工程监理制的推行和“政府监督、社会监理、企业自检”三级质量保证体系的广泛实施，有力地促进了全国公路建设事业的健康发展。当前，在高速公路养护工程中引入工程监理制有利于促进养护管理体制改革和提高养护管理水平，对确保工程质量和投资效益、加强安全管理、保护环境都将会发挥重要的作用。

《高速公路路面养护工程施工监理实务》是生产一线的专业技术人员撰写的高速公路养护工程监理方面的专业书籍，内容既全面系统，注重理论联系实际，又结合监理规范对安全监理和环保监理等新的要求做了重点阐述，还介绍了网络技术在养护工程监理中的应用。相信该书既是高速公路养护工程技术人员急需的学习资料，也可供公路养护施工和监理人员、业主管理人员等参考和借鉴。

向本书的作者付出的辛劳表示敬意和感谢，希望广大监理工程师勇于实践，勤于钻研，善于总结，能有更多更好的各类监理专业书籍问世，为提高监理人员素质，实现交通又好又快发展而共同努力。

2008年7月8日

前言

QIANYAN

我国公路建设行业较早地引进国际通行的“菲迪克”(FIDIC)条款，推行工程建设招标投标制、合同管理制、工程监理制和项目法人负责制，逐步形成了既与国际接轨又适合我国国情的工程建设管理体制。以我国第一条实行工程监理制的京津塘高速公路为标志，我国高速公路建设自20世纪80年代以来取得了飞速的发展，截至2007年底，全国高速公路通车总里程达5.39万公里，已连续七年稳居世界第二位。随着我国高速公路通车里程的快速增长、道路服务年限的增加以及使用要求的提高，目前，我国高速公路已进入建设与养护并重的时期。高速公路路面养护是保持路况完好，延长其使用寿命，充分发挥高速公路大流量、安全、高效等优势的必要条件。为此，需要遵循“建设是发展，养护管理也是发展，而且是可持续的发展”的理念，加强高速公路养护管理，及时掌握路面病害的状况和成因，正确选择使用养护维修技术和方法，适时进行路面的养护维修，以确保提供安全、快速、经济、舒适的现代化交通条件。

推行高速公路养护工程监理制度，是高速公路养护管理体制的改革和创新，对真正落实“全面养护、科学管理、预防为主、防治结合、保障畅通”的方针，强化工程质量管理，保证工期，控制造价，提高投资运营效益，加强施工安全和环保监督管理，对高速公路养护工作的专业化、标准化、规范化都会起到有效的保证和促进作用。

为了适应高速公路养护管理事业的发展，满足从事高速公路养护工作的监理工程师、施工技术人员和高速公路管理人员的需求，我们在总结近年来高速公路路面养护工程监理理论和实践经验的基础上，依据原交通部《公路工程施工监理规范》(JTG G10—2006)和有关技术标准规范，尝试编写了本书，希望能够起到抛砖引玉的作用。

本书力求理论与实践相结合，融系统性、指导性、实用性和可操作性为一体，对高速公路路面养护质量监理中的旁站监理项目及要点，安全监理和环保监理的内容、程序及要点，路面养护监理投标以及监理项目绩效考核制度等内容做了重点阐述，此外对网络技术在养护工程监理中的应用等有益的探索也做了介绍。为加强本书的实用性，我们在附录中汇编了高速公路路面养护监理所必需的安全监理台账、单位（分部、分项）工程的划分和质量评定、施工和监理用表（样表）等。

本书在编写过程中得到了原交通部总工程师、现任中国交通建设监理协会理事长凤懋润同志的热情支持和鼓励，在百忙之中为本书写了序言。中国交通建设监理协会高级顾问、东南大学熊广忠教授不辞辛劳，对本书进行了认真的审阅。我们还得到了中国交通建设监理协会巩德胜秘书长的大力协助。浙江公路水运工程监理有限公司领导和同事也对本书的编写提出了宝贵的意见和建议，在此一并表示衷心的感谢。

本书第一、四、十章由陈鼎编写；第二章由张晓利编写；第三章由付银根编写；第五章由陈鼎、张晓利编写；第六章由冯剑青编写；第七章由尤晓晴编写；第八章由陈鼎、尤晓晴编写；第九章由冯剑青、付银根编写；第十一章由陈鼎、薛斌峰编写；第十二章由薛斌峰编写。全书由陈鼎主编和统稿。

鉴于目前我国高速公路养护工程监理尚处于起步阶段，可供借鉴的经验和资料有限，同时由于编者水平所限，书中难免错误和疏漏，恳请读者不吝批评指正并将意见发至 chdizh@163. com，以便今后修正补充。

编者

2008 年 7 月于杭州

目录
MULU

第一章　概　论

第一节　实行路面养护监理的背景和重要意义

高速公路是20世纪30年代在德国出现的专门为汽车交通服务的交通基础设施，是20世纪交通运输业最重大的成就之一。高速公路在运输能力、速度和安全性方面具有突出优势。高速公路是国家高效、完善的公路交通网络中最重要的骨架，对推动地区间物质文化交流，促进国家社会经济发展发挥着不可或缺的重要作用。高速公路不仅是交通运输现代化的重要标志，也是一个国家现代化的重要标志。

我国高速公路建设以沪嘉高速公路为起点，以我国第一条实行工程监理制的京津塘高速公路为标志，从无到有，经过20多年的不懈努力，实现了持续、快速的发展，现已进入了飞速发展阶段。截至2007年年底，全国高速公路通车总里程达5.36万km，已连续7年稳居世界第二位。除西藏外，各省、自治区和直辖市都已拥有500km以上的高速公路，有21个省区市高速公路里程超过1 000km，其中，河南、山东两省突破4 000km；江苏、广东两省突破3 000km。以高速公路为主骨架，总规模约3.5万km的“五纵七横”国道主干线已基本贯通，全国高速公路逐步连线成网，规模效益凸现。长江三角洲、珠江三角洲、环渤海等经济发达地区的高速公路网络正在加快形成。高速公路的快速发展，极大提高了我国公路网的整体技术水平，优化了交通运输结构，对缓解交通运输的“瓶颈”制约发挥了重要作用，有力地促进了我国经济发展和社会进步。从长远看，国家高速公路网的建设对于我国保持发展后劲，增强国际竞争力，实现长期持续发展具有重要意义。根据国家“五纵七横”国道主干线系统规划和国家高速公路网规划：到2010年，全国高速公路通车里程将达到5.5万km，国家高速公路网骨架基本形成；到2020年，全国高速公路将建成由7条首都放射线、9条南北纵线和18条东西横线组成的国家高速公路网，通车总里程达到8.5万km，其中主线6.8万km，地区环线、联络线等其他路线约1.7万km，形成以高速公路为主体的国家骨架公路网。

高速公路建成交付使用后，在行车作用和自然与人为等因素的综合作用下，特别是交通量迅速增加，车辆大型化和荷载的不断增大，加之在设计、施工中遗留的某些缺陷，导致高速公路路面产生车辙、拥包、裂缝、坑槽等各种病害和损坏现象，其使用性能将逐渐下降，直至形成路面结构性破坏，严重危及车辆的舒适、畅通和安全行驶。高速公路路面养护是保持路况完好，延长其使用寿命，充分发挥高速公路大流量、安全、高效等优势的必要条件。目前，随着我国高速公路通车里程的快速增长、道路服务年限的增加以及使用要求的提高，我国高速公路已进入建设与养护并重的时期，2000年以前建成的1.3万km高速公路全面进入大修期，2006年以前建成的4.1万km高速公路也普遍进入缺陷责任期后的正常维修养护期，工作量越来越大，技术含量也愈来愈高。为此，需要加强高速公路养护管理，及时掌握路面病害的状况和成因，正确选择使用养护维修技术和方法，适时进行路面的养护维修，以确保提供安全、快速、经济、舒适的现代化交通条件。

20世纪90年代起，高速公路养护管理一直采用“自管自养、事企不分”的体制，管养一家，责任不清，任务不明，高速公路养护未建立竞争机制，养护单位缺乏积极性，工程质量、投资效益和工期都难以得到保障。主要表现在：一是到目前我国还没有一套完备的、符合市场经济规律、能够有效引导和规范高速公路养护管理的法规，养护技术规范和养护质量评定标准也无法完全适应公路养护技术的快速发展。二是由于高速公路建设投资多元化、多样化，致使高速公路养护管理体制形成多样化、多元化，管理体制不顺，缺乏统一规范的养护管理模式。养护管理与交通管理等有着密切的关系，养护施工与维持交通畅通还存在着矛盾。某些业主单位从自身经济效益考虑，对高速公路养护积极性不高。这些问题困扰着养护管理工作的正常开展。三是随着我国市场经济体制的确立和完善，现行的高速公路养护管理体制已不适应市场经济发展的要求。尽管一些业主单位实行了养护工程的部分合同化管理、定额管理和招标承包制等，取得了不少可借鉴的经验，但要从根本上解决问题，必须将高速公路养护全面推向市场，推行养护工程监理制度，实现高速公路养护的市场化和养护生产的社会化。

原交通部颁布的《公路养护工程管理办法》、《公路养护工程市场准入暂行规定》和《公路养护工程施工招投标管理暂行规定》为规范公路养护市场制定了市场准入、施工招投标、养护工程投资、养护工程质量监督、养护质量评价等管理规则，具有较强的指导作用。近年来，许多省市都启动了高速公路养护管理体制改革。以浙江省为例，截至2006年底，浙江省建成通车的高速公路总里程为2 383km。全省共有19家高速公路经营单位，其中8家为省交通投资集团公司控股企业，经营里程1 712km（占通车总里程的72%）；11家为民营企业，经营里程671km（占通车总里程的28%）。面对高速公路产权多元化、分割式的投资运营格局给高速公路养护行业管理工作带来的前所未有的挑战。浙江省根据公路事业的发展规律和全省高速公路的实际情况，为加强全省高速公路养护管理工作，2003年以来，通过积极探索和有益尝试，初步建立了一套行之有效的高速公路养护质量管理体系，推行包括工程监理制在内的养护市场化改革，不断提高高速公路养护制度化、标准化水平，确保了公路处于良好技术状态。近年来，陆续出台了《浙江省高速公路养护管理办法》、《浙江省高速公路养护质量检查办法》、《浙江省高速公路桥头跳车处治管理制度》、《浙江省高速公路路面常见病害治理修复管理规定》、《浙江省高速公路护栏及隔离栅养护管理制度》、《关于实施干线公路路面专项整治的意见》、《浙江省公路养护工程招投标管理办法》等一系列规章制度，建立了完善的高速公路养护质量管理体系。特别是近几年，浙江省已在杭金衢、沪杭甬、甬台温、金丽温、杭宁等高速公路的大中修养护项目实施中推行工程监理制，取得了显著的社会效益和经济效益。

推行高速公路养护工程监理制度，是高速公路养护管理体制的改革和创新，对牢固树立“建设是发展，养护管理也是发展，而且是可持续发展”的理念，真正落实“全面养护、科学管理、预防为主、防治结合、保障畅通”的方针，强化工程质量管理，保证工期，控制造价，提高投资运营效益，加强施工安全和环保监督，对高速公路养护工作专业化、标准化、规范化都起到了有效的保证和促进作用。

第二节 路面养护监理的概念

高速公路路面养护监理，是指监理单位受高速公路经营管理单位（以下简称“业主”）的委托，依照施工合同和监理服务委托合同，在业主的授权范围内，对施工单位的养护施工活动进行全方位、全过程的监理，对合同执行过程中出现的问题进行处理，确保养护工程在质量、费用、工期、安全、环保等方面满足合同文件及有关法律法规的要求。

第三节 路面养护的任务和工程分类

一、路面养护的任务

高速公路路面养护的任务是运用适用的技术和科学的管理方法，合理地分配使用资金，通过路面养护维修使高速公路在设计使用年限内经常保持完好状态，以提高高速公路的服务质量，最大限度地发挥高速公路的运输经济效益。

高速公路路面养护工程具体任务主要包括以下几个方面：

(1)经常对路面进行保养，及时修复损坏部分，保持公路及其设施处于完好状态，保障行车安全、舒适、畅通。

(2)采取先进、正确的技术措施，以提高养护工程质量，降低维修成本，确保路面的耐久性，延长公路使用年限。

(3)防治结合，治理路面病害和隐患，确保路面破损状况、结构强度、平整度、抗滑性能符合公路养护技术规范要求。

二、路面养护工程分类

高速公路路面养护工程一般分为小修保养、中修工程、大修工程、专项工程 4 类，其具体划分如下。

(1)小修保养：是指为保持路面的正常使用功能，而进行的经常性保养和修补其轻微损坏部分的作业。

(2)中修工程：是指对路面的一般性磨损和局部损坏而进行定期的修理，以恢复原状的小型工程项目。

(3)大修工程：是指对路面的较大损坏而进行预防性、周期性的综合修理，使之全面恢复到原设计（或达到新设计）状态，或在原技术等级范围内进行局部改善和个别增建，以逐步提高公路通行能力的工程项目。

(4)专项工程：是指申请专款用于遇到自然灾害，路面遭受严重损坏而进行的修复工程。

高速公路路面养护工作的具体内容见表 1-1 所列。

高速公路路面养护工程分类

表 1-1

小修保养	中修工程	大修工程	专项工程
1.清除路面上的一切杂物； 2.排出积水、积雪、积冰，铺防滑、防冻材料； 3.修补路面局部、轻微病害； 4.处理桥头跳车； 5.日常巡视和定期检查	1.处理沥青路面和水泥混凝土路面局部严重病害； 2.路面整段罩面； 3.整段更换路缘石、整段维修路肩	1.周期性或预防性的整段路面翻修、补强或加宽； 2.沥青路面整段罩面； 3.水泥混凝土路面面板整段更换或改善	当年因自然灾害造成的路面严重损坏的修复

第四节　路面养护监理的准则与依据

一、路面养护监理应遵循的准则

从事高速公路路面养护监理活动应当坚持"严格监理、优质服务、公正科学、廉洁自律"的职业准则，为高速公路路面养护工程管理提供技术服务。

二、路面养护监理的依据

高速公路路面养护监理的依据主要包括以下几个方面：

(1)业主与监理单位签订的监理服务合同。

(2)业主与施工单位签订的施工合同文件。

(3)设计文件与施工图纸。

(4)合同工程量清单及说明。

(5)交通部发布的《公路工程施工监理规范》(JTG G10—2006)、《公路技术状况评定标准》(JTG H20—2007)、《公路工程质量检验评定标准(土建工程)》(JTG F80/1—2004)、《公路养护技术规范》(JTJ 073—96)、《公路沥青路面养护技术规范》(JTJ 073.2—2001)、《公路水泥混凝土路面养护技术规范》(JTJ 073.1—2001)、《公路沥青路面施工技术规范》(JTG F40—2004)、《公路水泥混凝土路面施工技术规范》(JTG F30—2003)、《公路工程沥青及沥青混合料试验规程》(JTJ 052—2000)、《公路工程水泥及水泥混凝土试验规程》(JTG E30—2005)、《公路工程集料试验规程》(JTG E42—2005)和《公路养护安全作业规程》(JTG H30—2004)等有关技术标准规范。

(6)国家有关法律法规、国家和省(市)交通主管部门制订的有关规定。

(7)业主制订的适合本工程的监理规程与办法等。

(8)工程实施过程中有关的会议记录、函电和其他文字记录以及业主依据合同签发的通知、指令、通报等文件。

第五节　路面养护监理的内容与方式

一、路面养护监理的工作内容

路面养护监理的工作内容包括：监理单位依据监理服务合同，对于所辖施工标段自施工准备期至施工结束的全部工程所进行的质量监理、安全监理、环保监理、进度监理、费用监理、合同其他事项管理和文件资料管理,进行缺陷责任期的监理工作。

具体工作内容如下:

(1)编制《监理计划》和《监理细则》。

(2)熟悉合同文件,了解施工现场,审核设计图纸。

(3)参加交桩和设计交底工作,审查施工单位提交的复测结果。

(4)审查施工单位派驻到现场的主要技术管理人员的资质,督促和检查施工单位建立健全质量管理体系、安全管理体系和环保管理体系。

(5)主持召开第一次工地会议和工地例会。

(6)检查施工单位的工地试验室设备到位及标定情况,审核其试验人员资质,督促施工单位办理试验室临时资质。

(7)按照合同要求建立监理试验室,并按规定的频率独立开展监理的试验检测工作。

(8)审批施工单位提交的工艺试验和标准试验报告,对拟用于本工程的原材料质量进行抽检。

(9)审核施工单位拟用于本工程的机械装备的性能与数量。

(10)审查施工单位提交的总体进度计划(批复前报业主认可)和各类进度计划,检查和督促施工单位实施进度计划,审批施工单位的进度调整计划。

(11)审批施工单位提交的本工程的施工组织设计、施工方案,以及确保正常施工和行车安全的施工安全技术措施。

(12)审查分包申请、分包合同和分包人的资质。

(13)发布开工令,审批分项工程开工报告。

(14)要求施工单位按照合同条件、技术规范和监理程序进行施工和报检,通过旁站、巡视、试验检测和整体验收等手段全面监督、检查和控制工程质量。

(15)对施工现场进行巡视检查,发现安全隐患立即要求施工单位整改;对有严重安全隐患时,应指令其暂停施工;若施工单位不停工,监理工程师应报告行政主管部门。

(16)调查、处理工程质量缺陷、质量或安全事故,确认施工单位提出的修补(补救)措施和方法,并监督其实施。出现质量事故时,应按《公路工程质量管理办法》(交通部交公路发[1999]90号)的规定报告和处理;出现安全事故时,应及时上报业主,并督促施工单位按规定上报有关部门。

(17)发布停(复)工令。

(18)签发中间交工证书。

(19)对已完成工程进行准确的计量。

(20)审查签署中期支付证书。

(21)审查工程变更报告,报业主核准,发布变更令。

(22)受理合同事宜,积极采取有效措施,尽量避免工程延期及施工单位对业主的索赔;对出现的工程延期和费用索赔;根据合同规定进行评估、审核和处理。

(23)根据合同的规定处理违约事件,对争端进行协调并为仲裁提供证据。

(24)编制监理月(周)报和项目监理报告。

(25)对施工单位的交工申请进行审查,组织对拟交工工程的检查和验收。

(26)签发交工证书。

(27)督促施工单位按有关竣工文件编制办法的规定编制竣工文件。

(28)编制监理竣工文件。

(29)进行缺陷责任期监理工作,监督施工单位认真执行缺陷责任期的工作计划,检查和验收剩余工程,对已交工工程出现的缺陷或病害,调查其原因并确定相应责任。每月至少一次向业主书面提出路面巡查报告。

(30)签认工程缺陷责任终止证书。

(31)签认最终支付证书。

(32)配合业主进行竣工验收。

监理单位应遵守监理职业准则,按施工合同条款、监理服务合同、《公路工程施工监理规范》和工程监理的有关要求做好监理工作。

二、路面养护监理的工作方式

监理工程师应常驻工地,对路面养护施工活动进行动态监理。工作方式为旁站与巡视相结合。对路面病害调查、罩面路段原路面高程测量、沥青混凝土路面病害修复(病害铣刨和工程量测量)、罩面及桥头加铺(混合料摊铺、碾压)、盲沟施工、抗裂贴与土工材料施工、工艺试验、沥青混合料配合比试验、水泥混凝土配合比试验、水泥混凝土浇筑、板底灌浆等养护工程的关键工序和隐蔽工程施工,应进行全过程旁站监理。根据当日施工情况,专业监理工程师应定期进行巡视,试验监理工程师按照规定的检测项目和频率进行抽样检验。对监理旁站、巡视和抽检的情况,均应予以详细记录。

监理过程中如发现质量缺陷等情况,监理工程师应立即要求施工单位限期整改。一般性或操作性的问题,可以采取口头通知形式;必要时或存在较严重隐患时,应发出书面的监理通知,要求施工单位整改,并根据施工单位的书面回复,检查其整改结果;严重的质量问题,可以根据情况,发出暂时停工指令,同时还应向业主单位汇报。

第六节　路面养护监理机构、人员配置与岗位职责

监理工程师办公室(以下简称“监理办”)是监理单位派驻施工工地现场的监理机构。它代表监理企业履行对业主单位的工程监理服务承诺。同时,它受业主的委托,根据施工合同与监理服务合同对施工单位的工程施工活动进行监理。为充分履行监理职责,保证工程项目总目标的实现,合理设置监理机构组织形式,正确划分各级监理人员的岗位职责是至关重要的。

一、监理组织机构的设置

高速公路路面养护,施工线路长,有的长达两、三百公里,跨越不同的管理区段,并由多个业主代表(管理处)管理;施工工点多,工作分散,人员流动性大。为更好地对高速公路路面养护工程质量、进度、费用和安全、环保进行监理,路面养护工程监理宜按一级监理机构设置,采取直线形组织形式,即设立监理工程师办公室(监理办),再按照业主代表管辖的路段设置监理

组。根据合同要求，监理办负责全线所有施工合同段的监理工作，而监理组则负责各自管辖段内的施工合同段的现场监理工作。监理办配备总监理工程师、合同工程师各一名，各监理组配备道路专业工程师、试验专业工程师各一名及监理员若干名。由总监理工程师负责检查各监理组的监理工作质量，对工程技术文件和合同管理文件进行签认，全面负责养护监理项目工程技术、安全、合同管理、试验检测、文件资料管理等，并做好协调工作。各监理组设组长一名(可由道路专业工程师兼任)，具体负责各自管辖养护路段的监理工作。监理组织机构框图如图1-1所示。

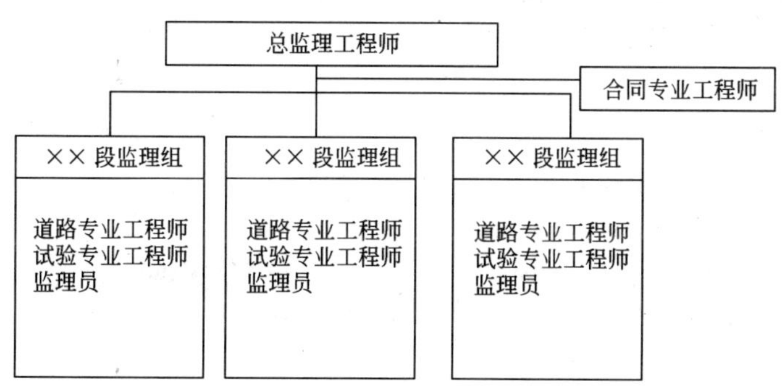

图1-1 监理组织机构框图

二、监理人员素质要求

总监理工程师是监理单位派驻项目现场的代表，是项目监理工作的组织者，是监理项目顺利实施的关键。总监理工程师不仅要有丰富的高速公路路面养护经验和专业技术能力，能够对工程施工过程实施监督管理，提出合理的意见；而且要有较强的管理协调能力，帮助业主和施工单位共同达到工程目标。

监理人员素质要求主要包括以下几个方面。

1.执业资格与技术职称要求

监理执业资格与技术职称在一定程度上反映了监理人员所具有的理论知识和实践经验，也是有关法规规定的监理人员准入的门槛。因此，高速公路路面养护工程监理一般对监理人员的执业资格与技术职称要求如下：

(1)总监理工程师：应具有交通运输部核准的监理工程师执业资格，中级及以上职称，具有长期路面养护施工监理工作经验。

(2)专业监理工程师：应具有交通主管部门核准的专业监理工程师及以上执业资格，中级及以上职称，具有一定的路面施工、监理工作相关经验。

(3)监理员：应经监理业务培训，初级职称。

2.知识和能力

(1)具备公路路面工程专业技术知识

监理工程师必须具备相应的公路路面工程专业技术知识，熟悉路面养护施工全过程。只有具备公路路面工程技术知识，掌握公路路面工程的技术要求、施工工艺和特点，才能对可能出现的施工质量等问题保持敏感，提前预防。在问题出现后，也有能力结合设计技术要求及时处理。

(2)具有良好的职业道德和一定管理能力

监理工作是一项专业技术性很强的管理工作。它与一般的工程技术工作岗位不同。监理人员承担着对工程项目“五监理,两管理”的重任,要处理诸多工程实施中碰到的设计、施工等技术问题,有时遇到的问题比较复杂,同时还要进行多方面的沟通、协调和信息传递。因此,监理人员需要有一定的工程管理工作经验和相应的工作能力(如语言表达能力、组织协调能力),要求监理人员具备科学的工作态度,熟悉行业技术标准和有关法律法规,敢于承担责任并发表负责的建议和意见。应依据合同,协调参建各方的关系,处理好合同争议。监理工程师还要具有廉洁奉公的品德,在工程利益与社会公众利益发生冲突时,首先要服从社会公众利益;在工程利益与监理工程师自身利益不一致时,能够以工程利益为重。监理工程师职业道德规范及有关规定已对此有明确的要求,各级监理人员都应严格遵守。

(3)具有健康的体魄和充沛的精力

高速公路路面养护施工正值高温季节,工点多,线路长,在不中断交通的状态下连续作业,任务繁重,工作条件相对较差,安全隐患多。监理人员没有健康的体魄和充沛的精力是难以胜任路面养护监理工作的。

三、监理人员配置

监理人员数量配置应根据养护工程计划工作量、施工点数量的多少,以及能够对养护工程施工进行有效控制的原则来确定。为满足高速公路路面养护监理工作需要,监理人员数量一般可以按照每千万元建安费 1.5～2 人配置,每个施工点(作业面)至少配备一名现场监理人员。

四、监理人员岗位职责

1.总监理工程师岗位职责

(1)主持监理办的日常监理工作;负责编制项目《监理计划》,组织编写《监理细则》,制订监理内部管理规章制度等;作为监理单位派驻项目现场的代表与业主保持密切联系,对监理项目全面负责。

(2)全面熟悉合同条款,处理合同文件中含糊不清的问题,并及时向业主报告。

(3)审批施工单位提交的总体施工组织设计、项目开工报告、分项(单项)开工报告、施工方案、特殊施工工艺和安全技术措施等有关事项。

(4)审批施工单位提交的工程总体进度计划、分项工程进度计划、节点工程进度计划、月工程进度计划等,并检查监督各种工程进度计划的落实情况,保证工程进度目标的全面实现。

(5)督促施工单位建立健全质量管理保证体系、安全管理保证体系和环保管理体系。

(6)签发开工令。

(7)经常巡视工地,严格按照施工技术规范、设计文件和监理程序的各项要求,监督检查工程质量,确保达到工程质量目标。

(8)处理工程质量事故、安全事故和环境污染事故;签发停(复)工令、监理通知单等各种监理文件;签发中间交工证书。

(9)审查一般工程变更及对重要或重大工程变更提出处理意见报业主;签发工程变更令;

审查施工单位提交的报告、报表和函件,并抄报业主备案。

(10)主持召开第一次工地会议及工地例会、专题工地会议等各种有关会议,签发有关的会议纪要,检查督促会议纪要的落实情况。

(11)签发中间计量支付证书,对工程费用进行有效控制。

(12)主持建立监理信息系统,全面负责信息管理工作;客观及时地记录监理办的监理日志;按时签发监理月报等文件资料;随时掌握工地各种动态,定期或不定期向业主报告监理工作和工程进展情况。

(13)参加工程交工验收和工程竣工验收;负责组织工程交(竣)工验收监理资料的编制工作;同时监督检查施工单位竣工文件的编制工作。

(14)与业主、施工单位及有关部门和单位协调沟通有关方面的问题,调解合同争端。

2.试验监理工程师岗位职责

(1)全面熟悉掌握合同条款、试验规程和设计要求,全面负责试验检测监理工作。

(2)检查施工单位工地试验室的建设,审查其设备的性能和数量、试验人员的资质是否满足施工自检的要求。对施工单位工地试验室的设备和试验人员进行动态检查,督促其定期检查工地试验室仪器设备运行状态和标定状态。

(3)负责验证试验。在原材料采购前,应要求施工单位提交产品合格证和检验报告。要求施工单位对进场材料进行抽检,并审批施工单位提交的材料报验单。在施工过程中按规定的频率独立对各类进场材料进行监理抽样检验。

(4)监督施工单位按照规定的频率进行各项施工现场抽样检验;按照规定的频率独立完成监理抽检试验。

(5)对施工单位的标准试验和工艺试验进行旁站监理,对标准试验进行独立平行复核试验,审批施工单位提交的标准试验和工艺试验报告。

(6)经常巡视检查施工现场和沥青混凝土拌和站,充分运用试验检测手段,对路面养护工程质量进行有效监控。

(7)审查施工单位的试验报告或报表;及时签署有关的试验检测资料;负责监理试验月报(表)的编制工作。

(8)建立试验台账,完善监理试验检测资料。

(9)对总监理工程师负责,完成总监理工程师交办的其他工作。

3.道路监理工程师岗位职责

(1)全面熟悉掌握合同条款、技术标准规范和设计文件要求,全面负责路面养护施工监理工作。

(2)认真审核设计图纸,发现错误、遗漏或与实际情况不符时,及时向设计单位提出并向总监理工程师报告。

(3)审查施工单位提交的施工组织设计和分项工程开工报告,提出审查意见。

(4)经常巡视检查工地,处理解决路面施工中的有关问题,处理施工现场技术(试验方案、施工工艺)、质量和工程管理等方面的情况,必要时及时向总监理工程师报告。

(5)对工程变更提出具体的处理意见,审核工程变更引起的工程量增减数量。

(6)对施工单位提交总监理工程师或业主审批的各种文件资料进行初步审核,并提出审核意见。

(7)及时审核签认工程施工质量检验资料及监理资料;客观、及时地记录监理日志。

(8)对总监理工程师负责,完成总监理工程师交办的其他工作。

4.合同工程师岗位职责

(1)全面熟悉掌握合同条款、工程量清单、技术规范、设计图纸等合同文件,全面负责本项目的合同管理工作。

(2)严格按照合同条款、工程量清单、技术规范、设计图纸等合同文件和监理程序,及时准确地进行计量支付,并做好与之相关的现场原始记录。

(3)审核施工单位提出的工程变更报告、工程单价分析报告,工程延期或索赔申请、工程分包申请等,并收集与之有关的原始资料。

(4)深入施工现场,随时掌握施工现场工、料、机动态和工程进展情况,并做好与之相关的现场原始记录。

(5)审核施工进度计划,督促施工单位及时准确地提交工程进度报表。

(6)收集汇总与合同管理有关的记录、纪要和各种报告,经驻地工程师签字后上报业主。

(7)办理总监理工程师交办的其他工作。

5.监理员岗位职责

(1)全面熟悉合同条款、规范、设计图纸,在专业监理工程师指导下,有效地进行工程质量监理,及时处理施工过程中出现的问题。

(2)对重要工序、隐蔽工程施工实行旁站监理,加强施工过程中的质量检查和监督,对工序质量进行检查签认。

(3)做好监理日志,记录质量检验、工程进度、施工安全、合同纠纷、施工干扰等情况,作初步调查核实后报请专业监理工程师处理。

(4)对已完成的工程量进行现场测量、核实并记录,报专业监理工程师核查。

(5)完成总监理工程师、专业监理工程师交办的其他工作。

第七节 路面养护监理设施设备与工地试验室

根据监理工作的要求,除了要建立适合项目特点的监理机构并配备足够的监理人员外,还必须具备较完善的监理手段。监理设施与设备是监理手段的具体体现,是监理工作不可或缺的一部分。监理单位应按照投标文件的承诺,配备满足监理工作需要的办公和生活设施、设备及物品。根据工作需要,高速公路路面养护监理一般需配备必要的设施、设备及物品。

一、办公设施及设备

办公用房宜2～3人一间,每间面积12～15m^2;会议室用房一般不小于20m^2;办公桌椅每人一套;文件柜(图纸柜)若干个;监理办和每个监理组均应配备电脑、激光打印机、数码照相机各一台(部),监理办还应至少配备一台复印机。电脑均应具备上网功能,以便于及时与业主和监理办进行信息传递。

二、生活设施及设备

高速公路路面养护施工正处于气温较高季节，须整日连续施工，监理人员一旦上路工作，直到当天路段施工全部结束后才能返回驻地，其间在烈日高温下没有休息时间，对监理人员的体力和心理都是考验。休息不好，甚至可能成为安全生产隐患。因此，有必要为他们创造一个舒适的驻地生活环境，使他们能够精力充沛地投入工作。

生活设施及设备可以考虑配置：每两人一间宿舍(总监理工程师和监理组长每人一间)；为抵御夏季高温对监理人员体力的消耗，每间宿舍宜配置空调；为改善监理人员夏季卫生条件，每个监理组应配备洗衣机、淋浴设施；其他如电视机、电冰箱、炊具、床、卧具等是必备的生活设施。

三、交通工具

高速公路路面养护监理有其特殊性，最主要的特点是养护施工线路长，有的长达两、三百公里。因此，配备状况良好的汽车车辆是必不可少的条件。总监理工程师应专门配备一辆汽车，以便于其工作巡视检查及与业主的工作联系。为满足现场监理工作和检测取送样的需要，各监理组应至少配备一辆汽车。

四、通信工具

高速公路路面养护工程点多、线长，为全面掌控现场施工情况，保持顺畅的通信联络十分重要。监理办和每个监理组须配备电话机、传真机各一部(台)，每位监理人员人手一部手机。

办公设备与生活设施的数量与性能应以满足监理投标文件承诺和监理工作实际需要为准。

五、试验室及检测设备

1. 试验室

由于高速公路路面养护施工工点多，线路长，各路段、工点取样后统一送检，势必造成检测数据的时效性大打折扣，同时也造成人员、车辆的占用和浪费。因此，考虑到以上因素，业主招标时，一般不强制要求设立监理工地试验室，监理常规抽检试验可以使用施工单位工地临时试验室的设备进行，但须独立完成各项试验操作。特殊的或该工地试验室无法完成的试验检测项目，经业主同意或经业主指定后，可对外委托有资质的试验检测单位完成。

2. 测量设备

监理办应配备水准仪一套。每个监理组至少配备一只数字显示温度计(含插入式)、一把3m直尺。每人一把钢卷尺。

高速公路路面养护工程应配备的常用试验及检测设备见表1-2所列。

高速公路路面养护工程常用试验及检测设备 表1-2

沥青混凝土路面常用试验仪器					水泥混凝土路面常用试验仪器				
序号	项 目 名 称	单位	数量	备注	序号	项 目 名 称	单位	数量	备注
1	沥青软化点仪	台	1		1	标准筛	套	各1	
2	沥青针入度仪	台	1		2	标准振筛机	台	1	

续上表

沥青混凝土路面常用试验仪器					水泥混凝土路面常用试验仪器				
序号	项 目 名 称	单位	数量	备注	序号	项 目 名 称	单位	数量	备注
3	沥青延度仪	台	1		3	压碎值仪	台	1	
4	离心式沥青抽提仪	台	1		4	针片状仪	台	1	
5	马歇尔自动击实仪	台	1		5	电热恒温干燥箱	台	1	
6	马歇尔稳定度仪	台	1		6	水泥混凝土拌和机	台	1	
7	静水天平	架	1		7	混凝土试模	套	1	
8	电子天平	台	2		8	砂浆试模	套	1	
9	路面取芯机	台	1		9	振动台	台	1	
10	恒温水浴	台	1		10	2 000kN 压力机	台	1	
11	数显温度计	把	若干		11	铺砂仪	台	1	
12	砂当量试验仪	套	1		12	抗折试验机	台	1	
13	标准筛	套	1		13	坍落度筒	套	1	
14	标准振筛机	台	1		14	万能材料试验机	台	1	
15	电动脱模器	台	1		15	混凝土标养室设备	套	1	
16	沥青混合料拌和机	台	1		16	混凝土取芯机	台	1	
17	压碎值仪	套	1						
18	针片状仪	套	1		测量仪器				
19	低温冰箱	台	1		1	水准仪	台	1	
20	渗水仪	套	1		2	3m 直尺	把	1	
21	铺砂仪	台	1		3	长钢尺	把	1	
22	摆式仪	套	1		4	5m 钢卷尺	把	每人1把	
23	电热恒温干燥箱	台	1						
24	车辙试验仪	套	1						
25	平整度自动测试仪	台	1						
26	5.4m 弯沉仪	套	1						

第八节 路面养护监理投标与监理服务合同

监理单位是建设市场的主体之一，必须具有市场观念，面向市场求发展。目前，监理单位主要通过公开招标（即无限竞争性招标）方式承揽监理业务。这在《中华人民共和国招标投标法》和国家计委《工程建设项目招标范围和规模标准规定》以及交通部《公路工程施工监理招标投标管理办法》中都有明确的规定。目前，高速公路养护监理已列入招标的范围，业主一般采取公开招标和邀请招标两种方式选择路面养护监理单位。

一、投标文件编制要点

投标文件是业主选择监理单位的主要书面依据，也是业主与中标监理单位进行监理合同谈判的基础。如何高质量地编制投标文件，对监理单位赢得监理项目至关重要。编制高速公路养护监理投标文件一般应注意以下要点：

(1)投标文件的格式和内容应符合招标文件要求，投标文件如果不满足招标文件中的强制性条件，将被视为废标。

(2)监理单位应透彻理解业主的需求和招标文件的要求，在投标文件中充分展示本企业在高速公路路面养护监理方面的良好业绩和信誉、技术优势以及总监和专业监理工程师的丰富经验，并提出具有针对性和特色的监理方案，重点突出关键项目、关键工序的监理程序和措施，以此争取在竞争性招标中以质取胜。

(3)若招标文件未明确监理组织机构和人员的具体配置，监理单位则应根据招标文件及勘察现场的情况，在充分理解自身的职责与义务的基础上，按照招标文件的要求，在投标文件中合理设置监理机构，配备人员、设施与设备。

(4)监理单位应认真填写财务建议书中所列的监理服务费用各细目的单价和总额价。投标人没有填入单价或总额价的工程细目业主将不予支付，并认为该细目的价款已包括在财务建议书其他细目的单价或总额价中。财务建议书中所列的投标总价应与投标书中的投标总价一致。

(5)财务建议书中的监理服务费报价，应包括施工期与缺陷责任期的监理人工费(含加班费)，办公、交通、生活设施费用及综合费等为完成本工程施工监理服务所需的全部费用。设施、设备一般由监理单位自行准备，所有监理设施、设备和物品的折旧、使用维护等费用均计入监理服务报价。监理工程师独立抽检试验(业主特殊要求的试验项目除外)的有关费用也应计入监理服务报价中，业主一般不另行支付。

(6)监理单位在财务建议书中填报的各类监理人员的人员单价，应包括监理人员的工资、加班费、生活伙食费、奖金及各种补贴等一切费用。若监理人员因履行正常监理服务而加班，业主将不另行支付监理人员的加班费。监理人员费用报价，应根据监理人员的不同任职，分档次填报人员费用单价，并计算合价。

(7)高速公路路面养护施工工点多、线路长，汽车作为监理必不可少的交通工具，其日常运行的燃油和维修费用较高，其费用高低与监理路段的长度有直接关系，交通车辆费用一般占监理机构日常开支的25%～30%，因此在投标报价时，车辆费用报价要足额估算并留有裕量，同时，应注意招标文件中是否有监理车辆可免费通行的条款。

(8)缺陷责任期因项目而异，一般为12个月或24个月，配备监理人员视合同约定。投标报价中，要注意在保证监理工作需要的情况下，尽量降低缺陷责任期监理服务费在总报价中的比重，以利于监理服务费的尽快回收，降低监理项目财务成本。

(9)监理单位因完成本项目施工监理服务需缴纳的一切税费均由监理单位承担，并包含在所报的单价或总额价内，业主不单独支付。财务建议书不允许选择性报价。

目前，监理项目投标中存在中标价等于甚至低于监理项目实际成本的情况，有造成监理项目无利润甚至亏损的风险。后者由两方面因素引起：一方面，虽然建设监理行业已普遍实行招标投标制度，但由于监理市场的运作和管理有待规范，大量社会监理单位一哄而起，竞相压低标价来争夺相对有限的市场份额；另一方面，虽然监理单位从监理项目正常实施条件的预测出发编制投标价，但由于项目实施过程中各种条件的变化，引起成本超支，最终造成亏损。

当前，在部分高速公路养护监理招标中，实行无标底、并以有效最低报价为评标基准价的评标方式。这样只会诱导监理单位不计自身实力，盲目低价抢标，甚至以低于成本价中标，监理服务质量当然得不到保证，最终损害了业主的利益。因此，这是一种不可取的招标评标方法。

二、监理服务合同

评标结束并经核准后，招标人（业主）将在招标文件有效期截止前向中标监理单位发出中标通知书，确认其投标已被接受。中标通知书将写明业主将支付给中标监理单位按合同规定实施和完成本工程所需的监理服务费用总价（即合同价格）。中标监理单位在收到中标通知书后 7 天以内，并在签订合同协议书之前，应按合同条款规定的履约担保额度和形式，向业主提交一份履约担保。履约担保在签发路面养护工程《工程缺陷责任终止证书》后 28 天内返还给监理单位。中标监理单位在收到中标通知书后 7 天以内，应与业主签订监理服务合同协议书，中标通知书是合同文件的一部分。

监理服务合同是规定业主与监理单位双方责、权、利关系的法律文件，监理单位应重视投标过程中和签约前对监理合同条款的评审，以避免合同风险。所谓合同风险是指监理服务委托合同中可能含有的对监理单位不利的或不平等的条款。比如有些监理合同条款规定：工程质量验收达不到优良则对监理单位罚款；有的监理合同条款规定：在施工高峰期，业主有权要求监理单位额外增派现场监理人员，监理单位不得因此要求增加监理费用；还有的监理合同条款规定：无论何种原因造成的工期延误都不予补偿监理费用等。因此，在监理服务合同谈判过程中，尤其要进一步明确监理服务范围、内容、职责和权限、监理酬金、支付方式、履约保证、违约责任、附加工作补偿和延期补偿等条款，避免出现含糊的文字表述和解释，并应在合同中列入因工期提前、质量优良或合理化建议被采纳等对监理奖励的条款。由于路面受车辆荷载和自然因素的影响持续存在，因此，业主常常会要求施工单位对新出现的路面破损病害及时进行修复处理，相应引起监理工作量增加或监理服务期延长。对此类因业主的原因造成的工作量增加或工程延期，应力争将监理费用补偿的条款列入合同。此外，高速公路车辆通行费是一笔不小的开支，应争取在监理合同中列入监理车辆免费通行的条款。

第二章　施工准备阶段的监理工作

施工准备阶段的监理是施工阶段的事前控制，其主要任务是进行监理办监理工作的准备以及对施工单位施工前的准备工作进行监督和检查。这一阶段的监理工作是未雨绸缪，是为施工阶段的监理做好前期准备。施工准备阶段监理工作的成效将直接影响施工阶段的监理服务质量。

第一节　监理准备工作

在施工准备阶段，监理工作一般应包括以下几个方面内容。

1. 监理办的组建

在合同规定的时间内，应完成监理办的组建，主要包括：监理办和各监理组的选址，要满足通水、通电、通信、上网等基本条件，应尽量靠近业主办公地点和被养护的高速公路，既利于与业主的沟通，也方便上路工作；办公、生活设施和交通工具等配备到位；总监理工程师和专业监理工程师应全部进场，其余人员可根据业主的要求和施工进度需要进场。

为树立监理单位的良好形象，加强监理规范化服务，监理办应该实行标准化建设，设计制作门牌、胸牌、告示牌、监理组织机构框图、岗位职责、监理守则、监理工作程序图、进度图表、晴雨表等，并将图表上墙。

监理办组建完毕后，应向业主报送总监理工程师任命文件和其他主要监理人员名单以及有关资质证书复印件。

2. 召开监理内部会议

进驻施工现场后，总监理工程师应主持召开监理内部会议，宣布监理办组织机构，对岗位职责、工作程序和工作纪律及有关问题予以明确，使每一位监理人员对将要从事的本职工作做到心中有数。

3. 编制监理计划和监理细则

总监理工程师应结合具体的工程项目实际，对监理工作进行周密的计划，根据监理投标文件、监理服务合同、设计文件以及监理规范的要求，编写出符合工程实际、切实可行的监理计划，使之名副其实地成为监理工作指导性文件。监理计划应明确：监理工作的依据、内容、范围及目标，监理人员的职责划分，主要监理程序、制度等。总监理工程师还应组织各专业监理工程师编制具有针对性，操作性强的监理细则。监理细则应当明确各分部分项工程监理的具体方法、措施和控制要点。监理细则中对工程质量通病、工程施工的重点、难点要有预防与应急处理措施。通过编制监理计划和监理细则，提高监理人员对本工程的认识和熟悉程度，从而有针对性地开展监理工作。

4.组织监理人员内部学习和工作交底

总监理工程师应组织监理人员认真学习监理计划、监理细则、监理服务合同和施工合同，明确监理服务的范围、目标以及具体的监理方法和控制要点，并在此基础上，对监理工作进行详细交底。这有助于提高监理人员的专业技术水平与监理素质。

5.监理人员熟悉施工图纸和进行图纸审查

收到设计文件和施工图纸后，总监理工程师应及时组织各专业监理工程师，对设计图纸进行详细审查，对存在的“错、漏、碰”等问题做好书面汇总和整理，并及时报告业主。

6.施工图纸会审

在监理工程师和施工单位分别进行施工图纸审查的基础上，在设计单位进行设计交底前，有必要进行由总监理工程师主持，有专业监理工程师、施工单位技术负责人、有关技术人员和业主代表参加的施工图纸会审。对图纸审查和会审中发现的问题和有待于优化或完善的内容在设计交底时交由设计代表澄清和解决。

7.参加设计交底

设计交底由业主主持，设计代表、施工单位项目经理、技术负责人、质检人员及总监理工程师和有关专业监理工程师参加。设计交底要由设计代表介绍设计的主导思想、设计主要技术指标、施工工艺及材料要求；对施工安全和环保的要求；回答和澄清施工单位和监理工程师在施工图纸审查及会审中所提出的问题，做到对整个项目的设计情况心中有数。

8.了解现场施工环境

总监理工程师应组织监理人员查看全线施工现场情况。包括养护施工路段位置，车流量情况，设计的测量控制点位置及控制点有无松动、移位，拌和站等临时用地的选址，料源的选择等，从而对施工现场做到心中有数。

9.路况调查

路况调查是运用仪器设备对路面状况的各种指标进行检测，以了解当时的路面状况。路况调查的内容根据实施的目的不同而有所区别。若业主为制订养护计划并为建立路面管理系统积累数据而进行的路况调查，其调查内容包括：路面破损状况（含病害类型、面积，并计算破损率），路面结构强度（采用弯沉仪检测弯沉），路面平整度（采用平整度车检测平整度），路面抗滑能力（采用摩擦系数仪或横向力系数仪检测），路面车辙深度。通过路况调查，供设计或业主确定路面处治路段和方案，监理工程师可以在项目前期参与该阶段调查。若为施工前的路况调查，其调查内容为病害类型和位置、施工起讫桩号、具体的处治方法及需要铣刨的范围（长、宽、深）等。监理工程师应会同施工单位对拟施工路段的路面病害进行步行调查，并作详细记录，还应督促施工单位对罩面路段计算其路面综合破损率和路面状况指数。对路况调查的结果汇总后报送业主。

10.单位、分部及分项工程划分

总体工程开工以前，监理工程师应参照相关规范，并结合工程实际情况，与施工单位共同商定本项目的单位工程、分部工程、分项工程划分，详细列明单位工程、分部工程、分项工程及其涵盖关系，报业主审批。经业主批准的单位工程、分部工程、分项工程，作为日后申报和审批开工申请、进行质量评定、工程计量和信息统计的依据。

11. 熟悉合同文件及有关检验评定标准和检测方法

对合同文件等存在的差错、遗漏或含糊不清等问题尽早报告业主，并请业主尽快查证清楚，予以澄清或作出合理的处理。

12. 检查试验检测准备工作

检查施工单位工地试验室的建设，包括试验检测设备的配备、试验检测人员的资质等是否满足合同要求。督促施工单位尽早进行沥青混凝土配合比等标准试验，试验监理工程师对标准试验报告进行平行复核试验并进行审批。监理工程师应督促施工单位按照招标文件及有关规程规范中的规定，拟定工程试验计划。

13. 检查施工机械设备进场准备情况

检查施工单位进场机械设备。包括机械设备的数量、型号、规格、生产能力、完好率，检查进场机械设备（包括计划进场的机械设备）与投标文件的符合性，检查各种施工机械设备的进场及周转计划是否与工程进度计划相适应。

14. 审查施工单位的质量、安全和环保保证体系

审查施工单位的质量、安全和环保保证体系是否建立健全。包括项目经理、技术负责人等进场主要技术管理人员与投标文件的符合性，技术管理人员是否能满足施工工序控制的需要，施工项目经理和专职安全负责人是否已经安全上岗培训等。

15. 测量监理

施工准备阶段的测量监理工作是本阶段整个监理工作的重点。其主要内容是：复测罩面路段中的高程控制点和原路面桩号高程。若设计单位与施工单位进行施工图联合设计，测量工作由施工单位进行。因为复测结果的精度和可靠性直接影响到施工图的准确性，进而影响到工程数量的计量，涉及业主、施工单位的直接经济利益；所以，做好施工准备阶段的测量监理工作十分重要，必须引起监理工程师的足够重视。

16. 制订监理检验和评定记录表格

总监理工程师应组织监理人员根据公路工程养护施工质量评定标准和业主的养护工程管理规程，制订并完善监理质量检验和质量评定记录表格和报表，送交业主备案。

17. 召开第一次工地会议

当施工单位驻地建设完成，主要技术管理人员已进场，主要材料、重要工艺、进度计划基本落实，施工准备工作完成后，由总监理工程师主持召开第一次工地会议。会上，应将监理组织机构、人员配备计划及其各级监理人员职责进行说明，并将监理人员的分工以及职责与权限书面通知业主和施工单位。在监理过程中，监理机构可以通过书面文件发出或变更这种授权。第一次工地会议的具体内容和议程见第十章。

18. 审批施工组织设计

审批施工组织设计是施工准备阶段监理工作的重要一环。其审批要点主要有：

(1)施工组织设计的编制内容和施工单位内部审批手续是否齐全。

(2)项目组织机构和主要技术管理人员构成情况以及质量、安全和环保管理体系是否满足合同和施工要求。

(3)质量标准是否满足合同要求。

(4)施工方法、技术措施和关键工序的控制方法与手段是否合理、可行、可靠。

(5)各专项施工方案是否全面、合理、安全与可靠。

(6)新材料、新设备、新技术与新工艺是否有能够充分证明其可行且可靠的试验报告及资料。

(7)施工设备是否符合施工工艺要求。

(8)劳动力、施工机械设备和原材料的进场计划是否合理。

(9)施工质量、安全、进度、费用和环保目标是否满足合同要求;施工安排是否连续、均衡;进度安排与资源配置是否协调。对突发性抢修是否编制了应急预案。

(10)所采取的主要施工安全技术措施和环保措施是否切实有效,是否满足有关规定。

19.签发开工预付款支付证书

监理工程师在收到并确认施工单位提交的业主与施工单位签订的合同协议、履约保函及动员预付款保函之后的规定时间内,应按合同规定,签发开工动员预付款支付证书,报业主审批。

20.签发工程开工令

监理工程师收到施工单位提交的“工程开工申请”后,应对工程开工条件进行核查,具备开工条件的,由总监理工程师签发“开工令”,并报业主备案。

第二节　施工准备阶段的沟通

一、与业主方进行充分沟通

工程监理是根据业主的委托和要求,为其提供有偿技术服务的活动。工程监理工作的开展离不开业主的信任。业主单位和监理单位同为建设市场的主体,是一种平等的法人关系,是委托与被委托、授权与被授权的关系,更是一种相互依存、相互促进、共兴共荣的关系。为此,相互的充分沟通使之心往一处想,力往一处使,显得尤为重要。

1.明确合同权限

监理单位应通过面对面的沟通,对监理服务合同中甲乙双方的权限作进一步的明确。同时还要了解,在监理合同之外,业主对监理工作还有哪些具体要求。监理工作的任务是质量监理、进度监理、费用监理、安全监理和环保监理等,它是一个系统工程。除了监理工程师自身能力的因素外,业主的授权显得尤为重要。若双方权限不清或业主不按照合同规定充分授权甚至不予授权,则监理工作力度和效果将大打折扣。监理单位应向业主讲明其中的道理。

2.对工程建设市场现状以及政策法规的充分认识

鉴于目前工程建设市场中普遍存在一些业主单位的不规范行为,如对材料采购权、现场管理的不当干预等,给监理工作的开展带来诸多不应有的风险,严重的甚至有可能导致工程的失控。监理单位应在认真学习掌握政策法规的基础上,向业主讲明依据施工合同、监理服务合同规范各方行为的重要性。

3.采取合理、集中统一的项目管理模式

有些高速公路路面养护工程线路长度单向达两、三百公里,日常的工程管理工作分别由沿线各地的业主代表(管理处)负责。为避免业主政出多头,监理单位应建议业主采取更为合理、高效、集中统一的项目管理模式,提高项目管理效率。

二、与施工单位进行有效沟通

尽管监理单位与施工单位之间是一种监理与被监理的关系，但缺乏沟通的监理是有缺陷的监理。在某些工程项目管理中，往往由于缺乏及时有效的沟通，造成施工方对监理工作的不理解，对监理人员产生抵触情绪，影响了监理工作的顺利开展，降低了监理实际效果。因此，召开第一次工地会议前，总监理工程师有必要与施工单位进行充分和有效的沟通。

1. 施工项目部组织机构的建立与健全

项目部组织机构是否已建立，是否符合“精干、高效、实用”的原则，组织体系是否健全，责任是否明确，纵横向联系是否顺畅。

2. 施工现场质量管理体系是否建立与健全

施工现场质量管理体系的建立健全是工程质量、进度、费用成本控制的有力保证，监理工程师应向施工单位说明其重要性，要求其完善质量自检体系。

3. 施工项目部安全管理保证体系是否建立健全

监理工程师应向施工单位说明建立健全安全管理保证体系的重要性，安全无小事，安全与质量、进度、投资等共同构成一个完整的建设工程项目目标体系。企业要生存、求发展，就必须高度重视安全管理工作。双方应本着对国家、对人民生命财产高度负责的精神，共同做好施工安全管理。

4. 施工组织设计的编制

施工组织设计是工程项目施工的纲领性文件，是施工单位最主要、最关键的准备工作。一个科学、合理的施工组织设计，必然能发挥人尽其力、物尽其用的效果，使工程项目达到按期、优质、低耗、安全建成的目标。施工组织设计的编制不可搬用、套用，流于形式，否则会使项目管理处于混乱状态，这一点务必提醒施工单位重视。

5. 施工现场交接情况

为了使施工单位尽快进入角色，加快施工进度，施工单位应尽早熟悉施工现场情况，如路面病害状况、水准点、加铺(罩面)高程控制点的确认等。

6. 原材料的选购与进场

择优采购合格适用的原材料并尽早做好备料工作，对保证工程质量和进度至关重要。监理工程师应向施工单位了解原材料选购的情况，初步判断其是否满足设计和及规范要求。在确定选购的原材料后，应督促施工单位尽快早备料并进行抽检试验，以保证按时开工并满足施工需要。

第三节　施工准备阶段的测量监理

施工准备阶段的测量监理工作是本阶段监理工作的重点之一。测量成果的准确和全面与否对施工阶段的质量监理、工程量计量和费用支付等都有直接的影响，因此，必须引起高度重视。

一、测量监理的内容

施工准备阶段测量监理的主要内容为：开工前的交接桩，控制点的复测，施工控制点的加密，加铺（罩面）路段原路面高程、间距的复测等。

二、测量监理的工作程序和工作制度

在测量监理的工作中，必须坚持施工单位自检、监理抽检为原则的工作程序。同时，监理工程师认为是重点的或有怀疑的，要加大抽检频率，必要时进行全面检查或复测。必须制订测量仪器的定期检定制度、建立对测量人员资质的审核制度等。

需要注意的是：应结合施工路段车流量和交通管制的特点，有针对性地编制测量监理细则。要熟悉图纸和规范的要求，避免测量检查内容的遗漏或与规范要求不符。

三、开工前的交接桩

（1）一般应由设计单位向测量监理工程师及施工单位提供高程控制点和原路面高程测量点，在交接桩位过程中一定要注意点位的完好及与交桩资料的吻合，同时要做好交接记录。交接记录中应注明桩的完好性，有破损或与点位与资料不符时应注明且需各方签字认可，如控制点不能满足路线控制要求时必须要求设计单位重新交桩。

（2）要认真理解设计文件中有关控制点和高程测量的等级要求是否满足勘测设计规范要求。

四、水准点的复测监理

（1）测量监理工程师要认真检查施工单位用于复测的仪器、人员数量、人员资质，同时要对施工单位的复测的技术方案认真审查，一般应要求施工单位对设计单位提供的所有点位同精度复测，以确保在施工阶段的测量精度要求。

（2）复测成果的检查。监理工程师应要求施工单位对复测资料进行整理，同时要求施工单位提供复测原始手簿。

（3）监理工程师应对水准点进行复测。鉴于高速公路封道困难及投入的交通管制人员和设备较多，监理的复测工作应与施工单位的测量同步进行，可采取旁站抽测或监理独立测量等方式。

（4）水准点的加密应闭合到原设计的点位上，点位尽可能布置在沿线的结构物上或其他可靠、稳固的地方。

监理工程师应检查施工单位的加密成果，并与监理的抽查结果对照。水准点加密宜每隔200m 增设一点，测量等级不低于四级，宜布设附和或闭合水准路线，不宜采用支水准路线。

五、原路面高程和间距的复测

原路面高程测量一般采用图根（等外）水准进行。施工单位应以不低于合同规定的频率复测（一般每 20m/断面），监理抽测频率一般为施工单位复测数量的 10％～20％。间距测量包括纵向桩号和横向点位复测。纵向桩号推算应从结构物桩号开始，沿中央分隔带测量，闭合到另一结构物，长度出现偏差增设长短链。横向间距测量应首先确定横断面位置，可采用全站仪或简易方法确定，然后以中央分隔带为起始点，沿断面测量距离，按设计确定点位。

第三章 质量监理

第一节 质量监理的依据、目标与内容

一、质量监理的依据

质量监理的依据主要包括以下几个方面：

(1)业主与监理单位签订的监理服务合同。

(2)施工招投标文件以及业主与施工单位签订的施工合同。

(3)施工图纸及说明、工程变更文件。

(4)交通部发布的《公路工程施工监理规范》(JTG G10—2006)、《公路技术状况评定标准》(JTG H20—2007)、《公路工程质量检验评定标准(土建工程)》(JTG F80/1—2004)、《公路养护技术规范》(JTJ 073—96)、《公路沥青路面养护技术规范》(JTJ 073.2—2001)、《公路水泥混凝土路面养护技术规范》(JTJ 073.1—2001)、《公路沥青路面施工技术规范》(JTG F40—2004)、《公路水泥混凝土路面施工技术规范》(JTG F30—2003)、《公路工程沥青及沥青混合料试验规程》(JTJ 052—2000)、《公路工程水泥及水泥混凝土试验规程》(JTG E30—2005)、《公路工程集料试验规程》(JTG E42—2005)和《公路养护安全作业规程》(JTG H30—2004)等有关技术标准规范。

(5)国家和省、市交通主管部门有关规定。

(6)业主制订的适合本工程的监理规程与办法等。

(7)在工程实施过程中，经业主、施工、监理单位等各方签认的有关会议记录，以及业主依据合同所签发的通知、指令、通报等文件。

二、质量监理的目标

对施工全过程进行巡视、检查和旁站监理，杜绝质量事故的发生，使受监工程项目的质量符合合同、设计图纸、技术规范、使用要求和验收标准。

三、质量监理工作的内容

质量监理工作的内容主要有以下几个方面：

(1)检查用于工程的材料、机械和设备。

(2)对路面病害进行调查、检查验收施工单位的控制点复测、原路面高程和间距复测以及施工放样。

(3)对每道工序、每个部位进行质量检查和现场检验。对施工中的关键部位、关键工序和隐蔽工程实施旁站监理。

(4)对施工单位的试验检测工作进行全面监理,并独立进行监理抽检,依据检测数据对工程质量进行评定。

第二节 质量监理的程序与基本方法

一、质量监理的程序

1. 开工报告

工程项目开工前,施工单位应提交工程总体开工报告,每个分项工程开工之前,施工单位还应提交分项工程开工报告,监理工程师应进行审批,未经审批的分项工程不得进行施工。

2. 巡视、检查和旁站监理

监理工程师应在施工过程中对施工现场进行巡视检查,并对施工中的关键部位、关键工序和隐蔽工程实行全方位、全过程的旁站。

3. 工序检验

每道工序施工后,施工单位质检人员应按规定的质量检验方法和程序先进行质量自检,自检合格后,将自检资料交监理工程师,并申请工序检验。

4. 监理检查验收

监理工程师收到施工单位递交的自检资料后或在施工单位自检的同时,对质量进行检验,经验收合格后,施工单位才能进行下一道工序施工或交验。

5. 中间交工

施工结束后,应根据《公路工程质量检验评定标准》(JTG F80/1—2004)对分项工程及时进行质量检验。

质量监理的基本程序如图 3-1 所示。

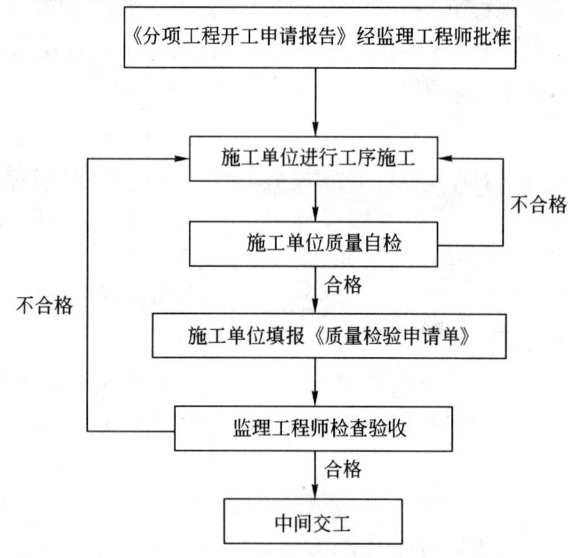

图 3-1 质量监理基本程序

二、质量监理的基本方法

1. 审批开工报告

监理工程师收到施工单位递交的分项开工报告后,应在规定的时间内对开工准备情况进行检查,并认真审查开工报告中涉及的内容,重点是质量保证体系和安全保证体系、施工工艺和施工方案、标准试验、进度计划及安全技术措施等。

开工准备工作检查的内容包括:施工营地建设,施工管理人员到位情况,拌和站建设,到场的施工设备数量和状况,试验室建设及进场的试验仪器数量和标定,进场材料的数量和抽检、标准试验等。

开工报告审查的内容包括:质量保证体系和安全保证体系建立健全情况,主要施工管理人员到位情况,主要施工机械设备到场情况,安全生产规程(含交通管制方案)和环保措施是否齐全、可靠，施工方案(含工艺试验)是否可行，质量保证措施是否可靠，进度计划是否合理，施工营地及临时工程(含借地)建设情况，主要原材料采购意向及原材料备料是否满足施工需要，工地试验室建立及临时资质报批情况，标准试验及各项原材料检测是否已完成并满足要求，高程控制点、原路面高程和间距复测情况及其他有关情况。

2. 巡视检查

各级监理人员应每天对现场非旁站项目的施工情况进行巡视检查，发现施工中存在的问题要立即指令施工单位整改，并对整改结果进行追踪验证。监理人员均应按要求将巡视检查情况记入监理日志。

3. 旁站监理

1)旁站监理的主要内容

(1)检查确认到场施工设备、试验仪器是否齐备，使用的原材料是否检验合格。

(2)检查施工质检员是否在岗，确认质检员、试验人员、特殊工种人员是否持证上岗。

(3)检查施工或试验全过程是否按照技术标准规范、规程和已批准的施工图纸、施工组织设计进行，有否出现质量或安全问题等异常情况。

(4)检查集料的级配，配合比与批准的设计配合比是否一致。

(5)检查施工方法和操作工艺，及时发现和处理旁站过程中出现的质量问题。

(6)进行每道工序的检查验收。

(7)对隐蔽工程进行覆盖前的检查。

(8)监督施工人员抽取试样，进行控制参数的测定及记录。

(9)观察了解影响工程质量、安全和进度的因素及外部干扰的信息并报告专业监理工程师。

(10)如实做好旁站监理记录。

旁站过程中出现下列情况的，旁站监理人员应及时做出相应处理：

(1)当施工或操作过程出现异常情况时，应及时予以纠正或暂停作业，查明原因后再继续施工；若异常情况仍未消失，则应及时报告专业监理工程师并采取适当的应急措施。

(2)当发现施工单位在施工及试验检测过程中有违反技术标准、规范、规程的行为时，旁站监理人员有权责令施工单位立即整改。

(3)当发现存在重大工程质量或安全隐患时，应及时予以制止，并监督施工单位立即纠正，情况严重的应及时报告专业监理工程师或总监理工程师。

(4)当发生工程质量或安全事故时，必须立即报告监理办。

旁站结束后，旁站监理人员应及时、准确、完整地做好旁站监理记录并签字。施工质检员应在旁站监理记录上签字认可。旁站监理记录的内容应包括：旁站监理项目名称、时间、施工地点(部位)、气象、旁站开始(结束)时间、施工人员、原材料情况、设备状况、旁站经过，发现的有关问题及处理措施。旁站监理记录资料包括照片与录像等。

旁站监理记录是专业监理工程师和总监理工程师行使有关签字权的重要依据，因此，旁站监理各种原始资料必须妥善保存，按规定要求整理、归档。在工程竣工验收后，将监理旁站记录交业主存档备案。

总监理工程师和专业监理工程师应经常检查旁站记录情况，督促落实处理有关问题，指导旁站监理人员提高工作质量。宜每周检查一次旁站监理记录,应在旁站监理记录上提出改进意见并签字。

2)旁站监理项目和重点检查内容

旁站监理项目和重点检查内容详见表 3-1 所列。

路面养护施工旁站监理项目和重点检查内容 表 3-1

序号	旁站项目	监理检查要点	旁站人员
1	路面病害调查	病害处理实施前,由业主代表、监理工程师和施工单位共同参加,对路面病害进行调查,以确定病害处理(铣刨)范围,包括起讫桩号、宽度、预估深度、病害类型和严重程度。由施工单位记录和整理,并提交病害调查表和病害分布平面图,由监理工程师审查核对,业主下发病害实施计划表	道路监理工程师
2	罩面路段原路面高程测量	测量时进行旁站,检查其测量方法和测点布设是否符合精度要求,并抽查 10%的原路面高程	道路监理工程师或监理员
3	工艺试验(沥青混凝土路面或水泥混凝土路面)	试验路段施工时,监理工程师应全过程旁站监理,检查施工工艺、技术措施是否符合要求,并记录试验与检测结果,检查各种技术指标情况,对出现的问题提出改进意见。 沥青混凝土路面试验段施工及监理要点有: (1)根据各种机械的施工能力相匹配的原则,确定适宜的施工机械,按生产能力决定机械数量与组合方式。 (2)通过试拌确定 ①拌和机的操作方式,如上料速度、拌和数量与拌和时间、拌和温度等。 ②验证沥青混合料的配合比设计和沥青混合料的技术性质,决定正式生产用的矿料配合比和油石比。 ③SMA 路面木质素纤维或抗剥落剂的添加方式和计量检验方式。 (3)通过试铺确定 ①摊铺机的操作方式,摊铺温度、摊铺速度、自动找平方式等。 ②压实机具的选择、组合,碾压温度,碾压速度及遍数。要在试验路段试铺过程中,通过试压获得所要求压实度而制定适宜压实工艺与压实程序:明确具体的碾压时间、压实顺序、碾压温度、碾压速度、静压与振压最佳遍数、压路机类型组合、压路机型号与吨位、压路机振幅、频率与行走速度的组合等。 (4)施工缝处理方法。 (5)松铺系数	总监理工程师、道路监理工程师、试验监理工程师、监理员
4	沥青混凝土路面病害修复(病害铣刨、工程量测量)	沥青混凝土路面病害铣刨时,上一层铣刨完后,先由施工单位提出下承层处理意见,监理人员检查后确定是否继续铣刨。铣刨完后再检查槽底有无夹层、病害是否处理彻底以及坑槽清扫是否干净,同时,对坑槽测量其几何尺寸(长、宽、厚),一般每 15m 测一个断面,每断面测 3 个点	监理员

续上表

序号	旁站项目	监理检查要点	旁站人员
5	沥青混合料摊铺与碾压	检查下承层情况、混合料质量、摊铺速度、压路机碾压速度、碾压遍数、摊铺厚度、摊铺温度、初压温度与终了温度	监理员
6	盲沟施工	检查坑槽位置、深度，松散物清扫，测量几何尺寸，回填的分层厚度和碾压遍数及密实情况，混合料的质量和温度检测	监理员
7	土工织物的铺设	检查铺设位置、平顺、密贴、固定，或粘贴时的沥青洒布（浸渍）情况，测量平面尺寸	监理员
8	水泥混凝土路面浇筑	检查下承层情况、水泥混凝土拌和物质量、坍落度、振捣工艺、试块的抽样和制作	监理员
9	水泥混凝土板底灌浆	确定灌浆孔的数量和位置、压缩空气将孔吹净、灌浆压力控制、停浆及水泥砂浆封孔	监理员
10	标准试验	沥青混合料配合比试验（含三个阶段）或水泥混凝土配合比试验。并对沥青混合料生产配合比或水泥混凝土配合比进行外委验证试验	试验监理工程师
11	现场试验检测	现场检测压实度、平整度、厚度、渗水系数、摩擦系数、构造深度时，试验监理工程师旁站，同时独立完成30%的监理抽检	试验监理工程师

4.病害处理分项工程质量监理方法

病害处理分项工程施工流程为：病害调查→施工放样→病害铣刨→坑槽清扫→洒布粘层油或透层油→混合料摊铺、碾压→封边→中间交工验收。

1）病害调查

监理工程师应会同施工质检人员共同进行病害检查，一般应步行调查，初步确定处理范围（车道、桩号、宽度和深度），并做好详细记录。

2）施工放样

施工单位根据业主批准的铣刨实施桩号，用石笔实地进行划线放样，标出铣刨范围供铣刨机操作人员进行控制。

3）病害铣刨

铣刨应分层进行，铣刨过程中，监理工程师应会同施工质检人员全过程旁站检查，根据下承层现状，确定铣刨范围和深度，对铣刨范围与病害调查结果明显不符的，且工程量变化较大的，则须及时报告业主代表确认。

4）坑槽清扫

病害铣刨完毕，进行坑槽清扫，经施工质检人员自检合格后，通知监理工程师检验并提交工序自检记录，监理工程师应及时进行检验，现场签认检验意见，检验的内容有病害是否铣刨彻底、有无夹层、松散物清扫是否干净等。

5）洒布粘层油或透层油

坑槽清扫验收合格后，进行洒布粘层油或透层油施工。施工完毕并已破乳，经施工质检人员自检合格后，通知监理工程师检验并提交工序自检记录，监理工程师应及时进行检验，并现场签认检验意见，检验内容有：洒布量是否满足要求，洒布是否均匀，有无漏洒，侧壁有无粘层油，是否已破乳等。

6)混合料摊铺、碾压

洒布粘层油或透层油验收合格后，进行混合料摊铺。施工过程中，施工质检人员应进行工艺和质量自检，监理工程师须旁站抽检，检查的内容有：混合料有无花白料、烧焦、结团或粗细离析现象，分层厚度、摊铺和碾压温度、碾压遍数以及操作是否符合规范要求等。

7)封边

碾压结束待路面冷却后，及时进行封边，监理工程师应抽查封边宽度和外观。

8)中间交工验收

施工结束后，对分项工程应及时进行质量检验，施工单位自检与监理抽检可同步进行，检验的内容有平整度、压实度、渗水系数、摩擦系数、构造深度、直顺度、封边宽度、外观等。

病害处理施工质量监理程序如图3-2所示。

5.沥青混凝土罩面和桥头加铺的质量监理方法

罩面和桥头加铺分项工程施工流程为：病害检查→施工放样→原路面的清扫→洒布粘层油→混合料摊铺与碾压→中间交工验收。

1)病害检查

拟罩面路段内应无病害。在罩面前，监理工程师应会同施工质检人员共同进行病害检查，若仍有病害必须先处理再进行罩面。

2)施工放样

放样前，施工单位应向监理工程师提供厚度放样表，放样可分段进行，分段验收。经施工质检人员自检合格后，通知监理工程师检验并提交工序自检记录，监理工程师应及时进行抽检，现场签认检验意见，验收合格后，才能进行罩面施工作业。

3)原路面的清扫

在放样的同时，施工单位应采用空压机将原路表面松散物和尘土吹扫干净，经施工单位质检人员自检合格后，通知监理工程师检验并提交工序自检记录，监理工程师应及时进行抽检，现场签认检验意见。

4)洒布粘层油

原路面清扫验收合格后，进行粘层油洒布施工。施工完毕并已破乳，经施工质检员自检合格后，通知监理工程师检验并提交工序自检记录，监理工程师应及时进行检验，并现场签认检验意见。检验内容有：洒布量是否满足要求，洒布是否均匀，有无漏洒，侧壁有无粘层油，是否已破乳等。

5)混合料推铺与碾压

洒布粘层油验收合格后，进行混合料摊铺施工。施工过程中，施工质检人员应进行自检，监理工程师须旁站抽检，检验的内容有：混合料如有无花白料、烧焦、结团或粗细离析等现象，松铺厚度、摊铺和碾压温度、工艺操作是否符合规范要求等。

6)中间交工验收

施工结束后，对分项工程应及时进行质量检验，施工单位自检与监理抽检可同步进行，检验的内容有平整度、压实度、厚度、渗水系数、摩擦系数、构造深度、边缘直顺度与外观等。

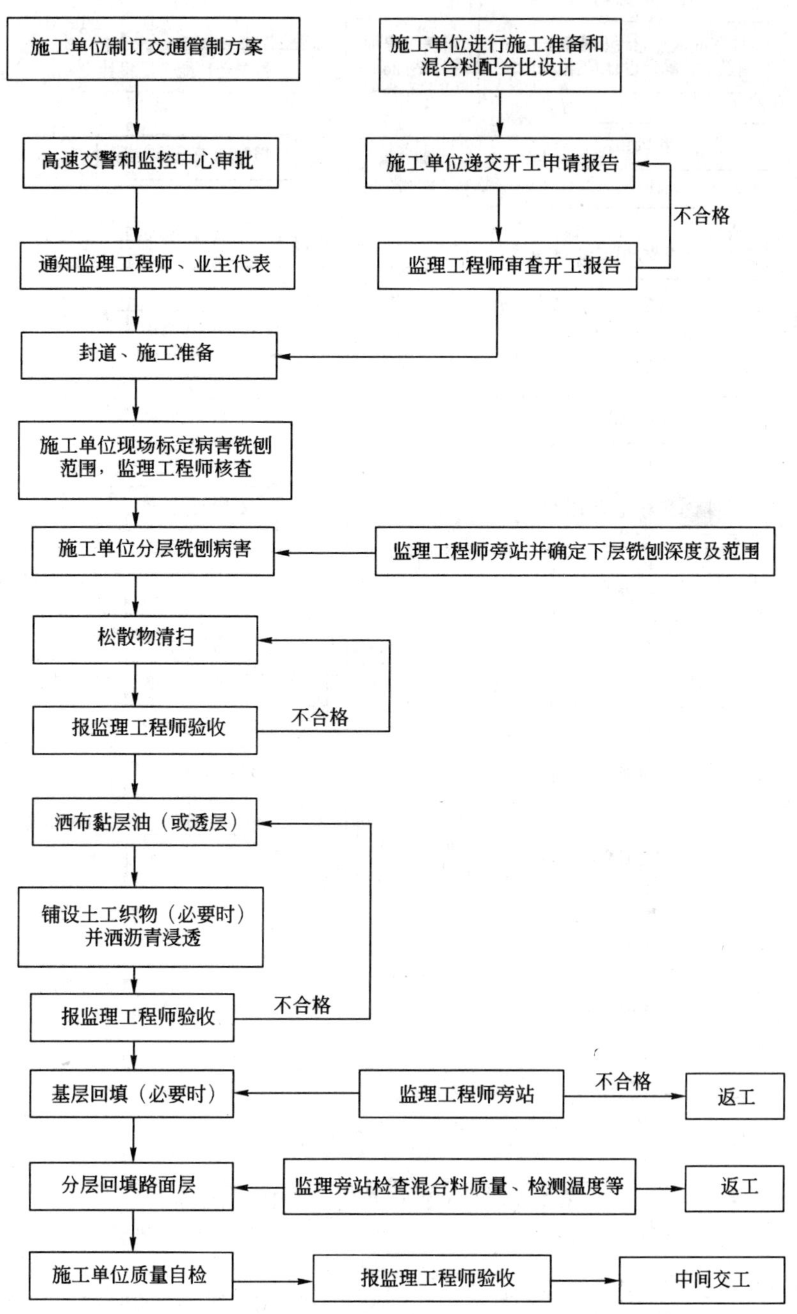

图 3-2 病害处理施工质量监理程序

7)开放交通

路面经检查验收后，待表面温度降至 50℃以下才能撤除封道标志牌，开放交通。施工路面降温一般采用自然冷却法，当降温时间过长，影响开放交通时，可采用洒水强制降温。

沥青混凝土罩面和桥头加铺施工质量监理程序如图 3-3 所示。

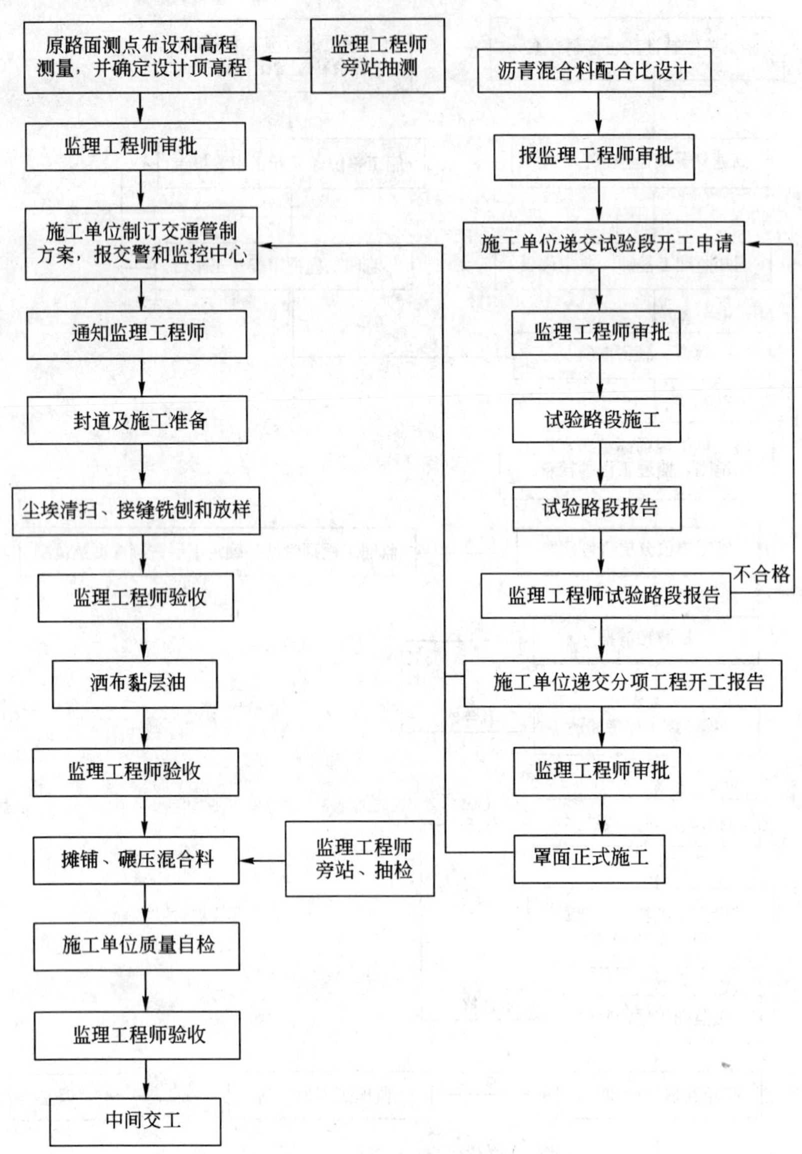

图 3-3　罩面和桥头加铺施工质量监理程序

第三节　沥青混凝土路面破坏的类型与成因

一、路面破坏的类型

沥青混凝土路面破坏类型分为裂缝类、变形类、松散类及其他类 4 种。裂缝类包括横裂缝、纵裂缝、龟裂和不规则裂缝；松散类包括坑槽、松散；变形类包括沉陷、车辙和拥包；其他类包括泛油、翻浆、修补损坏等。

1. 裂缝

裂缝是指路面因各种原因而出现的不规则的缝。表现有横缝、纵缝(图 3-4)、龟裂(图 3-5)、网裂等。裂缝的成因一般有以下三种:①基层强度过高或路基沉降不均匀造成基层破裂,再由基层反射到路面;②路表面收缩造成;③路基拼接缝沉降不均造成。网裂的成因主要有以下两种:①基层强度偏低;②路基或路面局部压实度不足。

图 3-4 基层纵、横裂缝病害

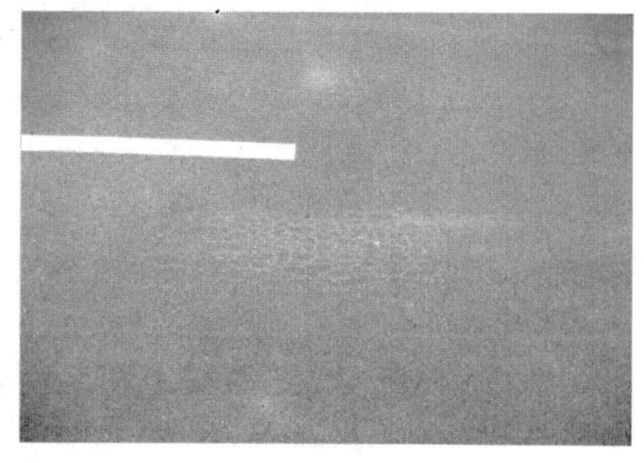

图 3-5 龟裂病害

2. 坑槽

沥青路面的坑槽是一种最常见的主要的病害,是指因路面局部承载力不足致使路面局部出现的一种颗粒松散的粉碎性破坏,造成路面出现凹坑。坑槽的成因主要有以下三种:①营运中的车辆滴漏油污造成;②裂缝未及时灌胶封闭或灌胶脱落,遇水并经车轮碾压,不断扩展恶化形成;③由于路面松散、龟裂损坏在行车作用下扩展形成。如图 3-6 所示。

图 3-6 裂缝引起的坑槽应急填补

3. 车辙与拥包

车辙与拥包是指车道表面因车辆行驶推移而产生顺着交通车辆轮迹的纵向凹陷或局部隆起,隆起带内混合料粘结性差,呈松散状。车辙与拥包的成因主要有以下四种:①超载车辆较多,且轨道式行驶;②路面中下层或基层强度偏低;③使用的沥青软化点偏低;④混合料中的用油量偏高或级配不合理。人工测量车辙如图 3-7 所示。

4. 松散

松散是指路面集料与结合料粘性降低或消失,路面在行车作用下集料从表面脱落的现象。松散的成因主要有以下四种:①路面沥青稠度偏低,含量偏少,或油温过高,致使与矿料的粘附

图 3-7 人工测量车辙

力不足;②集料过湿或集料含泥量偏大,致使沥青对其粘附性差;③抗剥落剂老化;④沥青混合料摊铺温度偏低或碾压不及时,表面未压实。

5. 翻浆

土中的水分受车辆动荷载的作用沿裂缝破损处不断向上移动使路床的含水量大大增加,强度急剧降低,路面出现冒泥现象,称为翻浆。翻浆的成因有以下三种:①路基顶层填料为不透水材料和基层裂缝,造成层间水无法排除而形成唧浆;②路面出现裂缝后未及时灌胶封闭或未有效封闭,致使路表面的雨水下渗至基层或路基后,经车轮反复碾压造成;③中央分隔带泥土中的水通过路基或基层层间渗透至裂缝处,经车轮反复碾压形成。横裂缝引起的翻浆病害如图 3-8 所示。

图 3-8 横裂缝引起的翻浆病害

6. 沉陷

沉陷是指路面出现的局部竖向下沉的现象。其成因主要有以下两种:①基层强度偏低;②路基或路面局部压实度不足,导致竖向变形。

7. 泛油

泛油是指路面出现的局部光滑镜面现象。其成因主要有以下两种:①沥青混合料的沥青用量过大,或仅面层沥青量较大;②级配不合理,细集料偏多,粉胶比偏大。泛油病害如图 3-9 所示。

二、路面破损的分类与分级

路面破损的分类与分级详见表 3-2 所列。

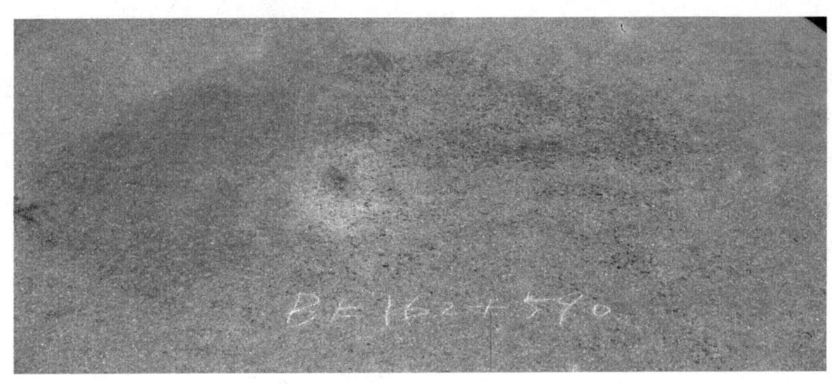

图 3-9　泛油病害

沥青混凝土路面破损的分类与分级　　表 3-2

破损类型		分级	外观描述	分级指标	计量单位
裂缝类	龟裂	轻	初期龟裂，缝细，无散落，裂区无变形	块度：20～50cm	m^2
		中	裂块明显，缝较宽，无或轻散落或轻度变形	块度：<20cm	
		重	裂块破碎，缝宽，散落重，变形明显，急待修	块度：<20cm	
	不规则裂缝	轻	缝细，不散落或轻微散落，块度大	块度：>100cm	
		重	缝宽，散落，裂块小	块度：50～100cm	
	纵裂	轻	缝壁无散落或轻微散落，无或少支缝	缝宽：≤5mm	
		重	缝壁散落重，支缝多	缝宽：>5mm	
	横裂	轻	缝壁无散落或轻微散落，无或少支缝	缝宽：≤5mm	
		重	缝壁散落重，支缝多	缝宽：>5mm	
松散类	坑槽	轻	坑浅，面积较小（<$1m^2$）	坑深：≤25mm	m^2
		重	坑深，面积较大（>$1m^2$）	坑深：>25mm	
	麻面		细小嵌缝料散失，出现粗麻表面		
	脱皮		路面面层层状脱落		
	啃边		路面边缘破碎脱落，宽度 10cm 以上		
	松散	轻	细集料散失，路面磨损，路表粗麻		
		重	粗集料散失，多量微坑，表面剥落		
变形类	沉陷	轻	深度浅，行车无明显不适感	深度：≤25mm	m^2
		重	深度深，行车明显颠簸不适	深度：>25mm	
	车辙	轻	变形较浅	深度：≤25mm	
		重	变形较深	深度：>25mm	
	搓板		路面产生纵向连续起伏、似搓板状的变形		
	波浪	轻	波峰波谷高差小	高差：≤25mm	
		重	波峰波谷高差大	高差：>25mm	
	拥包	轻	波峰波谷高差小	高差：≤25mm	
		重	波峰波谷高差大	高差：>25mm	

续上表

破损类型		分级	外观描述	分级指标	计量单位
其他类	泛油		路表呈现沥青膜，发亮，镜面，有轮印		m^2
	磨光		路面原有粗构造衰退或丧失，路表光滑		
	修补损坏		因破损或病害而采取修复措施进行处治，路表外观与未修复前外观存在明显不同		
	冻胀		路基下部的水分向上聚集并结冰引起路面结构膨胀，造成路表拱起和开裂		
	翻浆		因路基湿软，路面出现弹簧、破裂、冒浆现象		

三、路面病害的成因分析

一般来说，可以从道路施工期和道路营运期两个方面来分析路面病害的成因。

1.道路施工期的原因

1)设计中存在的问题

目前，《公路沥青路面设计规范》(JTG D50—2006)中路面设计仍然采用弯沉值控制，以设计年限内标准轴载累计数和折合成标准轴载累计数作为控制指标。在路面设计中，对交通车辆流量调查资料中没有考虑到超载的因素，使得设计实际上得不到准确的轴载，出现设计年限内累计标准轴载与实际严重不符的情况，造成路面整体刚度不足，导致路面提前破坏。此外，在道路结构层的厚度设计、材料的使用上过于强调“经济适用”的原则，而对交通量的变化，使用年限并没有进行有针对性的重点研究。

2)沥青与集料等原材料的质量问题

高速公路采用的沥青标号未按照气候条件、交通条件、路面类型及在结构层中的层位和受力特点、施工方法等，结合当地的使用经验综合确定，使得沥青混合料的强度、高温稳定性、疲劳耐久性等性能明显下降。集料对路面质量和使用寿命具有决定性作用。集料分档、材料级配对提高沥青混合料高温抗变形能力作用明显。集料加工不规范，加工设备落后，多个料场供料，造成材料差异性较大。采用的粗集料中针片状含量大，级配和材料均匀性差，并且集料方解石含量、粉尘含量均超标的集料很难生产出质量稳定的沥青混合料。此外，填料用量过高以及在拌和过程中不能均匀分散也影响着沥青混凝土的质量。

3)气候的影响

(1)低温裂缝

当气温较低时，沥青材料发硬并收缩，面层中产生的收缩拉应力一旦超过沥青路面的抗拉强度，沥青面层就会开裂，造成路面表面出现收缩裂缝。

路面基层为水稳半刚性，因温度变化产生收缩裂缝，反射至沥青面层也会造成裂缝。

(2)温度疲劳裂缝。

这种裂缝主要发生在日温差大的地区。由于温度反复升降导致沥青面层温度应力疲劳，使沥青路面的极限拉伸应变变小，加上沥青的老化使沥青劲度增高，应力松弛性能降低，最终达到极限抗拉强度引起路面产生裂缝。

(3)高温软化

沥青路面具有高温软化特性，尽管设计及施工中都会尽可能降低油石比，最大限度地利用集料级配提高高温稳定性，但在车辆重复荷载作用下仍将产生较大的剪切变形，出现车辙。泛油一般出现在高温天气，路面温度升高超过沥青软化点。

4）施工的原因

（1）沥青混凝土配合比设计存在的问题

沥青混凝土配合比设计按规范要求应经过三个阶段，即目标配合比设计阶段、生产配合比设计阶段及验证阶段，各阶段对要达到的目标都有明确的要求。在施工时，有的施工单位将配合比设计压缩为两个阶段，有的甚至不进行试拌试铺仅凭经验进行规模施工，因此理论与实践存在较大的偏差，从而导致沥青混凝土内在质量存在先天不足。

（2）沥青混凝土拌和温度的控制

由于设备和人员素质等原因，沥青混合料拌和温度时高时低很不稳定。温度过高可能使沥青老化、失去粘性，导致沥青混凝土松散；温度过低，沥青混合料拌和不均匀。在沥青混合料拌制完成后，从拌和场向摊铺现场运输的过程中，由于保温措施不力，加之车辆行驶形成的相对风速较高，会使混合料温度在到达现场前有较大的下降，温度过低导致沥青路面出现局部松散病害。

（3）沥青混凝土的摊铺

摊铺幅面过宽，沥青混合料由中间通过绞轮输送到两侧时，由于距离长，造成粗细集料离析，从而改变了沥青混凝土生产配合比。

此外，混合料从运输车向摊铺机喂料斗卸料到刮料板输料的过程中，特别是两侧车厢接触面的表层料，在每车料中最后被刮料板送到螺旋布料器，即每一车料降温幅度最大的表层“冷”料集中摊铺，表面料降温幅度较大、在正常的碾压过程中压实度难以达到要求，从而导致路面发生松散、坑槽和渗水破坏。

（4）层间粘结不良的影响

粘层油（透层）质量不符合要求、用量不足或洒布不均匀，导致路面层间粘结不良，出现面层剥落现象。

（5）平行交叉作业对路面质量的影响

高速公路路面施工难免与绿化、交通工程设施、机电等施工作业产生平行交叉。由此，对路面质量产生不利影响，如在路基碾压成形以后，管线施工又挖沟下管，回填时压实质量达不到要求，因此，造成局部不均匀沉降。又如沥青混凝土摊铺下面层、中面层时，绿化、交通安全设施和机电工程施工中的灰土等污染物导致路面污染严重，从而使路面层与层之间的粘结受到影响，特别是当沥青面层较薄时，在车辆高速行驶荷载作用下，沥青路面易产生坑槽、拥包、裂缝等病害。

2. 营运期的原因

1）路面自身病害的发展

（1）源于水泥稳定碎石基层的收缩裂缝。水泥稳定碎石是一种半刚性材料，在强度形成过程中，会产生干缩裂缝。半刚性基层的收缩裂缝会不可避免地反射到面层表面。

（2）行车荷载和雨水作用加速裂缝的发展。水泥稳定碎石基层在施工及运营中由于种种原因会产生细微裂缝，根据断裂力学理论，半刚性基层内存储的能量由行车荷载提供，并通过裂纹失稳扩展消耗能量，这个过程不断反复进行，使裂纹扩展，直到形成小裂缝，最后发育成为贯穿裂缝。这是行车道裂缝多于超车道的原因。由于沥青上面层存在孔隙，雨水渗入路面结构层间后，水分不断汇集到裂缝处并沿裂缝下渗，由于基层强度大，结构致密，水很难排出，在行车荷载作用下裂缝处出现唧浆现象，水泥稳定碎石松散、导致路面结构承载力下降，并可能发展成网裂或坑槽、沉陷等。因此，水是造成路面病害的“元凶”，沥青路面排水是第一要务，排水不畅势必留下路面破坏的隐患。

(3)超载是公路路面的“杀手”。由于受经济利益的驱动，大型货车超载现象严重，更加剧了路面病害的扩展，促使路面开裂、推拥，甚至局部出现沉陷。

2)公路管养维护中存在的问题

(1)公路营运单位不重视路面早期破损的治理

有效的早期养护不但能很好地改善沥青路面的质量状况，而且能大大地延长沥青路面的使用寿命。应提倡以路面为中心的全面的预防性养护，避免路面早期破坏。

(2)病害处治施工中存在工艺和质量问题

处理小范围病害时，如果路面沥青混合料离析现象严重，容易造成局部渗水，使路面出现新的病害。施工中压实不足也是病害产生的重要原因，由于片面追求路面平整度，未在温度较高的时候及时压实，造成路面表层看起来很平整，通车不久平整度就迅速下降。

第四节　水泥混凝土路面病害的类型与成因

一、路面病害的类型

水泥混凝土路面病害类型分为：断裂类、竖向位移类、接缝类、表层类四类。断裂类包括纵、横、斜向裂缝、角隅断裂、交叉裂缝或断裂板；竖向位移类包括沉陷、胀起；接缝类包括接缝填料损坏、接缝张开、唧泥和底板脱空、错台、接缝碎裂、拱起；表层类包括磨损和露骨、纹裂、网裂和起皮、活性集料反应引起的网裂、集料冻融裂纹、坑洞、修补损坏面积。

二、路面病害的分类与分级

路面病害的分类与分级见表 3-3 所列。

水泥混凝土路面病害的分类与分级　　表 3-3

病害类型		损坏特征	分级标准		计量单位
断裂类	纵向、横向、斜向裂缝或角隅断裂	面板断裂成 2 块	轻	缝宽小于 3mm 的细小裂缝	m 和块
			中	缝边缘有中等破裂或错台小于 10mm 的裂缝，或缝宽小于 15mm 的裂缝	
			重	缝边缘有严重破裂，错台大于 10mm 的裂缝，或缝宽大于 15mm 的裂缝	
	交叉裂缝或断裂板	面板断裂成 3 块以上	轻	板被轻微裂缝分为 2～3 块	m 和块
			中	板被中等裂缝分为 3～4 块，或板被轻微裂缝分为 5 块	
			重	板被严重裂缝分为 4～5 块以上，或被中等裂缝分为 5 块以上	

续上表

病害类型		损坏特征	分级标准		计量单位
竖向位移类	沉陷、胀起	局部较周边有低下或高起	轻	车辆驶过时仅无不舒适感的轻微跳动	
			中	车辆驶过时产生不舒适的较大跳动	
			重	车辆驶过时产生过大的跳动，引起严重不舒适感或不安全	
接缝类	接缝填料损坏	填缝料出现老化、挤出、缺损、脱空	轻	整段路仅有少量填缝损坏	条
			中	约 1/3 缝长出现损坏，水和杂物易渗入或进入	
			重	1/3 以上缝长出现损坏，水和杂物可以自由进入，需立即更换填缝料	
	接缝张开	接缝处出现纵向空隙	轻	接缝张开宽度 10mm 以下	m
			重	接缝张开宽度 10mm 以下	
	唧泥和底板脱空	荷载通过时接缝或裂缝处有污染或基层材料渗出	轻	车辆驶过时，板缝或边缘有水唧出，或板表面有少量唧出材料的沉淀物	
			重	车辆驶过时，板有明显的颤动和脱空感，板表面有大量唧出材料的沉淀物	
	错台	接缝或裂缝两边出现高差	轻	错台高小于 5mm	处
			中	错台高 5～10mm	
			重	错台高大于 10mm	
	接缝碎裂	接缝或裂缝两侧混凝土开裂或成碎块	轻	碎裂出现接缝或裂缝两侧 8cm 范围	处
			中	碎裂范围大于 8cm，部分碎块松动或散失，但不影响安全或不易损害轮胎	
			重	影响行车安全或极易损害轮胎	
	拱起	横缝两侧的板有明显的抬高	轻	车辆驶过时仅无不舒适感的轻微跳动	处
			中	车辆驶过时产生不舒适的较大跳动	
			重	车辆驶过时产生过大的跳动，引起严重不舒适感或不安全	
表层类	磨损和露骨	表面外露石子	轻	深度小于等于 3mm	块
			重	深度大于 3mm	
	纹裂、网裂和起皮、活性集料反应引起的网裂	表面脱落、许多裂纹裂缝交叉，活性集料反应则表面为其他颜色或白色细屑	轻	板块大部分面积出现纹裂或网裂，但表面状况良好，无起皮	块
			中	起皮、起皮面积小于等于板块面积的 10%	
			重	起皮、起皮面积大于板块面积的 10%	
	集料冻融裂纹	裂缝或边缘	轻	裂纹出现在缝或边缘附近 0.3m 范围内，缝未发生碎裂	块
			中	裂纹出现在缝或边缘附近，范围大于 0.3m，受影响区内缝出现轻微或中等碎裂	
			重	裂纹影响区内裂缝出现严重碎裂，不少材料散失	

续上表

病害类型		损坏特征	分级标准		计量单位
	坑洞	面板表面出现直径2.5～10cm、深1.2～5cm的坑洞	不分等级		块
	修补损坏面积	面板修补后又重新损坏	轻	轻微破损或边缘有轻微碎裂	块
			中	轻微裂缝或车辙、推移，边缘有中等碎裂和10mm以下错台	
			重	严重裂缝、车辙、推移或错台，需重新进行修补	

三、路面病害的成因

1.断裂类病害的成因

纵向裂缝一般由路基横向不均匀沉降造成；横向和斜向裂缝一般是由重载车辆反复作用、温度或湿度变化产生的翘曲应力或干缩应力等因素单独或复合作用造成；角隅断裂一般是由于表面水侵入，地基承载力降低，接缝处出现唧泥，板底脱空，接缝传荷能力差，重载反复作用等综合因素作用造成；交叉裂缝和破碎板主要是面板出现裂缝后，在基层和路基浸水软化及重载反复作用下进一步断裂造成。

2.竖向位移类病害的成因

沉陷主要是由于路基填土或地基的固结沉降或不均匀沉降所引起；胀起主要是由于路基的冻胀或膨胀土膨胀所引起。

3.面层接缝类病害的成因

纵向接缝张开病害，主要是由于纵缝内未按规定设置拉杆，相邻车道板块在温度和横向坡度的影响下出现横向位移，使纵缝缝隙逐渐变宽所造成；唧泥病害主要是由于接缝填封料失效、基层材料不耐冲刷、接缝传荷能力差和重载反复作用所造成；脱空病害是唧泥发生后，缝下的基层细粒料被渗入缝下并积滞在板底的有压水从缝中或边缘处唧出，造成板底与基层之间范围出现脱空；错台病害是在唧泥发生和发展过程中，基层顶面受冲刷细料被有压水冲积进板底脱空区内，使接缝或裂缝两侧板面出现高程差；接缝碎裂病害是由于接缝施工不当或缝隙内进入不可压缩的材料，造成邻近接缝或裂缝的约60cm宽度范围内出现并未扩展到整个板厚的裂缝，或者混凝土分裂成碎块或碎屑；拱起病害是横向接缝或裂缝处板块因热膨胀受阻而出现突发性的向上隆起。

4.表面类病害的成因

磨损和露骨病害主要是由于车轮反复作用，将混凝土面层表面水泥砂浆逐渐磨损，沿轮迹带出现微凹表面、长期磨损则露出粗集料，甚至粗集料被磨光；纹裂或网裂、脱皮病害主要是由于施工或材料的原因所造成；活性集料反应引起的网裂主要是活性集料与水泥或外加剂中的碱产生碱—硅或碱—碳酸反应，而出现膨胀，从而破坏水泥基层，引起类似于网裂但较一般网裂要深的开裂；集料冻融裂纹病害主要是由于粗集料的冻融膨胀所造成，通常出现在接近纵横向接缝、自由边边缘或裂缝外出现的许多密布的半月形细裂纹。坑洞病害主要是由于冻融或膨胀，粗集料从混凝土中脱落出来而形成；修补损坏主要是修补病害时方法不当、质量差以及原病害未彻底处治造成。

第五节 路面大中修质量监理

一、路面大中修的内容及修复方法

路面大修是指路面较大程度的损坏，如路面大面积破损、基层损坏、较大程度的不均匀沉降，路面弯沉低于设计标准等严重病害和面层结构的改变，由此而进行的大型维修工程，以使其全面恢复到原设计标准。

路面中修是指路面一般性磨损和局部损坏，如路面构造深度或摩擦系数下降，局部出现裂缝、拥包、车辙、坑槽、松散等一般病害，由此而进行的一般维修工程，以使其恢复原状。

沥青混凝土路面大中修的主要施工内容为病害处理、罩面(含桥头加铺)、基层翻修。

水泥混凝土路面大中修的主要施工内容为对病害严重的板块进行挖除、重新浇筑同强度等级水泥混凝土。

二、沥青混凝土路面粘层、透层施工的质量监理

(1)在洒布透层和粘层沥青前，监理工程师应要求施工单位必须将下承层表面的松散物及尘土吹扫干净。对病害处理坑槽须先人工配合机械清扫，再用空压机高压吹扫；对罩面原路面可直接用空压机高压吹扫干净，达到表面无尘土，经监理工程师批准后，才能洒布乳化沥青材料。

(2)乳化沥青洒布应采用定型的各式沥青洒布汽车，并应具有排式和手提式两种喷洒功能。对洒布汽车无法作业的路段或部位以及漏洒的部位，监理工程师均应要求施工单位用手提式喷洒器进行人工喷洒或补洒。

(3)乳化沥青洒布应均匀、用量合适，纵、横接缝的侧壁宜人工涂刷，透层乳化沥青用量一般为0.7～1.1L/m^2，粘层用量0.3～0.6L/m^2，或按设计要求洒布。

(4)乳化沥青洒布后的路段，均应禁止车辆、行人通行(施工车辆除外)，应待乳化沥青破乳、水分蒸发后才能铺筑沥青混合料。

三、沥青混合料施工的质量监理

1. 拌和

(1)拌和设备宜采用间歇式拌和机，拌和能力应满足施工进度要求，并具有逐盘打印功能。监理工程师应要求各种传感器定期进行检定，一般不超过一年。除尘设备应完好，能满足环保要求。

(2)应严格按监理工程师批准的生产配合比生产。

(3)沥青与矿料加热温度应符合规范要求。

(4)沥青混合料拌和时间应通过试拌确定，一般每盘生产周期普通混合料为45s±5s，改性沥青混合料为55s±5s，集料干拌时间不少于5s，应保证混合料拌和均匀，颗粒全部包裹沥青，无花白料、无结团或粗细集料离析。

(5)混合料的储料仓应具有保温性能,贮存过程中24h之内温度降低不得大于10℃,出厂时应逐车检测温度。

(6)回收矿粉一般不宜利用。

2. 运输

(1)应采用大吨位的自卸车,厢内洁净,底板及四周应涂薄层防粘油水混合液。

(2)运料车装料时,应多次挪动汽车,减少混合料离析,装料后应用篷布覆盖,用以保温、防雨、防污染,若混合料表面降温过快还应增加棉絮覆盖。

(3)运输过程中沥青混合料降温不得超过规范要求,运到摊铺现场后,施工单位应逐车检测混合料温度,不符合温度要求或结块、遭雨淋的料不得使用。

(4)运料车进入摊铺现场时,轮胎不得粘有泥土等脏物,并涂刷防粘剂,摊铺时应空挡停在摊铺机前1～3m处等待。

3. 摊铺

(1)应使用履带式摊铺机进行混合料摊铺,受料斗应涂刷防粘剂。摊铺前,应提前半小时至一小时预热熨平板,使之不低于100℃。

(2)摊铺前监理工程师应检查下承层是否按规范要求洒布粘层油,是否已破乳。

(3)一台摊铺机的摊铺宽度宜不大于6～7.5m,大于7.5m时,宜采用两台摊铺机前后错开10～20m,成梯队同步摊铺,纵向搭接宽度为30～60cm,两台摊铺机的型号或性能应尽量相同。

(4)施工单位和监理工程师应加强混合料温度检测,摊铺温度不得低于表3-4的规定。

(5)检查松铺系数是否与试验路段确定的松铺系数相一致。

(6)摊铺必须缓慢、匀速、连续,摊铺速度应根据拌和机产量确定,一般为2～5m/min,避免出现停机待料现象,以提高平整度和减少混合料离析。

(7)厚度超过10cm时应分层摊铺,分层压实,机械无法摊到位的,才允许人工摊铺。

(8)雨天、表面有积水或潮湿、施工气温低于10℃、风速较大时,均不得摊铺沥青混合料。

(9)纵向宜采用热接缝,若条件不允许,需做冷接缝时,宜采用先安装木模板再摊铺或摊铺后再切割的方法。

4. 压实

(1)压实机械组合方式、碾压遍数应通过试验路段取得。病害处理施工时,压路机数量一般不少于2台,1台为钢轮压路机,另1台为胶轮压路机;罩面施工时,压路机数量不宜少于5台,其中应有2台胶轮压路机。

(2)沥青混合料经摊铺整型后,应立即进行充分、均匀的碾压,碾压应从低边向高边慢速均匀地进行,相邻碾压带应重叠1/3～1/2轮宽。

(3)碾压分初压、复压和终压,掌握碾压遍数,应以试验路确定的遍数为准,一般情况下初压2遍,复压4～6遍,终压不少于2遍。

(4)加强碾压温度检测,根据降温速率掌握好碾压时间并决定是否要增加压路机,应在规定的终了温度前结束碾压。

(5)应加强接缝处碾压和检查,如碾压温度达不到要求,应采用加热器加温或重新换料。

(6)压路机不得在未碾压成型路段上转向、调头、加水或停留。

(7)未经压实即遭雨淋的沥青混合料应全部清除，重新更换新料。

热拌沥青混合料的施工温度(℃)见表3-4所列。

热拌沥青混合料的施工温度(℃) 表3-4

施工工序		普通沥青混合料		SBS改性沥青混合料
		AH-70	AH-90	
沥青加热温度		155～165	150～160	165～175
矿料加热(间隙式拌和机)		比沥青温度高10～30		190～220
混合料废弃温度		195		
混合料贮存		拌和出料后降低不大于10		
混合料出厂温度		145～165	140～160	170～185
摊铺温度，不低于	正常施工	135	130	160
	低温施工	160	150	160
初压温度		130	125	150
终了温度(钢轮)		70	65	90
开放交通温度		50		

四、沥青混凝土路面病害处治施工的质量监理

沥青混凝土路面病害处治分罩面与非罩面路段，其处治方法基本一致，但也有一些区别，其主要区别在于：①病害稍轻的裂缝、车辙在非罩面路段一般不进行处治；②铣刨后的坑槽回填材料有明显的不同，罩面段上面层一般回填中粒式AC-16改性沥青混合料，中下面层一般回填粗粒式AC-20、AC-25或ATB-25普通沥青混合料，而非罩面段上面层一般回填细粒式AC-13、SMA-13或SMA-10(用于轨道式2.5cm厚的薄层)改性沥青混合料，中下面层回填材料与罩面段回填料一致。

1.各种类型病害的处治方法

1)纵横向裂缝的处治

(1)对于单条轻微裂缝(≤5mm，没有或仅有少量支缝)，一般不进行铣刨处治，若为拟罩面路段，则在罩面前直接粘贴高分子抗裂贴(宽度一般为32cm和48cm)或聚酯玻纤布进行处治(宽度一般为191cm)；若为非罩面路段一般采用开槽灌缝封闭。抗裂贴的铺设工艺为：原路面清理→放样→铺设→碾平。玻纤布的铺设工艺为：原路面清理→洒布热沥青→铺设→碾压。

(2)对于单条严重裂缝(宽度>5mm且边缘存在支缝或脱落)，一般用铣刨机铣刨原中、上面层厚度，若裂缝仍明显则加深铣刨，宽度一般为2m，并在槽底洒布粘层或透层油后，再粘贴高分子抗裂贴、或聚酯玻纤布、或土工布(用于基层顶面)，然后分层回填沥青混合料。

(3)对于密集型横向裂缝(间距≤10m)，一般采用连片铣刨，铣刨厚度视裂缝及其他综合性病害严重程度及下承层情况而定，一般在横向裂缝处加深铣刨，再对裂缝位置粘贴高分子抗裂贴、或聚酯玻纤布、或土工布(用于基层顶面)，然后分层回填沥青混合料。或罩面路段也可采用整幅路面铺设一层聚酯玻纤布(主、超车道均铺)后直接进行罩面，但严重裂缝必须先铣刨

处治再铺聚酯玻纤布。

2)网裂、龟裂与坑槽的处治

对于局部龟裂、网裂与坑槽病害,一般按照"圆洞方补、斜洞正补、小洞大补、浅洞深补"的原则进行小范围的铣刨处理。对于大面积龟裂、网裂(整车道或大面积网裂且网裂范围内存在龟裂)病害,一般宜连片铣刨,铣刨厚度视其他综合性病害严重程度及下承层情况而定,再粘贴高分子抗裂贴、或聚酯玻纤布、或土工布(用于基层顶面),然后分层回填沥青混合料。

3)车辙病害的处治

(1)对于车辙深度≤1.5cm 的结构型车辙,一般不作处理。

(2)对于车辙深度在 1.5~2cm 之间的结构型车辙病害,罩面前可对车辙凸起部分进行调平铣刨处理,然后进行罩面。或轨道式铣刨二车辙部位,宽度为 1.3m,深度分 2.5cm 和 4~6cm 两种,回填料分别采用 AC-13 或 AC-10 和 AC-16;非罩面路段一般不处理。

(3)对于失稳型车辙(深度>2cm,或原中、下面层呈松散状),一般采用整车道或轨道式铣刨回填的方法处理,铣刨深度根据取芯情况确定,一般铣刨不少于 2 层(原中、上面层);铣刨宽度视车辙走向而定,一般整车道为 3.5~3.9m,轨道式为 1.3m×2 轮迹带。

4)翻浆的处治

一般采用开挖后设置盲沟和开挖后封堵的方法处治以及注浆加固工艺。

(1)设置盲沟的处治方法适用于主车道翻浆,其施工方法为:先根据翻浆范围划定主坑槽的铣刨范围,再沿翻浆点中心向四周扩散开挖至基层顶面以下约 15~20cm,视基层松散情况确定开挖深度至基层坚固密实为止,在基层顶面设置宽度大于 15cm 宽的纵、横向台阶,面层结构间不设台阶。沿主坑槽的外缘一侧,开挖宽度不小于 30cm 的横向盲沟,深度较主坑槽底面低 4~5cm,其底部横坡不小于 3%。盲沟及主坑槽开挖结束后采用扫帚清扫和空压机吹净槽(沟)底、侧壁的松散物,接着回填粒径为 4~6cm 的单粒径碎石 5~8cm 厚,在盲沟部位放置一根或两根四面打孔或开槽的 PVC 或 PPR 管(管径 5cm,长度外至边坡内至主坑槽 5cm;若放置两根,两管应并排放置在盲沟反滤层上并扎紧),再继续回填碎石至基层顶面以下 10cm 上下。然后回填粗粒式沥青混合料并压实,再在其顶面铺设一层 T010/140 型沥青浸渍无纺土工布,最后,分层回填沥青混合料,并采用小型压实设备压实,再对接缝进行封边。若主坑槽位于大面积病害铣刨路段,则可同步施工,回填压实应采用大吨位压路机碾压。

(2)开挖后封堵的方法适用于超车道翻浆,其施工方法为:先根据翻浆范围划定铣刨范围,再沿翻浆点中心向四周扩散开挖至基层顶面,视基层松散情况确定开挖深度至基层坚固密实为止,在基层顶面设置宽度大于 15cm 宽的纵、横向台阶,面层结构间不设台阶。其次用空压机吹净坑槽的松散物和尘埃槽(如遇槽底积水或潮湿,可撒干水泥止水),再向坑槽喷洒改性透层油(0.7~1.1L/m^2),接着铺设 T010/140 型沥青浸渍无纺土工布。然后分层回填沥青混合料,并压实。最后对接缝进行封边。

(3)非开挖注浆加固法适用于基层反射裂缝密集病害和路面出现沉降、翻浆病害。采用压密注浆主要是对基层及路基进行注浆,其中基层注浆的深度为路面下 0.9m 左右,土路基注浆深度在路面下 1.2m 左右;先进行基层注浆,再进行土路基注浆,分两次完成。注浆孔间距为 2m,呈梅花形交叉布置,注浆泵工作压力宜控制在不大于 1.0MPa(土路基不大于 1.5MPa),当压力达到 1.0MPa(或 1.5MPa)时,停止注浆静压 3~5min。若压力下降则继续注浆,直至邻孔出浆为止。其压密注浆工艺步骤为：布孔→钻孔→清孔→埋浆管→注浆料准备→滤浆→注浆→冒浆孔封堵(或补浆)→拔管→注浆孔封堵→养护→土路基注浆(步骤同上)→开放交通→弯沉检测→补浆→补浆点检测→结束。

5)表面松散的处治

松散严重的一般采用铣刨回填的方法处治，铣刨深度视中下层质量而确定。表面轻微松散的一般采用微表处或洒布沥青再生剂的方法处治。微表处是由聚合物改性乳化沥青、集料、填料、水和外加剂按照合理的配合比拌和，并用专用摊铺机均匀地摊铺到路面，其工艺流程为：配合比设计→封闭交通→清除路面旧标线→清扫拟铺路面→拌和、摊铺稀浆混合料→初期养护→胶轮碾压→标线涂划→开放交通。沥青再生剂是一种对原路面具有沥青还原作用的液体，由原液与水按照产品说明要求掺配，并搅拌均匀，采用专用洒布车或乳化沥青洒布车均匀地洒布到路面，其工艺流程为：封闭交通→清扫拟铺路面→配制浆液→初期养护→开放交通。

6)表面抗滑性能差的处治

一般采用微表处的方法处治，其施工方法见上述第5条。

2. 沥青混凝土路面病害处治施工质量监理的程序

1)对路面病害进行调查，确定病害铣刨范围

一般先由施工单位进行步行调查，提交调查报告，然后，施工单位、监理工程师、业主代表三方共同进行核实确定，再由业主下发病害铣刨实施桩号。其调查报告的内容包括调查时间、起讫桩号、车道、病害类型和程度、处理方式、计划铣刨深度、预计工程量等。病害调查时间一般应选在实际施工的7天之前进行。

2)现场放样

首先由施工单位按照业主下发的或认可的病害铣刨实施桩号，用石笔在实地标出病害铣刨范围，再经监理工程师或业主代表检查确认，并书面记录签认。对于增加数量或工程量较大的，应及时报告业主，取得同意后才能进行下一道工序铣刨。

3)铣刨病害

施工单位按铣刨范围采用铣刨机或人工分层开挖，每次铣刨(或开挖)后，先由施工单位提出下一步处理方案，再由监理工程师根据下承层的具体情况确定是否需进一步加深和扩大处理范围，并确定处治方案。分层一般应预留台阶，台阶宽度纵向不少于50cm，横向不少于20cm，若中下面层强度偏低，则不宜留横向台阶，面层端缝应切割成90°直缝，中下面层端缝可为45°斜缝。其质量要求为：病害铣刨彻底、边线顺直、两侧槽壁应垂直，槽底应基本平整、无夹层。

4)坑槽清扫

宜先采用机械清扫车(该车具有钢刷和吸尘功能，能将粘附着的松散物清扫彻底)机械清扫，然后再用人工配合空压机吹尘。其质量要求为：清扫后的坑槽表面和侧壁干燥干净，无尘埃，无松散物。

5)洒布粘层油或透层油

面积较大的一般宜采用沥青洒布车洒布，小面积和侧壁、漏洒部位则由人工洒布。对需要铺设土工织物的，应按要求对土工织物进行张拉、搭接与固定，铺设平顺，无皱折，然后先在槽底、槽壁洒布透层油，再铺设土工织物，最后洒布粘层油，直至土工织物充分浸渍；不铺设土工

织物时，则直接洒布粘(透)层油，粘层油用量一般为0.3～0.6L/m²，透层油用量一般为0.7～1.1L/m²，材料宜采用快裂型改性乳化沥青。其质量要求为：用量合适，洒布均匀，粘性强，破乳后才能进行混合料摊铺。

6)沥青混合料摊铺

按结构层次和设计要求选用混合料，混合料应级配均匀，矿料最大粒径宜小于压实层厚的1/2～2/3，应无花白料、无结团或无粗细集料离析现象。到达工地现场的混合料应加强温度检测，料温应符合规范要求。摊铺机在摊铺前应提前半小时至一小时预热熨平板使之不低于100℃。摊铺应分层进行，中面层一般用中粒式或粗粒式混合料，下面层一般用粗粒式混合料，上层用中、细粒式的混合料，最大压实层厚不大于10cm，松铺系数应按试验路段的要求控制。摊铺速度宜控制在2～5m/min，每台摊铺机最大摊铺宽度不超过7.5m，摊铺必须均匀、缓慢、连续不断地进行，不得随意变换速度或中途停顿，以提高平整度和减少混合料的离析，当发现混合料出现明显的离析、波浪、裂缝、拖痕时，应分析原因，予以消除。

7)沥青混合料的压实及成形

混合料经摊铺整修后，在不产生严重推移和裂缝的前提下，应在尽可能高的温度下进行碾压，同时，不得在低温状况下反复碾压，避免石料棱角磨损、压碎，破坏集料嵌挤。压实分初压、复压与终压，应纵向行驶，由低边到高边，先两侧接缝后中间，慢速均匀地进行碾压，相应碾压带应重叠1/2～1/3轮宽，端部横接缝宜90°或45°斜向碾压。压路机不得在未碾压成形路段上转向、调头、加水或停留。未经压实即遭雨淋的沥青混合料应全部清除、更换新料。应使坑槽中的混合料压实后略高于周围的原路面。

8)接缝与封边

接缝应紧密、连接平顺，线形顺直、无明显集料离析。接缝高差应用3m直尺检查，最大间隙应≤3mm。为防止雨水沿病害处理区块四周接缝处渗漏，消除其质量隐患，待施工完毕且在解除施工封道之前，对病害处理的四周接缝处均应进行封边，封边材料宜用TL-2000或改性乳化沥青，一般对罩面路段的病害处理封边材料宜用改性乳化沥青，非罩面路段病害处理封边材料宜用TL-2000。封边宽度不小于5cm。

9)质量检查验收

施工结束后，应及时对分项工程质量进行检查验收，施工单位自检与监理抽检可同步进行，检查的内容有压实度、渗水系数、摩擦系数、构造深度、直顺度、封边宽度、外观等。

10)开放交通

沥青混合料铺筑完成后，路面的施工废料应清扫干净，待混合料表面温度低于50℃后即可开放交通，温度无法降到50℃以下时，可采用洒水冷却的办法进行强行降温，以确保开放交通后不出现车辙，但洒水后不能立即进行标线施工，应待水分蒸发后进行。

病害处治应做到当天开挖的坑槽当天回填，如施工中遇特殊情况，修复质量不符合要求时，应在第二天重新铣刨处理。

五、罩面和桥头加铺施工质量监理

罩面是指在原有沥青路面上加铺一层沥青混合料面层，以周期性地补偿其表面磨耗，并修复面层的一般性破损，改善面层抗滑能力和平整度的措施。沥青路面罩面按其使用功能划分为普通型罩面(简称罩面)、防水性罩面(简称封层)和抗滑层罩面(简称抗滑层)三种。

桥头加铺是指采用罩面的方式对桥台后的路面进行全面加铺,以消除桥台背部路面下沉所造成的跳车现象,其加铺标准以相邻接坡两坡差不大于0.5%、坡长不少于50m为原则。

罩面和桥头加铺施工质量监理的程序主要有以下几个方面。

1.测量放样

罩面一般采用两侧走钢丝,中间采用非接触式平衡梁的方法进行施工。为此,放样的重点在于两侧的厚度控制,施工单位应事先依据设计图中的厚度和试验路段得出的松铺系数,计算出每个测点的松铺厚度,以此数据放样钢丝高度,经施工单位自检合格后,监理工程师应按规定进行抽检,合格后,才能进行混合料摊铺。

2.原路面清扫

原路面清扫前,应首先检查原路面上的病害是否处理彻底,若局部仍有病害未处理,罩面前应先进行病害处理,直至罩面路段无病害时,则人工配合空压机吹扫表面的灰尘或杂物。

3.洒布粘层油

洒布粘层油施工监理要点同沥青混凝土路面病害处治施工质量监理程序。施工完毕并已破乳,经施工单位自检合格后,通知监理工程师检查,检查内容有:用油量是否合适、洒布是否均匀、有无漏洒、侧壁有无粘层油,是否已破乳等,验收合格后,才能进行混合料摊铺。

4.混合料摊铺、碾压

混合料摊铺、碾压施工监理要点同沥青混凝土路面病害处治施工质量监理程序。施工过程中,施工单位应进行自检,监理工程师抽检,检查的内容有:分层厚度,混合料有无花白料、烧焦、结团或粗细集料离析现象,分层厚度,摊铺和碾压温度,工艺操作是否规范等。碾压结束待路面冷却后,及时进行封边。

5.接缝处理

接缝包括与老路面接缝(含桥头接缝)和施工接缝两种,一般采用接茬热接法。若与老路面衔接,应先对接缝画线切割,然后采用铣刨机铣刨或用风镐人工凿除老路面,铣刨深度以加铺厚度不小于4cm为原则进行控制,长度以加铺后的接茬前后两个纵坡差不大于0.5%进行计算。若为施工接缝,为确保施工结束后的行车安全和平顺,应采用临时接坡,并在第二天施工时对临时接坡划线切割再铣刨。接缝铣刨后,松散物和尘埃应清扫干净,再洒布粘层,混合料摊铺前应对接缝处路面进行预加热。应使纵横接缝保持与道路中线平行或垂直。当采用双层罩面时,上下层接缝应错开一定距离,避免处于同一断面上。

罩面后应及时处理与路肩或路缘石的衔接,使其顺适。

6.分项工程质量验收

施工结束后,施工单位自检与监理工程师检验可同步进行,检查的内容有压实度、渗水系数、摩擦系数、构造深度、横坡度、高程、宽度与外观等。

六、水泥混凝土路面大中修的质量监理

1.对路面病害进行调查,确定处治方法和翻修板块

一般,先由施工单位步行调查,提交调查报告;然后,施工单位、监理工程师、业主代表三方共同进行核实确定;再由业主下发病害处治实施计划,其调查报告的内容包括调查时间、起讫

桩号、车道、病害类型和程度、处理方式与预计工程量等。

2. 病害板块的凿除及清理

施工单位依据业主批复的病害修复方案，采用混凝土破碎机或风镐对病害板块进行凿除，并将混凝土废渣运至弃渣场。

3. 基层修复

若基层有病害则应进行处治，修复的方法应视病害类型而定，对于裂缝病害宜采用注水泥浆。对于基层松散病害宜先挖除松散层，再用设计规定的材料或与原基层同类型的材料，或水泥混凝土回填修复。

4. 坑槽清扫

宜先采用人工将碎渣清除干净，然后再对四周侧壁和坑底擦洗干净。其质量要求为清扫后的坑底表面和侧壁干净无尘土、无松散物。

5. 水泥混凝土的拌和与运输

混凝土宜采用可移动的强制式搅拌机拌和，其容量应根据每天施工的工程量大小来配置。应严格控制混合料从搅拌机出料到浇筑完毕的时间不超过混凝土的初凝时间、出料和卸料高度不超过 1.5m，混凝土浇筑时的坍落度不大于设计或规范要求。

6. 水泥混凝土的摊铺与振捣

小面积混凝土的摊铺宜采用人工进行，大面积摊铺宜采用人工配合机械进行。人工摊铺时，禁止抛掷和耧耙，以防离析。小面积混凝土的振捣一般采用插入式和平板振动器交替进行，大面积振捣则采用插入式和振动梁先后进行，振捣时间以混合料停止下沉不再冒气泡并泛出砂浆为准，严防过振。

施工过程中，混凝土中的水泥宜使用早强水泥或混合料中掺入早强剂，有条件时，在振捣结束后宜用真空吸水技术，以提高混凝土早期强度，满足尽早开放交通的要求。

混凝土浇筑过程中，现场监理人员应全过程旁站，并重点检查：修补坑槽的基层修复和清理情况，几何尺寸，胀缝和接缝钢筋、混凝土坍落度、离析情况，工序施工的规范性，混合料试样的抽取和试块制作等。

7. 混凝土养生和路面缩缝切割

在混凝土面板铺筑施工结束后，应立即开始混凝土养生，养生的方法可选用覆盖保湿膜或喷洒养生剂等方法，不管采用什么方法，均须报经监理工程师批准同意，养生时间一般应为 14～21d，且混凝土强度达到设计弯拉强度时，才能开放交通。同时在混凝土终凝后，对原路面对应的板缝处应及时切割一缩缝（干接缝处无须切割），切割时间以表面不出现锯齿状为准，以防出现不规则收缩裂缝。

8. 路面刻纹或划纹

表面抹平后，宜采用机具刻槽或采用拉槽器、滚动压纹器等工具，按设计的表面构造深度要求对混凝土表面横向制作纹理，纹理深度以满足路面抗滑性能要求。

9. 接缝填料

路面在开放交通前，应对板块的四周接缝采用设计规定的填料进行灌缝，设计无规定时，宜采用加热的沥青玛蹄脂灌缝。

10.质量检查验收

路面开放交通前,应及时进行质量检查验收,施工单位自检与监理抽检可同步进行,检查的内容有:混凝土弯拉强度,表面构造深度、平整度、相邻板高差和接缝填缝等。

七、路面基层病害处治的质量监理

基层的病害类型主要有单条裂缝、网裂、龟裂与松散。

水泥稳定碎石基层病害产生的原因主要有:①水泥用量过高,由此引起基层强度偏高,造成裂缝;②路基拼接缝未错台搭接,造成单条裂缝产生;③水泥用量过低或碎石含泥量偏高,造成基层强度不足,出现松散现象。

基层病害的中修方法主要有:对于小范围或局部路段出现基层病害,一般是将病害部位凿除,沥青混凝土路面宜采用粗粒式沥青混合料直接回填的方法进行修补,回填时,应分层摊铺和碾压。或选用其他不需要养生、或仅需短时间养生的材料进行回填修补。水泥混凝土路面宜采用设计规定的材料或与原基层同类型的材料,或水泥混凝土回填修复。

基层病害的大修方法主要有:对于大范围的基层均已出现病害或路面大修时,需进行基层大修,处理方法一般是重新翻修,方法与新建路面基层施工一样,可参照《公路路面基层施工技术规范》(JTJ 034—2000)进行。

八、路面标志与标线的质量监理

(1)标线采用的涂料品种、技术指标应符合招标文件要求,使用前应检查包装袋上的制造厂厂名、出厂日期、颜色、储存期等是否与质保单相符。

(2)标线施工前,道路表面的所有灰尘及其他松散物应采用空气压缩机清除干净,且路面必须干燥。

(3)热熔型路面标线施工前,应先采用涂剂(底油)在路面上涂刷一层与标线涂料相容的粘结层,其品质要求为无色透明或琥珀色液体。然后涂刷热熔型涂料,其质量要求为:固体含量30±5%、涂布量50～200g/m^2,厚度1.8～2.2mm,干燥时间应小于5min。

(4)施工过程中应重点检测标线厚度,同时还应检查标线宽度、长度、纵向间距和横向偏位,玻璃珠的洒布用量和均匀性,以及毛边、气孔、涂料污染路面等外观情况。

九、监理的重点

1.把好原材料质量关

原材料是质量的保证,特别是沥青、水泥、钢筋和碎石等。为此,除要加强进场材料的质量抽检外,监理工程师与施工单位还应对料源事先进行考察,定期到集料加工场进行生产检查,从源头控制好材料质量。对进场的原材料要做到:

(1)注意粗细集料和填料的质量,监理工程师应每天巡视拌和料场不少于1次,从源头抓起,对不合格的矿料,不准运进拌和站。

(2)应要求施工单位对堆放各种矿料的地坪进行硬化,并具有良好的排水系统,避免材料被污染,各品种材料间应用墙体隔开,以免相互混杂。

(3)沥青混合料用的细集料及矿粉应进棚堆放,细料潮湿将结成小团,形成质量隐患。

(4)到场沥青应留样封存，普通沥青每天、改性沥青每车留样。

(5)水泥应搭棚覆盖，防水、防潮，定期翻动。

(6)监理工程师应督促施工单位按规定取样抽检，监理工程师还应按规定的频率独立抽检，对质量有怀疑的应加大抽检频率。

2.加强标准试验的旁站与验证

标准试验是质量的关键，必须认真设计并验证其可靠性，监理工程师应加强对施工单位标准试验的旁站，且应进行平行复核对比试验。沥青混合料配合比必须严格按目标配合比设计、生产配合比设计、生产配合比验证三个阶段依次进行。水泥混凝土配合比应严格按初步配合比设计、试拌调整确定试验室配合比、换算施工配合比三个阶段进行。每个阶段的配合比施工单位均应上报监理工程师，经审查通过后，才能进行下一阶段的设计或验证。

3.拌和站生产的监控

沥青混合料拌和前，监理工程师应首先加强对拌和设备的检查，温控系统应完好，计量系统应定期进行标定，能显示掺配比例，并具有逐盘打印功能。拌和生产时，监理工程师应每天至少对拌和楼检查1次，检查的内容包括：目测使用的各种材料，拌和设备的状况，集料和沥青加热温度，拌和的掺配比例，沥青混合料质量，拌和数量，是否逐盘打印拌和记录等。

水泥混凝土应集中拌和，监理工程师应首先对拌和设备性能进行检查，计量系统应准确、稳定，并定期进行标定，拌和过程应严格控制各种材料的掺配比例，应将试验室配合比换算成施工配合比。

4.重视试验路段的施工和总结

每个分项工程的成功与否与试验段工程关系密切，为此，要抓好罩面试验路段的施工和总结，要求施工单位按监理工程师批准的施工程序和试验成果来指导罩面工程的施工。试验路段施工前监理工程师应要求施工单位上报试验段开工申请报告，并予以认真审批。施工中，监理工程师应监督施工单位严格按照已批复的开工申请报告精心组织，监理工程师应对施工全过程进行旁站，检查施工工艺、技术措施是否符合要求。沥青混合料应测温、观色、取样。水泥混凝土应观测其坍落度、离析现象、取样并记录试验与检测结果，检查各种技术指标情况，对试验路段施工中出现的问题提出改进意见。各试验段，必须力争一次铺筑成功，使试验段成为正式路面的组成部分，否则应予铲除。试验段路面的质量检查频率应比正常施工时适当增加(一般要求增加一倍)。

沥青路面试验段长度一般为100～200m。试验段施工及监理的要点有：

(1)根据各种机械的施工能力相互匹配的原则，确定适宜的施工机械，按生产能力决定机械数量与组合方式。

(2)通过试拌确定

①拌和机的操作方式。如上料速度、拌和数量与拌和时间、拌和温度等。

②验证沥青混合料的配合比设计和沥青混合料的技术指标，确定正式生产用的矿料配合比和油石比。

③SMA路面木质素纤维或抗剥落剂的添加方式和计量检验方式。

(3)通过试铺确定

①摊铺机的操作方式、摊铺温度、摊铺速度、自动找平方式等。

②压实机具的选择与组合、压实顺序、碾压温度、碾压速度及遍数。要在试验路段试铺过程中，通过试压获得所要求压实度，从而制定适宜的压实工艺与压实程序，明确具体的碾压时间、压实顺序、碾压温度、碾压速度、静压与振压最佳遍数、压路机类型组合、压路机型号与吨位、压路机振幅、频率与行走速度的组合等。

(4)确定施工缝处理方法。

(5)确定松铺系数。

(6)确定混合料产量、质保体系以及人员、机械和试验检测仪器配置等，修改施工组织设计和进度计划。试验段施工完毕后，施工单位和监理工程师应分别对路面厚度、压实度、沥青含量及矿料级配等进行抽样试验。试验段施工和试验全部结束后，监理工程师应要求施工单位上报试验段施工总结报告，认真审查其施工工艺、安全技术措施等，并予以书面批复，作为正式施工的依据。

5. 加强全过程监理与质量检验

(1)督促施工单位建立健全有效的质量保证体系，对施工各工序的质量进行自检，使之达到规定的质量标准，确保施工质量的稳定性。

(2)重视试验检测工作。施工单位和监理办的所有试验人员必须持证上岗，要保证试验方法的正确性以及试验数据的真实、可靠，监理工程师应要求施工单位的试验检测仪器必须定期进行标定，试件制作必须从施工现场直接取样，试验检测的频率和次数应符合有关要求。试验资料填写必须符合规范要求，内容齐全完整，签认到位，并及时整理归档。

(3)加强程序化管理工作：

①每个分项工程开工之前，施工单位和监理人员均须分别逐级进行技术交底工作，使每位施工人员和监理人员对工程质量监理做到心中有数。

②所有原材料必须事先报检，经监理工程师检测合格后才允许使用。

③上一道工序未经监理工程师检测合格，不得进入下一道工序施工，每道工序的检查结果必须以书面材料为准。

(4)加强现场质量检测：

①原材料的质量检测。包括沥青、水泥、钢筋、粗集料、细集料、填料、木质絮状纤维、抗剥落剂等。

②沥青混合料的质量检测。包括油石比、矿料级配、稳定度、流值、空隙率、残留稳定度，混合料出厂温度、运到现场温度、摊铺温度、初压温度、碾压终了温度，混合料拌和均匀性。

③沥青混凝土面层质量检测。包括厚度、平整度、宽度、高程、横坡度、压实度、渗水系数、横向偏位、摊铺的均匀性。上面层还应进行构造深度和摆式摩擦系数的跟踪检测。

④水泥混凝土面层质量检测。包括混凝土抗拉折强度、平整度、板厚度、抗滑构造深度、相邻板高差、宽度。

(5)施工过程中，监理工程师应要求施工单位定期进行总结，对存在的问题和不足要及时分析原因，寻找解决问题的办法，并在下一步施工中予以落实解决。

(6)加强施工过程动态质量监理，宜对关键工序、隐蔽工程及重要部位拍摄照片或进行录像，作为实态记录及保存监理资料的一部分。

第六节　路面小修保养质量监理

一、路面小修保养的内容和基本要求

1. 小修保养的内容

为保持沥青路面在使用过程中始终处于完好状态，应经常性、预防性地对局部、轻微的初始破损进行修理。通常把清扫保洁、处理泛油、拥包、裂缝、松散等病害作为保养作业；修补坑槽、沉陷、处理波浪、翻浆等病害作为小修作业。

沥青路面小修保养的主要施工内容有：裂缝、坑槽、麻面和松散的修补，油包、拥包、翻浆、沉陷和车辙的处理。

水泥混凝土路面小修的主要施工内容有：接缝、裂缝、表面浅层局部性龟裂、剥落、磨光、破碎板、面板脱空断裂、断角、沉陷和拱起等的修理以及盲沟的设置等。

2. 小修保养的基本要求

(1)路面应保持整洁美观，确保其使用性能，保证行车安全与舒适。

(2)路面上出现的各类病害，应及时处理，防止病害进一步发展进而影响行车安全。当发现有直接危及正常交通和行车安全的病害时，应立即修复或采取临时过渡措施，待条件允许后再规范地进行修复。

(3)严格按照有关技术规范和标准进行养护作业，宜采取机械化养护方式。路面病害修补使用的沥青混合料应集中厂拌，并采取保温措施。当日开挖的坑槽必须当日填补完毕。

(4)进行路面养护作业的人员，必须事前接受专门的安全教育和养护作业规程的培训。

(5)建立完善的巡视检查制度和技术检测系统及信息网络。及时、准确的掌握路面状况及相关信息，客观地评定路面使用质量，有计划、有针对性地安排养护作业。

二、沥青混凝土路面小修保养质量监理

1. 裂缝的维修

(1)对于一般的裂缝，原则上不作铣刨处理。将缝隙刷扫干净，并用空气压缩机吹去尘土后，采用合适的灌缝材料进行灌缝处治。

(2)对于较粗裂缝、破碎型裂缝及网状裂缝，应采用机械切割处理，就裂缝范围切成规则的条形槽，深度通常为中上面层(具体视实际情况而定)，清除缝内杂物、吹净尘土后，再按坑槽修补方法回填。对于采用新工艺、新材料、新技术、新设备的裂缝修补方案须经监理工程师审批，业主同意后才能选用。

(3)对因路面沥青性能不良产生的龟裂，当基层强度尚好时，应先行铣刨破损部位，清除杂物，按坑槽修补方法进行回填压实；因路基或路面基层的病害或强度较低引起的龟裂，应将面层连同破损基层全部挖除，用粗粒式沥青混合料置换挖除部分的基层，然后按坑槽修补方法重铺沥青面层。

(4)裂缝修补一般应在一个月内进行日常修补或灌封处理。

2. 拥包的维修

(1)对已趋于稳定的轻微拥包，应用机械刨削或人工挖除，如产生路表不平整，应予以处治。

(2)对因面层含油量过多或细料集中而产生的较严重拥包、路面连续多次出现拥包且面积较大，但其基层仍属稳定的，先用机械或人工将拥包及松散层全部清除，再按坑槽修补方法重铺沥青面层。

(3)对因基层局部强度不足或含水量过大，使面层和基层之间结合不良而被推移变形造成的拥包，应将面层连同松散基层全部挖除，待基底水分晾晒干后，用粗粒式沥青混合料置换挖除部分的基层，然后按坑槽修补方法重铺沥青面层。

(4)局部拥包高度大于 2.5cm 的，一般应在一个月内进行修复。

3. 沉陷的维修

(1)路基的沉降引起路面的局部沉陷，如果土基和基层已经密实稳定，根据路面的破损状况分别采取以下处治措施修补面层：

①路面略有下沉，无破损或者仅有少量轻微裂缝，可在沉陷处喷洒或涂刷粘层沥青，再用沥青混合料将沉陷部分填补，并压实平整。

②路基沉陷导致路面破损严重，矿料已松动、脱落形成坑槽的，应按坑槽的修补方法予以处治。

(2)因土基或基层结构遭到破坏而引起路面沉陷，应先处治好基层后重做面层。

(3)桥涵与路基连接部位一般设置有混凝土搭板，由于台背填土不实出现搭板下沉所产生路面沉陷，一般按中修工程进行处理。

(4)局部沉陷深度大于 2.5cm 的，一般应在一个月内进行修复。

4. 车辙的维修

(1)对车道表面因车辆行驶推移而产生的车辙，应将出现车辙的面层切削或者铣刨清除，然后重铺沥青面层。

(2)路面受横向推挤形成的横向波形车辙，如果已经稳定，可将凸处的部分削除，在波谷部分喷洒或涂刷粘结沥青并填补沥青混合料并找平、压实。

(3)因面层与基层间有不稳定的夹层而形成的车辙，应将面层挖除，清除夹层后重做面层。

(4)由于基层强度不足、水稳性不好，使基层局部下沉而造成的车辙，应先处治基层。

(5)局部车辙深度大于 2.5cm 的，一般应在一个月内进行修复。

5. 翻浆的维修

对于地下水或路表水渗漏淤积造成的翻浆病害处治，一般采取设置横向排水盲沟，将已有的或在雨季预计可能发生的积水排出路基外面。根据病害范围及严重程度切出相应长度、宽度和深度的主坑槽(凿除至基层稳定部分)，当发现槽底基层破损时，再继续凿除破损基层部分，并对不同结构层凿成台阶形状，凿除部分的边缘用切割机切割整齐；其次在连接主坑槽中间处切除宽不少于 30cm(具体宽、深度由监理工程师、业主代表视实际破损情况而定)且沟底坡度不小于 2%的沟槽延伸至土路肩外侧。将下承层整平，用空压机吹净(干)槽(沟)底、槽壁，均匀洒布改性乳化沥青粘油(0.7～1.1L/m^2)，并对槽底裂缝灌乳化沥青进行处理，再次在沟槽底与主坑槽底突变处直至土路肩外侧设置相应孔径的打孔排水管，在沟槽底与主坑槽底铺筑厚度不少于15cm的级配良好的透水性材料(禁止用粉砂、细砂、风化石铺筑),然后压实,并均匀洒布改性透层油,基层部分采用粗粒式沥青混凝土回填,其他各结构层回填材料、级配及施工工艺与坑槽修补方法相同。

6. 松散的维修

合理确定松散层的面积与深度。若范围较小时,采用坑槽维修的方法进行处治;若范围较大且松散不深时,宜采用微表处或涂刷沥青再生剂的方法进行处治;若范围较大且松散较深时,宜按中修工程采用铣刨加铺处治。

7. 泛油的维修

(1)泛油部位应采用铣刨或挖除的方法将含油量过高的表面软层清除,清除厚度视实际情况而定,一般小于4cm,然后按照坑槽修补的方法加以处治。

(2)对于严重的泛油部位,如因客观原因,不具备及时维修施工条件的,可采用直接在其表面撒5~10mm粒径的石屑,并用压路机碾压的方法先作应急修补处理。待有条件时,再用上述方法(1)规范修补。

(3)泛油病害一般应在巡查发现后一个月内进行修复。

8. 坑槽维修

1)一般要求

(1)按照"圆洞方补、斜洞正补、浅洞深补、小洞大补"的原则,修补的轮廓线应与路面中心线平行或垂直,并在病害面积范围以外10~15cm,尽可能做到修补后边缘部位不遗留缺陷,相邻距离在2m范围内有多个坑槽的,原则上按一个坑槽修补。

(2)沿所划轮廓线开凿至坑底稳定部分,其深度不得小于原坑槽的最大深度。

(3)清除槽底、槽壁的松动部分及粉尘、杂物,并涂刷层沥青。

(4)填入沥青混合料(在潮湿或低温季节,宜采用乳化沥青拌制的混合料)并整平,如果坑槽深度大于7cm,应将沥青混合料分2~3层摊铺和压实。

(5)用压实机具或手夯将填补好的部分压(夯)实。新填补的部分应略高于原路面。

(6)低温寒冷或阴雨连绵的季节,无法采用常规方法,也无条件采用合适的材料修补坑槽时,为确保行车安全并防止坑槽面积的扩大,可采取临时性的措施及时对坑槽予以处治,待天气好转后再按规范要求重新修补。

(7)对因基层局部强度不足等使基层破坏而形成的坑槽,须先处治基层,再修复面层。

2)修补材料与级配要求

(1)沥青混凝土中的沥青品种应根据当地气温、交通量的大小进行选择,上面层采用重交通石油基质沥青及改性剂组成的成品改性沥青;宜采用反击式破碎机轧制的耐磨、强度高的石料;中面层可用普通重交通石油沥青;沥青和石料的相关指标要求应满足有关规范要求;封边材料宜采用TL-2000。

(2)沥青混凝土上面层宜选用改性沥青细粒式混合料;中下面层采用普通沥青中粒式混合料,基层回填一般采用普通沥青粗粒式混合料,级配范围按照《公路沥青路面施工技术规范》(JTG F40—2004)表5.3.2-2相应规定执行。

沥青路面修补材料除符合上述要求外,各项指标应同时满足《公路沥青路面施技术规范》(JTG F40—2004)中4.1-4.10条相关规定要求。

3)沥青路面坑槽修补施工质量监理

(1)冷热料修补法

坑槽回填材料一般应采用热拌沥青混合料,特殊情况下可采用成品冷拌混合料。

施工程序为:确定修补范围→划线、切割→凿除病害路面(深层坑槽要求尽可能留台阶)→清理基面,用空压机(高压风枪)吹净→用烘灯(枪)烘烤接缝、槽底→洒布粘层油(用乳化沥青)→分层填压沥青混凝土,碾压6~8遍→检查平整度(不大于7mm)→接缝处用TL-2000封边,撒细石屑→降温→开放交通。

质量监理要点为:四周切割整齐,病害铣刨彻底,槽底槽壁干净。热拌混合料应无结团成块和烧焦现象,混合料温度符合规范要求。摊铺、碾压分层进行,分层压实厚度不大7cm,压实遍数符合规定要求,压实度不低于设计和规范要求,表面平整,封边宽度不小于5cm,热拌混合料修补的路面温度低于50℃才能开放交通。

(2)热补法(就地热再生)修补。采用热修补养护车,用加热板加热坑槽处路面,翻松被加热软化的铺装层,喷洒乳化沥青,加入新的沥青混合料,然后搅拌摊铺,压路机压实成形。热补法修补应按以下程序进行:

确定修补范围→确定加热范围→热辐射加热板定位(加热板距离地面15~20cm)→加热→按"圆洞方补"要求耙松路面→喷洒乳化沥青→加入新混合料→摊平混合料→碾压6~8遍→检查平整度(不大于7mm)→降温→开放交通。

质量监理要点为:四周整齐,加热后的路面深度不小于5cm,混合料温度不低于规范要求,喷洒乳化沥青均匀,新旧料混合均匀,用量合适,碾压及时,碾压遍数符合规定,压实度不低于设计和规范要求,路面温度低于50℃才能开放交通。

4)质量检验

(1)外观鉴定

坑槽修补后表面应平整密实,无松散、裂缝,粗细料集中等现象。接缝紧密,平顺,烫缝不应枯焦。

(2)沥青路面修补实测项目(表3-5)

沥青路面修补抽查项目 表3-5

项次	检测项目		规定值或允许偏差	检测方法和频率
1	压实度		试验室标准密度的96%; 最大理论密度的92%	钻孔取芯,按《公路工程质量检验评定标准》(JTG F80/1—2004)附录B进行检查;检测点数不少于当月坑槽修补总数的5%
2	平整度	最大间隙h(mm)	≤7	3m直尺,不少于当月坑槽修补总数的10%
3	渗水系数		≤300mL/min	渗水系数测定仪,不少于当月坑槽修补总数的5%

5)监理程序

施工单位每天将路况巡查结果报告监理工程师→施工单位修复病害→监理工程师巡视路

况→核对施工单位巡查结果→旁站或抽查部分修补施工→施工单位上报修补记录(含照片)→监理工程师验收。

三、水泥混凝土路面小修保养质量监理

水泥混凝土路面小修保养主要是对病害较轻微的板块进行功能性恢复和预防性养护,以排除病害隐患为主。水泥混凝土路面的小修保养重点在于接缝处,应经常填充或铲除多余的填缝料,当气温下降接缝扩大有空隙时,宜选择气温低时灌缝填隙。填缝料宜2~3年更换一次。填缝材料应选用粘结力强、回弹性能好、不渗水、抗嵌入能力强、高温时不流淌、低温时不脆裂、耐用、施工方便、价格低廉的材料。

1.裂缝的维修

(1)对于缝宽小于3mm的轻微裂缝,可采用扩缝灌浆。即顺着缝扩宽成1.5~2.0cm的沟槽,槽深视缝深而定,最大深度不超过板厚2/3。吹扫干净后,用环氧树脂类灌缝材料填入扩缝槽内,经固化并达到强度后即可开放交通。

(2)对于贯穿全厚且缝宽为3~15mm的中等裂缝,可采用条带罩面进行补缝。即沿着缝两侧各15cm以上宽、7cm深的范围进行切割并凿除成槽,槽壁凿毛后,吹扫干净,再沿缝每隔50cm植入直径16mm的U型钢筋,并对坑槽表面涂刷及对裂缝灌注水泥浆或环氧水泥砂浆,然后浇筑快硬性水泥混凝土,振捣密实、整平,并喷洒养生剂。最后,加深修补块面板两侧的缩缝,并灌注填缝料。

(3)对于贯穿全厚且缝宽大于15mm的严重裂缝,可采用全深度补块进行维修,分为集料嵌锁法、刨挖法和设置传力杆法。即保留大块或未变形板,凿除小板或变形板,重新浇筑水泥混凝土。施工方法分别是沿着保留块的裂缝全深切割成宽4cm、深5cm的台阶;或全深垂直切割后将缝底部的基层掏空、宽30cm、深15cm;或全深垂直切割后在保留板厚度的1/2处植入直径25mm钢筋,长45cm(植入相邻板1/2),间距30cm,作为传力和联结杆,同时对原接缝处的传力杆或拉杆进行修复。然后清除已凿除的板块并重新浇筑水泥混凝土。

2.板边角剥落或破碎的维修

对板边角轻度剥落的,应将剥落的表面清除干净,用沥青混合料或接缝材料修补平整。

对板边角严重剥落的,应按裂缝维修方法(2)进行,即条带罩面修补。

对板边全深破碎的,应按裂缝维修方法(3)进行,即全深度补块法修复。

对上述3种情况进行修补时,应按破裂面的大小确定切割范围,切缝后应凿成规则的垂直面并保留原有传力杆或拉杆,新老混凝土结合面均应设置拉杆。而原接缝面应涂刷沥青并在混凝土浇筑后切出宽3mm、深4mm的接缝槽 ,然后灌入填缝料;如原接缝面为胀缝则应设置接缝板。

3.板块脱空的维修

板块的脱空可采用检测弯沉的方法进行判定,弯沉值大于0.2mm以上的则视为脱空。其维修方法一般为在脱空板上钻孔后向底部灌入热沥青、水泥浆或水泥砂浆。首先根据面板的尺寸、下沉量大小和灌浆机械确定灌浆孔的数量和位置,孔位应距板边缘不小于0.5m,灌浆孔钻好后,应先采用压缩空气将孔吹净,再灌入热沥青、水泥浆或水泥砂浆。若灌入热沥青,其沥青温度一般为180℃,灌入压力为200~400kPa,灌满后约30s再拔出喷嘴并用木楔堵塞,待

沥青冷却后拔出木楔用水泥砂浆填满孔洞。若灌入水泥浆或水泥砂浆，应从沉陷量大的部位开始，逐孔灌浆，压力控制在1.5～2.0MPa，当邻孔或接缝冒浆时则停止灌浆，并用木楔堵塞，待强度达到3MPa时拔出木楔用水泥砂浆填满孔洞，即可开放交通。

4.唧泥的维修

一般采用对板底进行压浆处理，然后对路面裂缝和接缝及时进行灌缝封闭，并在外侧路肩设置纵横向积(排)水管或盲沟的方法处治。

板底压浆方法同板块脱空的维修方法一样，裂缝按裂缝维修方法处治、接缝应采用规定的填缝材料及时灌缝填隙。

排水管由纵向积水管和横向出水管组成，首先在水泥路面的外侧边缘挖一条纵向沟，宽约15～25cm，深至基层顶以下约15cm，横沟与纵沟的交角成45°～90°，通至外边坡，横沟间距约30m一道，再铺设纵横向水管，纵向积水管一般为Φ7.5cm的多孔塑料管，外包一层渗水较强的土工织物，横向出水管为无孔塑料管，纵横向排水管应连成整体，然后在管的外围填放粗砂或级配碎石等渗滤集料，并压实，最后在顶部回填原结构相同的材料恢复路面。

盲沟也是由纵横向排水沟组成，沟槽的开挖同排水管沟槽开挖一样，沟深至面板以下约10cm，回填时，在沟底及外侧先铺一层油毡隔离层，与水泥路面交界处及盲沟顶部铺设一层土工织物过滤层，盲沟内回填2～4cm的单粒级碎(砾)石，厚约20cm，并压实，最后在顶部回填原结构相同的材料恢复路面。

5.错台的维修

错台的处治方法有磨平法和填补法。对于高差小于等于10mm的错台，可采用磨平机磨平或人工凿平。对于高差大于10mm以上的严重错台，可在下沉板上填补热沥青砂或水泥混凝土，方法一是先清除路面杂物和灰尘，再喷洒一层热沥青或乳化沥青，用量为0.4～0.6kg/m^2，然后填补热沥青砂，修补面纵坡变化应控制在1%以内，并用轮胎压路机碾压密实。方法二是先将下沉板凿除2～3cm深，再清除杂物灰尘，然后浇筑聚合物细石混凝土，修补面纵坡应控制在1%以内。混凝土达到要求后，即可开放交通。

6.沉陷的维修

宜采用顶升法进行处理，即先测量板的下沉量，绘出纵断面，求出升起值。再在混凝土面板上钻孔(孔深应略大于板厚2cm)，用起重设备或千斤顶将板顶升，然后向板底灌注入水泥砂浆，每灌完一孔即用木楔堵孔，压浆全部结束后拔出木楔，用高强水泥砂浆封孔。

7.拱起的维修

用切割机将拱起端两侧的几条横缝切宽切深以释放其应力，再切除拱起端，将板块恢复原位，清缝后，最后按规定封填接缝。

8.坑洞的修补

对个别的坑洞，应先清除洞内杂物并擦洗干净，然后采用水泥砂浆或细石水泥混凝土等材料填充，并人工振捣，达到表面平整，内部密实。

对较多坑洞且连成一片的，应采取薄层修补法进行处治。即先切割修补范围，再凿除表层6cm以上的厚度并凿毛，清除槽内混凝土碎屑，然后用水泥混凝土填补，并振捣密实，整平，最后喷洒养护剂养生，待混凝土强度符合要求后方可开放交通。

9. 接缝的维修

接缝填料损坏时，应先清除缝内填料，并用吹尘器将缝内灰土吹干净，然后采用设计或合同规定的填料将缝隙填满填平。胀缝损坏时，应先用热沥青涂刷缝壁，再将胀缝板压入缝内。

纵向接缝张开在10mm以下时，宜采用聚氯乙烯胶泥、橡胶沥青等加热施工式填缝料；若接缝张开在10～15mm时，宜采用聚氨酯类常温式填缝料；若接缝张开在15mm以上时，宜采用热沥青砂填缝。

接缝出现破碎时，宜先切割后凿除破碎层，并吹净尘土杂物，再用环氧树脂砂浆填补。

10. 表面剥落、露骨的维修

对局部的剥落与露骨，宜采用表面加铺一层改性沥青稀浆封层的方法进行处治。

对于较大范围的磨损或露骨，可在表面加铺一层改性沥青稀浆封层或沥青砂磨耗层。铺改性沥青稀浆封层磨耗层时，路面应清洁，所采用的矿料级配和沥青用量应符合规范的要求。施工温度不得低于10℃。稀浆封层摊铺时，应保持槽内有半槽稀浆，过厚则刮平，过少则补浆。终点接头处应平直整齐。稀浆封层成型后方可开放交通。

铺沥青砂磨耗层时，表面应清洁干燥，不得有松散层、杂物、尘土及油污，再喷洒0.4～0.6kg/m^2的快裂型改性乳化沥青，待破乳后立即铺筑沥青砂，并碾压密实，厚度一般为1～1.5cm，冷却后才能开放交通。

11. 表面磨损的维修

当局部路段出现磨光，抗滑性能不符合要求时，宜采取机械刻槽的方法处治，刻槽深度为3～5mm，槽宽3～5mm，缝距为10～20mm。

12. 监理要点

首先，进行病害调查，施工单位提出初步处治方案，监理工程师审查、业主审定或三方讨论确定，或设计确定；接着，施工单位按确定的处治方案组织实施，施工过程中监理工程师一般应对每种处治方案的首件工程进行全过程旁站，正式施工时以巡视、抽检为主，重点检查其施工工艺和原材料；施工完毕应对每块板进行检查验收。

第七节　试验检测监理

试验检测数据是监理工程师判断工程实体质量是否符合规范和设计要求的最主要依据。试验检测监理工作是监理工程师质量监理的关键环节和重要手段之一，因此，必须予以充分重视。

一、沥青混凝土路面原材料检测

1. 一般规定

(1)沥青混凝土施工使用的各种原材料在采购前，施工单位应会同监理工程师进行现场考察和质量认证。材料运至现场后施工单位和监理工程师必须按规定频率进行抽样检验，经检验合格且“三证”齐全，监理工程师签认后，方可允许使用，并不得以供应商提供的检测报告代替现场检测。材料检验不合格的，监理工程师应指令将该批次材料清运出场。

(2)用于沥青路面结合料的各种沥青的质量应根据公路等级、气候条件、交通条件、路面类型及在结构层中的层位及受力特点、施工方法、结合料来源等情况选用，并应符合招标文件的要求。

(3)购置的每批沥青，应检查其质保单中的各项技术指标是否符合要求，除按规定进行质量抽检外，还应同时保留样品并封存。

(4)不同料源、品种、规格的集料应分仓堆放，不得混杂堆放。施工单位应按不同的批次分别进行检测和验收，监理工程师按规定的频率进行独立抽检。

(5)对经检验、质量不符合要求的原材料，监理工程师应要求施工单位退货，不得使用。

(6)沥青路面养护材料的技术要求应符合《公路沥青路面设计规范》(JTG D50—2006)和《公路沥青路面施工技术规范》(JTG F40—2004)的要求，材料试验应遵照《公路工程沥青及沥青混合料试验规程》(JTJ 052—2000)和《公路工程集料试验规程》(JTG E42—2005)执行。

2.普通沥青和改性沥青

(1)对夏季温度高、高温持续时间长、重载交通、山区及丘陵区上坡路段、服务区、停车区等行车速度慢的路段，尤其是汽车荷载应力大的层次，宜采用稠度大、软化点高的沥青，也可提高高温气候分区的温度水平选用沥青等级；对冬季寒冷的地区或交通量小的路段宜选用稠度小、低温延度大的沥青；对日温差、年温差大的地区宜选用针入度指数大的沥青，当高温要求与低温要求发生矛盾时应优先考虑满足高温性能的要求。

(2)沥青技术指标应满足设计和合同要求，未明确时，应符合《公路沥青路面施工技术规范》(JTG F40—2004)中表4.2.1-2和表4.6.2的规定。

(3)沥青必须按品种、标号分开存放。普通沥青在储罐中的储存温度不宜低于130℃，并不高于170℃。改性沥青不高于180℃。在运输、使用和存放过程中不得有雨水进入沥青，加热到170℃时应不起泡。

(4)改性沥青一般宜使用成品，储存时间不得超过保质期。储罐必须具有搅拌设备，使用前必须搅拌均匀。施工过程中应按批次抽样检验产品质量，发现离析等质量不符合要求的不得使用。

(5)现场制作的改性沥青应随拌随用。

(6)每批运到工地的沥青应附有生产厂家的质保单和出厂检验报告。

3.改性乳化沥青

改性乳化沥青一般宜使用成品，施工单位自行加工时，应上报加工工艺和质量控制措施，经监理工程师审查批准后，才能加工生产。不论是成品还是自行加工的产品，其质量均应符合《公路沥青路面施工技术规范》(JTG F40—2004)4.7的规定。

4.粗集料

(1)沥青面层用粗集料宜采用坚硬、耐久的岩石。由反击式破碎机轧制而成的碎石，应洁净、干燥、表面粗糙、颗粒形状具有近似棱角的立方体、无软质石料和其他杂质，并应具有足够的强度。其质量应符合《公路沥青路面施工技术规范》(JTG F40—2004)中表4.8.2的规定。

(2)粗集料的粒径规格应符合《公路沥青路面施工技术规范》(JTG F40—2004)中表4.8.3的规定。

(3)碎石与沥青应有良好的粘结力，按照《公路工程沥青及沥青混合料试验规程》(JTJ 052—2000)的规定进行试验，其粘附性不得低于《公路沥青路面施工技术规范》(JTG F40—2004)中表4.8.5的规定，否则，应掺加抗剥落剂，其掺量应通过试验确定，并经监理工程师批准。

(4)表面层的粗集料还应具有耐磨耗性能，其磨光值应符合《公路沥青路面施工技术规范》(JTG F40—2004)中表4.8.5的规定。

5.细集料

(1)细集料应采用天然砂、机制砂、石屑，石质宜为石灰岩等，不能采用集料加工场的下脚料。

(2)细集料应洁净、干燥、无风化、无杂质，并具有适当的颗粒级配，其质量应符合《公路沥青路面施工技术规范》(JTG F40—2004)中表4.9.2的规定。细集料的洁净程度，天然砂以小于0.075mm含量的百分数表示。石屑和机制砂以砂当量(适用于0～4.75mm)或亚甲蓝值(适用于0～2.36mm或0～0.15mm)表示。

(3)天然砂、机制砂及石屑的规格应符合《公路沥青路面施工技术规范》(JTG F40—2004)中表4.9.3和表4.9.4的规定。

6.填料

(1)沥青混合料的矿粉宜采用石灰岩或岩浆岩中的强基性岩石等憎水性石料经磨细得到的矿粉，原石料中的泥土杂质应除净。矿粉应干燥、洁净，能自由地从矿粉仓流出，其质量应符合《公路沥青路面施工技术规范》(JTG F40—2004)中表4.10.1的要求。

(2)拌和机的回收粉尘和粉煤灰一般不能用作填料。

7.外掺剂

(1)抗剥落剂。当碎石的粘附性低于设计或规范要求时，而又无其他碎石替换时，宜在沥青混合料中掺加抗剥落剂。抗剥落剂应有较强的抗老化性能，在163℃老化5h后，应仍满足技术要求，其掺量应通过试验确定。

(2)稳定剂。SMA路面宜采用优良的木质素纤维作为稳定剂，掺加比例为沥青混合料总质量的0.3%～0.4%。木质素纤维技术指标应满足规范的要求。

(3)聚酯纤维。应采用性能优良、各项技术指标均满足规定要求的聚酯纤维，掺加比例为沥青混合料总质量的0.2%～0.25%。

8.土工合成材料

(1)土工合成材料应能耐200℃以上的高温。各项相关指标应满足表3-6的要求。

土工合成材料技术要求　　表3-6

性　质	单　位	聚酯玻纤布	SA抗裂贴	土　工　布
单位重量	g/m^2	>125		≤200
厚度(2kPa)	mm	<1.2	>2.5	
抗拉强度(纵横向)	kN/m	>7	>13	≥8
断裂延伸率(纵横向)	%	<5	>30	
梯形撕裂强度(纵横向)	N	>35		
CBR顶破强度	N	>550		
熔点	℃	>205		
沥青吸收量	kg/m^2	>0.7		
软化点(胶)	℃		>90	
低温脆裂	℃		−25	

(2)土工合成材料应无老化,外观无破损,无污染。施工时,土工合成材料应紧贴下承层,按有关要求铺设、张拉和固定。

二、水泥混凝土路面原材料检测

1. 水泥

水泥进场时,应附有产品的合格证及出厂检验报告。施工单位应对品种、强度等级、包装、数量与出厂日期等进行检查验收,并报监理工程师批准后才能使用 。

水泥的物理性能和化学成分应符合设计或招标文件的要求以及《通用硅酸盐水泥》(GB 175—2007)、《道路硅酸盐水泥》(GB 13693—2005)的规定,并应符合《公路水泥混凝土路面施工技术规范》(JTG F30—2003)的规定。

水泥混凝土路面宜采用旋窑产早强型硅酸盐水泥或普通硅酸盐水泥。

2. 粗集料

粗集料可使用碎石、破碎卵石和卵石,应质地坚硬,耐久、洁净,其技术指标和级配范围应符合设计和规范要求。高速公路路面使用的粗集料应不低于 II 级,不得使用不分级的统料,应采用 2~4 粒级集料掺配的合成连续级配的料。卵石公称最大粒径不宜大于 19.0mm;碎卵石公称最大粒径不宜大于 26.5mm;碎石公称最大粒径不应大于 31.5mm;贫混凝土基层粗集料公称最大粒径不应大于 31.5mm;钢纤维混凝土与碾压混凝土粗集料公称最大粒径不宜大于 19.0mm;碎卵石或碎石中粒径小于 0.075mm 的石粉含量不宜大于 1%。

当怀疑有碱活性集料时,应进行碱集料反应检验,确认无碱集料反应后,方可使用。

3. 细集料

细集料可采用质地坚硬、耐久、洁净的天然砂、机制砂或混合砂,细集料的技术指标应符合设计和规范要求。高速公路路面使用的砂类别应不低于 II 级。用天然砂时,宜为中砂,也可使用偏细粗砂或偏粗细砂,细度模数应在 2.0~3.5 之间。同一配合比用砂的细度模数变化范围不应超过 0.3,否则,应分别堆放,并调整配合比中的砂率后使用。使用机制砂时,应检验石料的磨光值,宜大于 35,不宜使用抗磨性较差的泥岩、页岩、板岩等水成岩类品种生产机制砂,用机制砂配制混凝土时应掺入高效引气减水剂。不得使用海砂。

当怀疑有碱活性集料时,应进行碱集料反应检验,确认无碱集料反应后,方可使用。

4. 掺和料

水泥混凝土路面可掺用质量指标符合设计要求的干排或磨细粉煤灰,不得使用 III 级粉煤灰。宜采用散装粉煤灰,进货时应有等级检验报告。

5. 外加剂

外加剂的产品质量及掺量应符合设计要求及《公路水泥混凝土路面施工技术规范》(JTG F30—2003)的规定,供应商应提供具有相应资质的检测机构出具的检测报告,检测报告应说明外加剂的主要化学成分,确认外加剂对钢筋无锈蚀、对混凝土无腐蚀并对人员无毒副作用。外加剂掺量应经配合比试验确定。所有外加剂的使用均应得到监理工程师批准。

6. 水

水泥混凝土搅拌和养护用水应清洁,宜采用饮用水,海水不得作为混凝土拌和用水。使用非饮用水，应进行检验。

7. 钢筋

钢筋质量应符合设计要求及《钢筋混凝土用热轧带肋钢筋》(GB 1499—1998)和《钢筋混凝土用热轧光圆钢筋》(GB 13013—1991)的规定。钢筋应顺直，不得有裂缝与断伤，表面油污、颗粒状或片状锈蚀应予清除。

8. 接缝材料

接缝材料应选用粘结力强、回弹性能好、不渗水、抗嵌入能力强、高温时不流淌、低温时不脆裂、耐用、施工方便、价格低廉的材料。

胀缝板宜选用杉木板，纤维板、沥青纤维板、泡沫树脂板等材料，其质量应符合设计要求及《公路水泥混凝土路面施工技术规范》(JTG F30—2003)中的规定。

填缝材料可选用沥青橡胶类、聚氯乙烯胶泥类、沥青玛蹄脂类等加热型填缝料和聚氯脂焦油类、氯丁橡胶类、乳化沥青橡胶类等常温型填缝料及预制橡胶嵌缝条。其质量应符合《公路水泥混凝土路面施工技术规范》(JTG F30—2003)的规定。

9. 其他材料

混凝土的养生剂、裂缝修补材料和传力杆套(管)帽、沥青及塑料薄膜等材料的技术性能及物理力学性能应符合《公路水泥混凝土路面施工技术规范》(JTG F30—2003)的规定。

10. 技术要求

水泥混凝土路面养护材料的技术要求应符合《公路水泥混凝土路面设计规范》(JTG D40—2003)和《公路工程水泥及水泥混凝土试验规程》(JTG E30—2005)的规定。

三、热拌沥青混合料配合比设计

1. 一般规定

(1)沥青混合料的配合比设计应按目标配合比设计、生产配合比设计和生产配合比验证三阶段进行。设计方法应按《公路沥青路面施工技术规范》(JTG F40—2004)5.3及附录B的规定方法进行。

(2)用于配合比设计的沥青、集料等原材料，应在监理工程师对供应商或加工现场进行考察合格后，在监理工程师的旁站下取其代表性样品。

(3)施工单位应在施工前至少28d，向监理工程师提交拟用的沥青混合料配合配及沥青混合料稳定度、流值、空隙率、动稳定度、残留稳定度等各项技术指标的书面详细说明。监理工程师对该配合比进行独立平行复核对比试验，根据试验结果，批准该配合比或提出修改意见。在施工单位提交的目标配合比未经监理工程师批准前，不得进入生产配合比设计阶段。

(4)施工单位应向监理工程师提交配合比设计报告，应包括构成设计级配范围选择说明、拟使用的混合料级配组成、矿料品种选择及其各项试验结果、最佳沥青用量、配合比设计检验结果等相关书面说明。未经监理工程师批准的材料不得使用，未经批准的配合比设计不得进行混合料生产，更不能用于施工。

(5)施工单位不得随意更改已批准的配合比和原材料品种，确需更换时，应经监理工程师批准，并重新进行配合比设计，经监理工程师审批后方可使用。

2. 密级配沥青混合料及 SMA 混合料目标配合比设计阶段

1)密级配沥青混合料目标配合比设计阶级

(1)热拌沥青混合料的目标配合比设计步骤如图 3-10 所示。

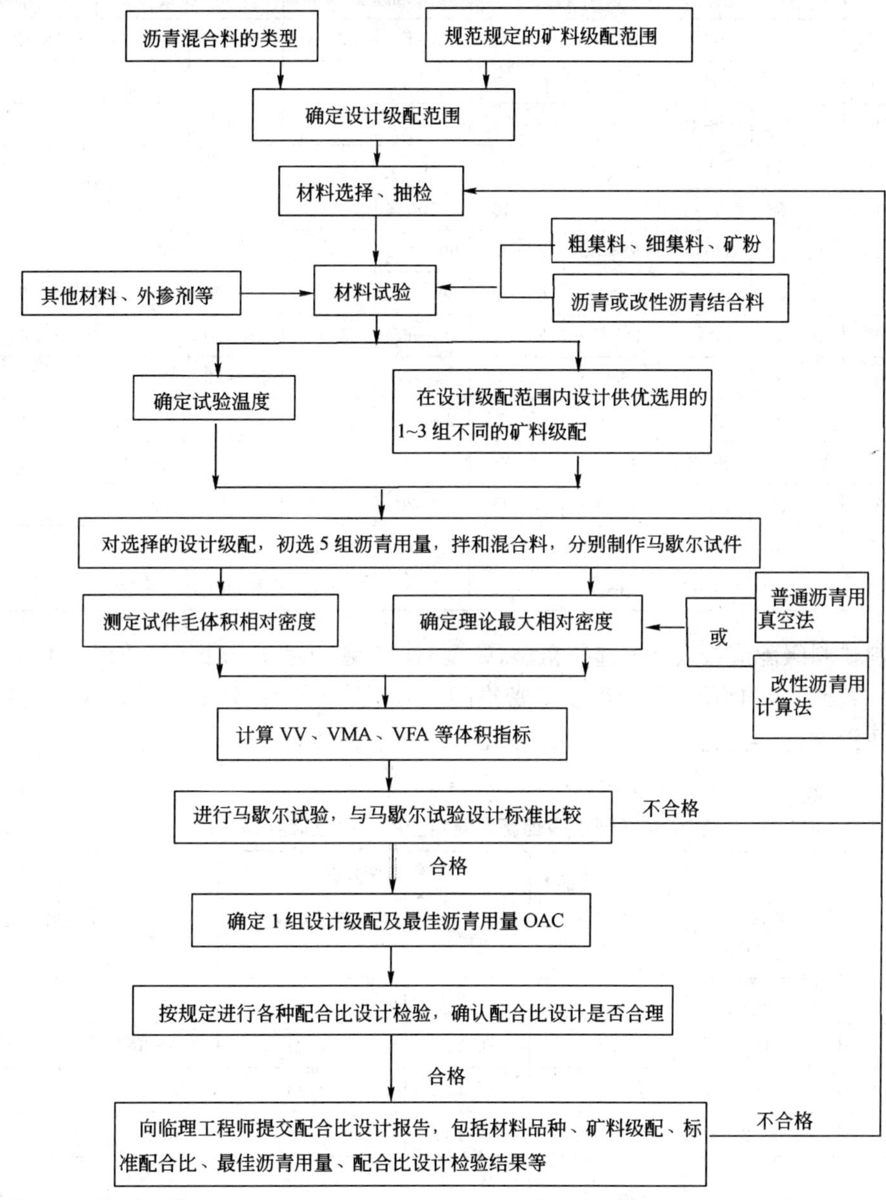

图 3-10　密级配沥青混合料目标配合比设计流程图

(2)根据混合料类型,参照或采用规范推荐的矿质混合料级配范围确定各矿料的组成比例。从施工现场分别取各类矿料进行筛分,用计算机试配法或图解法计算各矿料的用量,使其合成的矿质混合料级配符合《公路沥青路面施工技术规范》(JTG F40—2004)及设计要求的范围。常用的沥青混合料矿料级配范围摘录如表 3-7 所列。

沥青混凝土混合料矿料级配范围 表 3-7

筛孔(mm) \ 类型		集料级配通过方孔筛筛孔质量百分比(%)									
		沥青碎石	密级配沥青混凝土混合料					沥青玛蹄脂碎石混合料			
			粗粒式	中粒式		细粒式		中粒式		细粒式	
		ATB-25	AC-25	AC-20	AC-16	AC-13	AC-10	SMA-20	SMA-16	SMA-13	SMA-10
方孔筛	31.5	100	100								
	26.5	90～100	90～100	100				100			
	19.0	60～80	75～90	90～100	100			90～100	100		
	16.0	48～68	65～83	78～92	90～100	100		72～92	90～100	100	
	13.2	42～62	57～83	62～80	76～92	90～100	100	62～82	65～85	90～100	100
	9.5	32～52	45～65	50～72	60～80	68～85	90～100	40～55	45～65	50～75	90～100
	4.75	20～40	24～52	26～56	34～62	38～68	45～75	18～30	20～32	20～34	28～60
	2.36	15～32	16～42	16～44	20～48	24～50	30～58	13～22	15～24	15～26	20～32
	1.18	10～25	12～33	12～33	13～36	15～38	20～44	12～20	14～22	14～24	14～26
	0.6	8～18	8～24	8～24	9～26	10～28	13～32	10～16	12～18	12～20	12～22
	0.3	5～14	5～17	5～17	7～18	7～20	9～23	9～14	10～15	10～16	10～18
	0.15	3～10	4～13	4～13	5～14	5～15	6～16	8～13	9～14	9～15	9～16
	0.075	2～6	3～7	3～7	4～8	4～8	4～8	8～12	8～12	8～12	8～13

混合料矿料级配应按表 3-8 选择粗型(C 型)或细型(F 型)。对于夏季温度高、高温持续时间长,重载交通多的路段,宜选用粗型密集配沥青混合料(AC-C 型),并取较高的设计空隙率。对冬季温度低、且低温持续时间长的地区,或者重载交通较少的路段,宜选用细型密集配沥青混合料(AC-F 型),并取较低的设计空隙率。

粗型和细型密级配沥青混凝土的关键性筛孔通过率 表 3-8

混合料类型	公称最大粒径(mm)	用以分类的关键性筛孔(mm)	粗型密集配		细型密集配	
			名称	关键性筛孔通过率(%)	名称	关键性筛孔通过率(%)
AC-25	26.5	4.75	AC-25C	＜40	AC-25F	＜40
AC-20	19	4.75	AC-20C	＜45	AC-20F	＜45
AC-16	16	2.36	AC-16C	＜38	AC-16F	＜38
AC-13	13.2	2.36	AC-13C	＜40	AC-13F	＜40
AC-10	9.5	2.36	AC-10C	＜45	AC-10F	＜45

为确保高温抗车辙能力,同时兼顾低温抗裂性能的需要。配合比设计时宜适当较少公称最大粒径附近的粗集料用量,减少 0.6mm 以下部分细粉的用量,使中等粒径集料较多,形成 S 形级配曲线,并取中等或偏高水平的设计空隙率。

(3)进行马歇尔试验。按照以上选定的级配,并根据当地实践经验预估油石比中值,按一定的间隔取 5 个或 5 个以上不同的油石比,在试验室进行拌和,分别制作马歇尔试件。试件不小于5组，每组4～6个，测定其密度、稳定度、流值、空隙率、矿料间隙率VMA和沥青饱和度VFA，每组试件的偏离系数不得大于10%。试件成型温度：普通沥青混合料应由粘度—温度曲线确定，在缺乏粘温数据时，可参照表3-9执行。改性沥青混合料一般较普通沥青混合料高10℃～20℃或参照表3-9执行。试验时，热拌普通沥青混合料的粉胶比宜控制在0.6～1.6范围以内，SBS改性沥青混合料的粉胶比宜控制在0.8～1.2范围内。

沥青混合料试件成型温度(℃) 表3-9

施工工序	普通沥青					改性沥青
	50号	70号	90号	110号	130号	
矿料加热温度	170～190	170～190	170～180	170～180	170～180	190～220
沥青加热温度	160～170	155～165	150～160	145～155	140～150	160～165
沥青混合料拌和温度	150～170	145～165	140～160	135～155	130～150	160～170
试模预热温度	150～170	145～165	140～160	135～155	130～150	160～170
试件开始击实温度	140～160	135～155	130～150	125～145	120～140	155～160
试件成型终了温度						不低于145

(4)确定沥青的最佳沥青用量(油石比)

①根据以上马歇尔试验结果，以油石比或沥青用量为横坐标，以马歇尔试验的各项指标分别为纵坐标组成一组马歇尔试验结果图，将试验结果点入图中，连成圆滑的曲线。选择的沥青用量范围必须涵盖设计空隙率的全部范围，并尽可能涵盖沥青饱和度的要求范围，并使密度及稳定度曲线出现峰值。如果没有涵盖设计空隙率的全部范围，必须扩大沥青用量范围重新进行试验。

②从各个图中查找同时满足马歇尔所有指标所对应的沥青用量范围OAC_{min}～OAC_{max}，并查找相应于密度最大值、稳定度最大值、目标空隙率中值、沥青饱和度范围的中值所对应的沥青用量，取其4个沥青用量的平均值为OAC_1；取OAC_{min}～OAC_{max}中值为OAC_2；取OAC_1和OAC_2的中值为计算最佳沥青用量。然后，以计算的最佳沥青用量从绘制的马歇尔试验结果图中查找所对应的马歇尔各项指标，以检验是否满足规范规定的要求，见表3-10和表3-11。

密级配沥青混凝土混合料马歇尔试验技术标准 表3-10

试验指标		单位	夏炎热区		夏热区及夏凉区	
			中轻交通	重载交通	中轻交通	重载交通
击实次数(双面)		次	75			
试件尺寸		mm	φ101.6mm×63.5mm			
空隙率VV	深约90mm以内	%	3～5	4～6	2～4	3～5
	深约91mm以下	%	3～6		2～4	3～6
稳定度MS不小于		kN	8			
流值FL		mm	2～4	1.5～4	2～4.5	2～4

续上表

<table>
<tr><td colspan="2" rowspan="2">试验指标</td><td rowspan="2">单位</td><td colspan="2">夏炎热区</td><td colspan="2">夏热区及夏凉区</td></tr>
<tr><td>中轻交通</td><td>重载交通</td><td>中轻交通</td><td>重载交通</td></tr>
<tr><td rowspan="7">矿料间隙率
VMA(%)，
不小于</td><td rowspan="2">设计空隙率
(%)</td><td colspan="5">相应于以下公称最大粒径(mm)的最小 VMA 及 VFA 技术要求(%)</td></tr>
<tr><td colspan="2">26.5</td><td>19</td><td>16</td><td>13.2</td></tr>
<tr><td>2</td><td colspan="2">10</td><td>11</td><td>11.5</td><td>12</td></tr>
<tr><td>3</td><td colspan="2">11</td><td>12</td><td>12.5</td><td>13</td></tr>
<tr><td>4</td><td colspan="2">12</td><td>13</td><td>13.5</td><td>14</td></tr>
<tr><td>5</td><td colspan="2">13</td><td>14</td><td>14.5</td><td>15</td></tr>
<tr><td>6</td><td colspan="2">14</td><td>15</td><td>15.5</td><td>16</td></tr>
<tr><td colspan="2">沥青饱和度 VFA(%)</td><td colspan="2">55～70</td><td colspan="2">65～75</td><td>70～85</td></tr>
</table>

沥青稳定碎石和 SMA 混合料马歇尔试验配合比设计技术标准 表 3-11

<table>
<tr><td rowspan="3">试 验 指 标</td><td rowspan="3">单位</td><td colspan="2">沥青稳定碎石混合料</td><td colspan="2">SMA 混合料</td></tr>
<tr><td colspan="2" rowspan="2">密级配基层(ATB)</td><td colspan="2">技术要求</td></tr>
<tr><td>不使用改性沥青</td><td>使用改性沥青</td></tr>
<tr><td>公称最大粒径</td><td>mm</td><td>26.5mm</td><td>≥31.5mm</td><td></td><td></td></tr>
<tr><td>马歇尔试件尺寸</td><td>mm</td><td>ϕ101.6mm×63.5mm</td><td>ϕ152.4mm×95.3mm</td><td colspan="2">ϕ101.6mm×63.5mm</td></tr>
<tr><td>击实次数(双面)</td><td>次</td><td>75</td><td>112</td><td colspan="2">50</td></tr>
<tr><td>空隙率 VV</td><td>%</td><td colspan="2">3～6</td><td colspan="2">3～4</td></tr>
<tr><td>稳定度，不小于</td><td>kN</td><td>7.5</td><td>15</td><td>5.5</td><td>6.0</td></tr>
<tr><td>流值</td><td>mm</td><td>1.5～4</td><td>实测</td><td>2～5</td><td>—</td></tr>
<tr><td>沥青饱和度 VFA</td><td>%</td><td colspan="2">55～70</td><td colspan="2">75～85</td></tr>
<tr><td colspan="2" rowspan="4">密级配基层 ATB 的矿料间隙率
VMA(%)，
不小于</td><td colspan="2">设计空隙率(%)</td><td></td><td></td></tr>
<tr><td colspan="2">4</td><td></td><td></td></tr>
<tr><td colspan="2">5</td><td></td><td></td></tr>
<tr><td colspan="2">6</td><td></td><td></td></tr>
<tr><td>矿料间隙率 VMA，
不小于</td><td>%</td><td></td><td></td><td colspan="2">17.0</td></tr>
<tr><td>粗集料骨架间隙率 VCA_{mix}，
不大于</td><td>—</td><td></td><td></td><td colspan="2">VCA_{DRC}</td></tr>
<tr><td>谢伦堡沥青析漏试验的
结合料损失</td><td>%</td><td></td><td></td><td>不大于 0.2</td><td>不大于 0.1</td></tr>
<tr><td>肯塔堡飞散试验的混合料损失或
浸水飞散试验</td><td>%</td><td></td><td></td><td>不大于 20</td><td>不大于 15</td></tr>
</table>

③调整最佳沥青用量。调查高速公路原路面沥青用量和使用效果，如相差较远，应考虑重新调整配合比设计。对炎热地区，有可能产生较大车辙时，宜在空隙率符合要求的范围内将计算的最佳沥青用量减少0.1%~0.5%作为设计最佳沥青用量，但在配合比报告中必须要求采用重型轮胎压路机和振动压路机组合等方式加强碾压。对寒冷地区，宜在空隙率符合要求的范围内将计算的最佳沥青用量减少0.1%~0.3%作为设计最佳沥青用量。

④检验最佳沥青用量时的粉胶比和有效沥青膜厚度。

(5)配合比检验

按以上计算确定的设计最佳沥青用量和级配制备沥青混凝土马歇尔试件和车辙试件，进行高温稳定性检验、水稳定性检验、低温抗裂性能检验、渗水系数检验，试验结果必须满足规范及设计文件的规定。

高温稳定性检验采用车辙试验（一般适用于公称最大粒径19mm及以下的混合料），在温度60℃，轮压0.7MPa条件下检验其动稳定度，其结果应满足规范和设计要求。规范要求如表3-12所列。

沥青混合料车辙试验动稳定度技术要求 表3-12

气候条件与技术指标		相应于下列气候分区所要求的动稳定度(次/mm)								
七月平均最高气温(℃)及气候分区		＞30				20~30				＜20
		1.夏炎热区				2.夏热区				3.夏凉区
		1-1	1-2	1-3	1-4	2-1	2-2	2-3	2-4	3-2
普通沥青混合料，不小于		800		1 000		600	800			600
改性沥青混合料，不小于		2 400		2 800		2 000	2 400			1 800
SMA混合料	非改性，不小于	1 500								
	改性，不小于	3 000								
OGFC混合料		1 500(一般交通路段)、3 000(重交通量路段)								

水稳定性检验采用48h浸水马歇尔稳定度和冻融劈裂试验，检验其残留稳定度和劈裂强度比，其结果应满足规范和设计要求。达不到要求时应采取抗剥落措施。规范要求如表3-13所列。

沥青混合料水稳定性检验技术要求 表3-13

气候条件与技术指标		相应于下列气候分区的技术要求(%)			
年降雨量(mm)及气候分区		＞1 000	500~1 000	250~500	＜250
		1.潮湿区	2.湿润区	3.半干区	4.干旱区
浸水马歇尔试验残留稳定度(%)，不小于					
普通沥青混合料		80		75	
改性沥青混合料		85		80	
SMA混合料	普通沥青	75			
	改性沥青	80			
冻融劈裂试验的残留强度比(%)，不小于					
普通沥青混合料		75		70	
改性沥青混合料		80		75	
SMA混合料	普通沥青	75			
	改性沥青	80			

低温抗裂性能(对公称最大粒径 19mm 及以下的混合料)采用低温弯曲试验,检验其破坏应力,其结果应满足规范和设计要求。规范要求如表 3-14。

沥青混合料低温弯曲试验破坏应变技术要求 表 3-14

气候条件与技术指标	相应于下列气候分区所要求的破坏应变 μ_ε			
年极端最低气温(℃)及气候分区	<−37.0	−21.5~−37.0	−9.0~−21.5	>−9.0
	1.冬严寒区	2.冬寒区	3.冬冷区	4.冬温区
普通沥青混合料,不小于	2 600	2 300	2 000	
改性沥青混合料,不小于	3 000	2 800	2 500	

渗水系数检验是利用车辙试件进行渗水试验检验,其结果应满足规范和设计要求。规范要求如表 3-15 所列。

沥青混合料试件渗水系数技术要求 表 3-15

级 配 类 型	渗水系数要求(mL/min)	级 配 类 型	渗水系数要求(mL/min)
密集配沥青混凝土,不大于	120	OGFC 混合料,不小于	实测
SMA 混合料,不大于	80		

2)SMA 混合料目标配合比设计阶段

(1)设计初试级配。SMA 路面的合成矿质混合料级配应符合《公路沥青路面施工技术规范》(JTG F40—2004)及设计要求的范围。选粗集料骨架分界筛孔(公称最大粒径≤9.5mm 以 2.36mm、≥13.2mm 以 4.75mm 为分界筛孔)的通过率处于级配范围的中值、中值±3%附近的 3 组不同的粗细级配作为初试级配,其矿粉数量均为 10%左右。并计算各组初试级配的捣实状态下的粗集料松装间隙率 VCA_{DRC}。

(2)选择初试沥青用量。根据当地实践经验预估用油量的中值作为初试用油量,并不得低于 SMA 规定的最小沥青用量。一般粗集料毛体积密度大时,应选择稍低的初试用油量。

(3)进行马歇尔试验。按照以上选择的初试级配和初试沥青用量,在试验室进行拌和,分别制作马歇尔试件,其击实次数一般为 50 次,沥青一般为改性沥青,每组试件应不少于 4~6 个,测定其密度、计算各组试件中粗集料骨架间隙率 VCA_{mix}、试件的集料空隙率 VV、集料间隙率 VMA 和沥青饱和度 VFA,每组试件的偏离系数不得大于 10%。以满足 $VFA_{mix}<VCA_{DRC}$ 及 VMA>16.5%的要求,粗集料骨架分界集料通过率大且 VMA 较大的级配为设计级配。

(4)根据所选择的设计级配和初试沥青用量试验的空隙率结果,以 0.2%~0.4%为间隔,调整 3 个不同的油石比,分别制作马歇尔试件,计算空隙率等各项体积指标,并检测稳定度和流值是否符合规范规定的技术要求。根据期望的设计空隙率和《公路沥青路面施工技术规范》(JTG F40—2004)的各项技术指标,确定最佳沥青用量(油石比),作为最佳最佳沥青用量(油石比)OAC。

(5)配合比设计检验。按以上计算确定的设计最佳沥青用量和级配制备沥青混凝土马歇尔试件,除了进行热拌沥青混凝土配合比设计规定的高温稳定性、水稳定性等检验项目外,SMA 混合料的配合比设计还必须进行谢伦堡析漏试验和肯特堡飞散试验。试验结果必须满足规范及设计文件的规定，否则必须重新进行配合比设计。

3.生产配合比设计阶段

(1)确定各种热料仓矿料和矿粉的用量。从拌和楼二次筛分后进入各热料仓的矿料中分别取样进行筛分，根据筛分结果，通过计算，使混合料的级配接近目标配合比并符合规范及设计文件的规定，以此确定各热料仓矿料和矿粉的用料比例，供拌和机控制室使用。同时反复调整冷料仓进料比例，以达到供料均衡。

(2)确定最佳沥青用量(油石比)。取热料仓的各粒级矿料，按计算确定的比例，并取目标配合比设计的最佳沥青用量 OAC 和 OAC±0.3%等 3 个沥青用量，用试验室的小型拌和机拌制沥青混合料进行马歇尔试验，按目标配合比设计方法绘图，得出 OAC_1 和 OAC_2 后综合确定生产配合比的最佳沥青用量(油石比)OAC。按以上的方法确定的 OAC 可能与目标配合比的 OAC 不一致，如相差不超过 0.2 个百分点，应按生产配合比确定的 OAC 进行试件拌和试铺，或分析确定试拌试铺沥青用量(油石比)；如相差超过 0.2 个百分点，应找出原因，进一步试验分析后确定试拌试铺沥青用量(油石比)。

4.生产配合比验证阶段

用确定的生产配合比采用拌和机进行试拌，在沥青混合料的各项技术指标保证合格的情况下铺筑试铺段。试拌试铺时，施工技术人员和监理人员应旁站观察摊铺、碾压过程和成形混合料的表面状况，判断混合料的级配、油石比、构造深度，如有不合格须分析原因，若属级配原因，则应适当调整级配重新试拌试铺。同时，施工单位和监理工程师应分别采集混合料试样进行马歇尔试验、车辙试验及浸水马歇尔试验，以验证马歇尔各项指标、高温稳定性及水稳定性是否符合标准要求，并进行抽提试验，再次检验实际级配和油石比是否合格。现场试铺后，应钻取芯样观察空隙率的大小。只有当所有技术指标全部合格后，才能将微调后的配合比确定为正常生产用的标准配合比，作为生产上控制的依据和质量检验的标准。对确定的标准配合比，宜再次进行车辙试验和水稳定性试验。

四、水泥混凝土配合比设计

1.一般规定

(1)高速公路路面普通混凝土配合比设计在兼顾经济性的同时，应满足弯拉强度、工作性、耐久性等 3 项技术要求，3 项技术要求应符合设计要求及《公路水泥混凝土路面施工技术规范》(JTG F30—2003)的有关规定，其水灰比不大于 0.44，水泥用量不得低于 300kg(42.5 级水泥)或 310kg(32.5 级水泥)。

(2)夏季高温下施工时，混凝土拌和物的初凝时间不得小于 3h，小于 3h 时应掺加缓凝剂。低温施工时，终凝时间不得大于 10h，大于 10h 时应掺加促凝剂或使用早强水泥。外加剂的掺量应通过试验确定。

(3)路面普通水泥混凝土配合比参数的计算及配合比调整等均应按《公路水泥混凝土路面施工技术规范》(JTG F30—2003)中 4.1 节及 4.5 节的有关规定进行。

(4)施工单位应在开工起至少 28d，将计划使用的各种材料和混凝土配合比设计及详细说明上报监理工程师审查，批准后，才能进行混凝土的试拌，以检验该配合比，并提出拟采用的配合比，最后报监理工程师审批。配合比试验应提交的资料有原材料试验、混凝土弯拉强度、集料级配、水灰比、坍落度、水泥用量、掺配比例、质量控制以及各试验报告等。混凝土设计时的试配强度应较设计强度提高 10%～15%。监理工程师对施工单位上报的配合比进行独立平行复核对比试验，根据试验结果，批准该配合比或提出修改意见。未经监理工程师批准的配合比不得使用。

(5)实际施工时，应首先检测集料含水量，依据集料含水量将室内试验配合比换算成施工配合比，集料含水量有变化时应随时检测。

(6)已批准的混凝土配合比和使用材料，未经监理工程师的同意不得随意改变，如需改变时，施工单位应重新进行试拌试验并报监理工程师批准。

2. 水泥混凝土配合比试验

(1)计算水泥混凝土路面配制弯拉强度，并求出相应的水灰比

配制弯拉强度的均值按公式 $f_c=f_r/(1-1.04C_v)+ts$ 计算，式中 f_c 为配制 28d 弯拉强度的均值；f_r 为设计弯拉强度标准值；t 为保证率系数；s 为弯拉强度试验样本的标准差；C_v 为弯拉强度变异系数，高速公路在 0.05～0.1 之间取值。

碎石或碎卵石混凝土水灰比应按公式 $W/C=1.5684/(f_c+1.0097-0.3595f_s)$ 计算，卵石混凝土水灰比应按公式 $W/C=1.2618/(f_c+1.5492-0.4709f_s)$ 计算，并不得大于规定的最大水灰比。式中 f_s 为水泥 28d 实测抗折强度。高速公路路面混凝土最大水灰比为 0.44，有抗冻要求的为 0.42，有抗盐冻要求的为 0.40。

(2)选定砂率

根据砂的细度模数和粗集料种类，砂率按表 3-16 选用。

砂的细度模数与最优砂率关系 表 3-16

砂细度模数		2.2～2.5	2.5～2.8	2.8～3.1	3.1～3.4	3.4～3.7
砂率 S_p (%)	碎石	30～34	32～36	34～38	36～40	38～42
	卵石	28～32	30～34	32～36	34～38	36～40

(3)选定混凝土坍落度和单位最大用水量

根据不同的路面施工方式，混凝土坍落度和最大单位用水量按表 3-17 选用。

混凝土坍落度和最大单位用水量 表 3-17

摊铺方式	轨道摊铺机摊铺		三辊轴机组摊铺		小型机具摊铺	
出机坍落度(mm)	40～60		30～50		10～40	
摊铺坍落度(mm)	20～40		10～30		0～20	
单位最大用水量(kg/m³)	碎石 156	卵石 153	碎石 153	卵石 148	碎石 150	卵石 145

(4)计算单位用水量

根据粗集料种类和坍落度按如下公式计算：

碎石 $W_0=104.97+0.309S_L+11.27C/W+0.61S_p$

卵石 $W_0=86.89+0.370S_L+11.24C/W+1.00S_p$

若掺外加剂，其用水量：

$$W_{0w}=W_0(1-0.01\beta)$$

式中：S_L 为出机坍落度，S_p 为砂率，C/W 为灰水比，β 为实测减水率。

(5)计算单位水泥用量

按公式 $C_0=(C/W)W_0$ 计算，并不低于规范规定的最小水泥用量(表 3-18)，最大水泥用量不宜大于 400kg/m^3。

单位最小水泥用量(kg/m^3)　　表 3-18

最小水泥用量		有抗冰(盐)冻时		掺粉煤灰时		有抗冰(盐)冻和掺粉煤灰时
42.5 级	32.5 级	42.5 级	32.5 级	42.5 级	32.5 级	42.5 级
300	310	320	330	260	280	280

(6)计算单位砂石料用量

一般按密度法计算，也可按体积法计算。按密度法计算时，混凝土单位质量取 2 400～2 450kg/m^3，其粗、细集料每立方米质量按下式计算：

细集料 S=(混凝土单位质量－用水量 W_0－水泥用量 C_0)×砂率 s_p

粗集料 G=混凝土单位质量－用水量 W_0－水泥用量 C_0—细集料

(7)确定粒级和级配组成

取拟使用的粗、细集料进行筛分。细集料一般采用中、粗砂，其级配应符合细集料级配要求，见表 3-19 所列。碎、卵石一般采用 2～4 个粒级，然后反复计算确定各粒级的掺配比例，其合成级配应符合粗集料级配要求，见表 3-20 所列。

细集料级配范围　　表 3-19

砂分级	标准筛尺寸(mm)					
	0.15	0.30	0.60	1.18	2.36	4.75
	累计筛余(以质量计)(%)					
粗砂	90～100	80～95	71～85	35～65	5～35	0～10
中砂	90～100	70～92	41～70	10～50	0～25	0～10
细砂	90～100	55～85	16～40	0～25	0～15	0～10

粗集料级配范围　　表 3-20

类型	级配 \ 粒径	方孔筛尺寸(mm)							
		2.36	4.75	9.5	16.0	19.0	26.5	31.5	37.5
		累计筛余(以质量计)(%)							
合成级配	4.75～16	95～100	85～100	40～60	0～10				
	4.75～19	95～100	85～95	60～75	30～45	0～5	0		
	4.75～26.5	95～100	90～100	70～90	50～70	25～40	0～5	0	
	4.75～31.5	95～100	90～100	75～90	60～75	40～60	20～35	0～5	0

续上表

类型	级配 \ 粒径	方孔筛尺寸(mm)							
		2.36	4.75	9.5	16.0	19.0	26.5	31.5	37.5
		累计筛余(以质量计)(%)							
粒级	4.75～9.5	95～100	80～100	0～15	0				
	9.5～16		95～100	80～100	0～15	0			
	9.5～19		95～100	85～100	40～60	0～15	0		
	16～26.5			95～100	55～70	25～40	0～10	0	
	16～31.5			95～100	85～100	55～70	25～40	0～10	0

(8)配合比确定与调整

按上述各经验公式推算得出的混凝土配合比，在试验室内按下述步骤和《公路工程水泥及水泥混凝土试验规程》(JTG E30—2005)进行试配检验和调整。

①首先检验混凝土拌和物是否满足不同摊铺方式的最佳工作性要求。检验项目包括含气量、坍落度及其损失、振动粘度系数、改进 VC 值、外加剂品种及其最佳掺量。在工作性和含气量不满足相应摊铺方式要求时，可在保持水灰(胶)比不变的前提下调整单位用水量、外加剂掺量或砂率，不得减小满足计算弯拉强度及耐久性要求的单位水泥用量。

②对于采用密度法计算的配合比，应实测拌和物视密度，并应按视密度调整配合比，调整时水灰(胶)比不得增大，单位水泥用量不得减小，调整后的拌和物视密度允许偏差为±2.0%。实测拌和物含气量 α(%)及其偏差应满足表 3-21 的规定，不满足要求时，应调整引气剂掺量直至达到规定含气量。

路面混凝土含气量及允许偏差(%) 表 3-21

最大公称粒径(mm)	无抗冻性要求	有抗冻性要求	有抗盐冻要求
19.0	4.0±1.0	5.0±0.5	6.0±0.5
26.5	3.5±1.0	4.5±0.5	5.5±0.5
31.5	3.5±1.0	4.0±0.5	5.0±0.5

③以初选水灰比为中心，按 0.02 增减幅度选定 2～4 个水灰(胶)比，制作试件，检验各种混凝土 7d 与 28d 配制弯拉强度、抗压强度、耐久性等指标(有抗冻性要求的地区，抗冻性为必测项目，耐磨性及干缩为选测项目)。也可保持计算水灰(胶)比不变，以初选单位水泥用量为中心，按 15～20kg/m^3 增减幅度选定 2～4 个单位水泥用量。

④施工单位通过上述各项指标检验提出的配合比，经监理工程师平行复核验证试验，合格后，方可确定为标准配合比。

⑤标准配合比应通过拌和楼实际拌和检验和试验路段的验证，并应根据料场砂石料含水量、拌和物实测视密度、含气量、坍落度及其损失，调整单位用水量、砂率或外加剂掺量。调整时，水灰(胶)比、单位水泥用量不得减小。考虑施工中原材料含泥量、泥块含量、含水量变化和施工变异性等因素，单位水泥用量应适当增加 5～10kg。满足试拌试铺的工作性、28d 配制弯拉强度、抗压强度和耐久性等要求的配合比，经监理工程师审核批准后方可确定为施工配合比。

五、试验检测监理

1. 施工单位试验检测

(1)施工单位应使用自己的仪器、设备和人员，在试验监理工程师及现场监理人员的监督或旁站下进行合同规定项目的试验检测工作，以保证其提供的材料、施工工艺、工程质量达到合同要求的标准并使监理工程师满意。

(2)施工单位必须在进行取样和试验之前的合理时间内通知试验监理工程师，试验结果须双方人员签字方可有效。

(3)施工单位必须在分项开工之前的规定时间内将原材料抽检试验结果报试验监理工程师批准认可，作为开工应具备的条件之一，在试验结果被认可之前不得开工。

2. 监理试验检测

(1)负责施工单位各个试验检测项目的监督与旁站，使其各项试验符合试验规程要求，试验结果准确、真实与可靠。

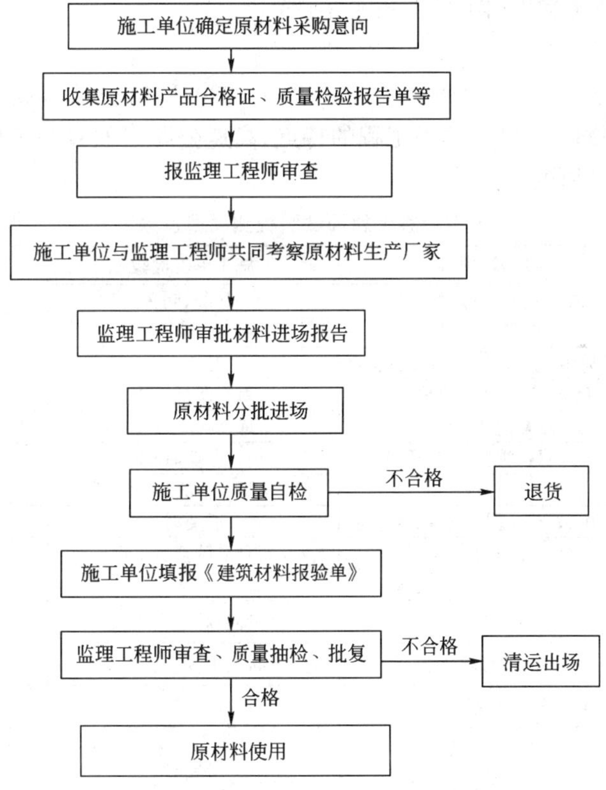

图 3-11 原材料试验检测监理流程

(2)负责对施工单位的标准试验(如配合比等)的旁站监理以及平行复核验证，并与施工单位共同取样，使其样品具有代表性。

(3)按规定频率对进场原材料进行监理独立抽检。

(4)在施工过程中，应对原材料、混合料及现场各个工序进行不定期的随机抽查和试验检测，发现问题及时责令施工单位进行试验检测并督促整改。当出现工程质量有疑问或不稳定时，试验监理工程师应加大抽检力度，以确保工程质量指标符合规定要求。

3. 试验检测监理工作程序

(1)每批材料进场后必须附有质保单，施工单位应自检，合格后填报《建筑材料审批单》报监理工程师审核，批准后，才能使用。

(2)沥青混合料配合比应遵照以下步骤，即目标配合比设计阶段、生产配合比设计阶段和生产配合比验证阶段，每个步骤试验完毕，施工单位均应及时将试验结果上报监理工程师审核，批准后才能进行下一步试验，否则，为无效试验。

(3)现场压实度、构造深度、摩擦系数、渗水系数试验一般应在施工结束后，开放交通前进行，抽检与自检可同步进行，以减少封道时间和次数。

(4)混合料拌和应严格按批准的配合比进行，不得随意变更，确需调整时，应书面报监理工程师批准；拌和设备须配有电脑打印设备，应有逐盘打印记录，并当天交试验监理工程师审查签认，然后收集归档。

(5)试验检测监理流程图(图 3-11 和图 3-12)。

4. 试验检测项目与频率

依据《公路沥青路面施工技术规范》(JTJ F40—2004)和《公路水泥混凝土路面施工技术规范》(JTG F30—2003)，并结合养护工程的特点，高速公路路面养护工程试验检测项目及频率如表 3-22 和表 3-23 所列。

沥青混凝土路面试验检测项目及频率 表 3-22

材料名称	试验项目	施工单位检验	监理检验
粗集料(碎石)	颗粒组成、针片状颗料含量、含泥量	同一料源、同级配，每 400m^3/1 次	每 1 200m^3/1 次
	压碎值、洛杉机磨耗值、含水量	必要时	怀疑时
	磨光值、对沥青的粘附性	每料源做 1 次	怀疑时
细集料(砂)	颗粒组成(筛分)	每 200m^3/1 次	每 600m^3/1 次
	砂当量、视密度、坚固性	必要时	怀疑时
矿粉	外观	每 200m^3/1 次	每 600m^3/1 次
	＜0.075mm 颗粒含量、含水量	必要时	怀疑时
石油沥青	所有指标	每种品牌至少 1 次	怀疑时
	针入度、软化点、延度	每 2～3 天/1 次	每周/1 次
改性沥青	所有指标	每种品牌至少 1 次	怀疑时
	针入度、软化点	每天不少于 1 次	每 3 天 1 次
	离析试验(成品改性沥青)	每周不少于 1 次	每月不少于 1 次
	低温延度	必要时	怀疑时
	弹性恢复		
	显微镜观察	随时(必要时拍照备查)	怀疑时
改性乳化沥青	蒸发残留物针入度	每 2～3 天 1 次	每周 1 次
	蒸发残留物含量		
	蒸发残留物软化点		
	蒸发残留物延度	必要时	怀疑时

续上表

<table>
<tr><th>材料名称</th><th colspan="2">试验项目</th><th>施工单位检验</th><th>监理检验</th></tr>
<tr><td rowspan="10">沥青混合料</td><td colspan="2">生产配合比设计</td><td>沥青路面开工前，或原材料改变时</td><td>对不同的生产配合比进行平行复核试验</td></tr>
<tr><td colspan="2">抽提试验：沥青含量、矿料级配</td><td>每台拌和机每料每天1～2次，以2个试件的平均值评定</td><td>每3天1次</td></tr>
<tr><td colspan="2">马歇尔试验：稳定度、流值、密度、空隙率、饱和度</td><td>每台拌和机每料每天1～2次，以4～6个试件的平均值评定</td><td>每3天1次</td></tr>
<tr><td colspan="2">浸水马歇尔试验</td><td>必要时，试件数同马歇尔试验</td><td>怀疑时</td></tr>
<tr><td colspan="2">车辙试验</td><td>必要时，以3个试件的平均值评定</td><td>怀疑时</td></tr>
<tr><td colspan="2">压实度、厚度</td><td>病害处理：每 $800m^2$/1处。罩面：每200m/1处（双车道）</td><td>施工单位检验频率的30%</td></tr>
<tr><td colspan="2">混合料外观</td><td>随时</td><td>随时</td></tr>
<tr><td rowspan="3">拌和、施工温度</td><td>沥青、集料加热温度</td><td>逐盘检测评定</td><td>不少于每3盘1次</td></tr>
<tr><td>出厂、摊铺温度</td><td>逐盘（车）检测，每天取平均值评定</td><td>不少于每3盘1次</td></tr>
<tr><td>碾压温度</td><td>随时</td><td>随时</td></tr>
<tr><td rowspan="2">病害处理、罩面及桥头加铺</td><td colspan="2">抗滑、渗水系数、宽度、平整度、横坡度、边缘顺直度</td><td>按招标文件规定</td><td>应不少于施工单位检验频率的30%</td></tr>
<tr><td colspan="2">外观、接缝</td><td>全部</td><td>全部</td></tr>
<tr><td>土工布</td><td colspan="2">抗拉强度</td><td rowspan="2">每批1次</td><td rowspan="2">必要时</td></tr>
<tr><td>热熔型反光涂料</td><td colspan="2">所有指标（含玻璃珠）</td></tr>
</table>

注：①上述表列内容是材料进场时，已按“批”对材料进行了全面检查的基础上，施工过程中质量检查的项目与要求；

②“随时”是指需要经常检查的项目，其检查频度可根据材料来源及质量波动情况由业主及监理工程师确定；“必要时”是指施工单位、监理工程师、业主（或业主代表）等对其质量产生怀疑，提出需要检查时，或是根据需要，商定的检查频率；

③更换材料产地时应重新按频率进行相应的试验检测。

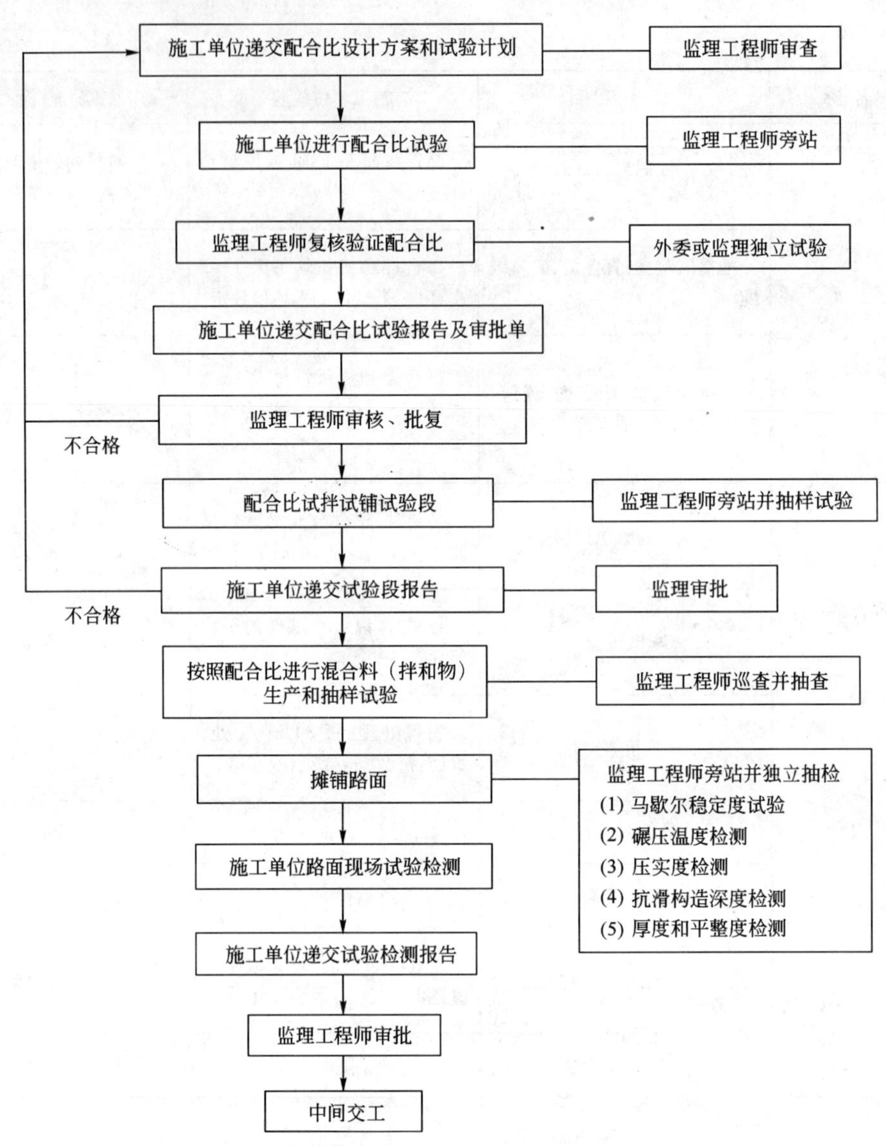

图 3-12　混合料(拌和物)试验检测监理流程

水泥混凝土路面试验检测项目和频率　　表 3-23

材 料 名 称	试 验 项 目	施工单位检查	监 理 检 验
水泥	抗折强度、抗压强度、安定性	机铺 1 500T/次	4 500T/1 次
	凝结时间、标准稠度需水量	机铺 2 000T/1 次	6 000T/1 次
	f-CaO、MgO、SO_3 含量、铝酸三钙、铁铝酸四钙、氯离子含量、烧失量、不溶物、干缩率、耐磨性、混合材料种类及数量	进场前必测，施工中不少于 3 次	怀疑时
	细度、碱含量	必要时	怀疑时

续上表

材 料 名 称	试 验 项 目	施工单位检查	监 理 检 验
粉煤灰	活性指数、细度、烧失量	机铺 1 500T/1 次	4 500T/1 次
	需水量比、SO_3 含量	进场前必测，施工中不少于 3 次	怀疑时
粗集料	针片状含量、超粒径含量、级配、表观密度、堆积密度、空隙率	机铺 2 500m^3/1 次	7 500m^3/1 次
	含泥量、泥块含量	机铺 1 000m^3/1 次	3 000m^3/1 次
	坚固性、石料强度等级、压碎值指标	每种料不少于 2 次	怀疑时
	碱集料反应	怀疑有碱活性集料进场前测	怀疑时
	含水量	降雨或湿度变化随时测	随时
细集料	细度模数、表观密度、堆积密度、空隙率、级配	机铺 2 000m^3/1 次	6 000m^3/1 次
	含泥量、泥块、石粉含量	机铺 1 000m^3/1 次	3 000m^3/1 次
	坚固性	每种料每标段不少于 3 次	怀疑时
	云母含量轻物质与有机物含量	目测有云母或杂质时测	怀疑时
	含盐量(硫酸盐、氯盐)	必要时	怀疑时
	含水量	降雨或湿度变化随时测	随时
外加剂	减水剂减水率、液体外加剂含固量和相对密度、粉状外加剂的不溶物含量	机铺 5T/1 次	15T/1 次
	引气剂引气量、气泡细密程度和稳定性	机铺 2T/1 次	6T/1 次
钢纤维	抗拉强度、弯折性能、长度、长径比、形状	开工前或有变化时，每标段 3 次	怀疑时
	杂质、质量及其偏差	机铺 50T/1 次	150T/1 次
养生剂	有效保水率、抗压强度比、耐磨性、耐热性、膜水溶性	开工前或有变化时，每标段 3 次	怀疑时
	含固量、成膜时间	试验路段测，施工时 5T/1 次	5T/1 次

续上表

材料名称	试验项目	施工单位检查	监理检验
水	pH值、含盐量、硫酸根及杂质含量	开工前和水源有变化时	怀疑时
混凝土拌和物	配合比	工程开工前一个月进行试配	平行复核试验
	水灰比及稳定性	5 000m^3/1次，有变化随时测	怀疑时
	坍落度及其均匀性	每工班测3次，有变化随时测	每工班测1次
	坍落度损失率	开工、气温较高或有变化随时测	怀疑时
	振动粘度系数	试拌、原材料和配合比有变化随时测	怀疑时
	钢纤维体积率	每工班测2次，有变化随时测	怀疑时
	含气量	每工班测2次，有抗冻要求不少于3次	怀疑时
	泌水率	必要时	怀疑时
	温度、凝结时间、水化热	冬夏季施工，气温最高、最低时，每工班至少测1～2次	
	视密度	每工班测1次	怀疑时
	离析	随时观察	随时观察
	抗弯拉强度	每工班取2～4组试件	施工单位检验频率的30%
钢筋（钢筋网）	抗拉强度、伸长率、冷弯塑性	20T/1次	60T/1次
	钢筋网长度和间距、网眼尺寸	纵横两方向，抽检3个网眼	怀疑时

第八节　质量缺陷的调查与处理

一、质量缺陷与质量事故

凡在工程施工过程中，由于设计或施工原因，造成工程质量不符合技术标准规范或设计要求，需要返工处理的统称为工程质量缺陷。严重质量缺陷称为质量事故。

二、质量缺陷的处理

在施工过程中，当发现质量缺陷时，监理工程师应及时制止，并要求施工单位立即更换不合格的材料、设备或不称职的施工人员，或立即改变不正确的施工方法及操作工艺。

对已经出现的质量缺陷，如影响正常使用，则指令施工单位返工处理；如缺陷的存在对正常使用影响不大，经征得业主同意，可不作返工处理；若属于施工单位责任造成，应通过与业主及施工单位的协商，降低该项工程的支付费用。

三、返工处理的质量标准

实体工程质量缺陷经返工处理后，其质量应不低于原质量检验指标和验收标准。

四、质量事故的处理

工程质量事故发生后，总监理工程师应立即指令施工单位暂停该项工程的施工，采取有效的安全措施，并要求施工单位立即书面报告事故发生的时间、部位、事故发生的简要经过、造成工程损伤状况、伤亡人数和直接经济损失的初步估计、事故原因、应急措施、处理方案等；总监理工程师应对事故处理方案进行审查，提出审查意见，报业主批准后，对实施处理方案进行监理，处理合格后可发出复工指令。

工程质量事故发生后，应按以下程序进行处理：

(1)施工单位必须立即以最快的方式，将事故的简要情况逐级上报。对重大的质量事故，监理办应立即上报业主。

(2)总监理工程师应立即指令施工单位暂停该项工程的施工，严格保护事故现场，采取有效措施抢救人员和财产，并采取有效的安全措施，防止事故扩大。

(3)总监理工程师应要求施工单位尽快填写《工程质量事故报告单》并报告业主，业主初步确定事故等级后上报有关部门。《工程质量事故报告单》应详实反映该项工程名称、部位、事故原因、应急措施、处理方案以及损失的费用等，并应采取拍照或录像等直录方式反映现场原状。

(4)总监理工程师应组织有关人员对质量事故现场进行调查。在分析、诊断、测试及验算的基础上，对施工单位提出的处理方案的真实性、可靠性、合理性进行审查，提出审查意见，报业主批准后指令实施处理方案。

(5)若事故原因尚未查明，事故隐患尚未消除，则监理工程师不签发复工指令，直到按照“三不放过”原则，即事故原因不清不放过，事故责任者和群众没有受到教育不放过，没有防范措施不放过。得出事故结论后，方可发出恢复施工、进行处理的指令。

(6)总监理工程师应对施工单位提出的有争议的质量事故责任初步予以判定。判定时应全面审查有关施工记录、设计资料等，必要时还应实际检测。在判定事故责任时，还应明确事故处理的费用数额，承担比例及支付方式，并报业主审批。

(7)事故上报时限应参照交通部交公路发[1999]90 号《公路工程质量管理办法》附件“公路工程质量事故等级划分和报告制度”的规定执行。

第九节 质量检验与评定标准

一、沥青混凝土路面病害处理

1.基本要求

(1)沥青混合料的矿料质量及矿料级配应符合设计要求和施工规范的规定。

(2)严格控制各种矿料和沥青用量及各种材料和沥青混合料的加热温度，沥青材料及混合料的各项指标应符合设计和施工规范要求，沥青混合料的生产，每日应做抽提试验（包括马歇尔稳定度试验）。矿料级配、沥青含量、马歇尔稳定度等结果的合格率应不小于90%。

(3)拌和后的沥青混合料应均匀一致，无花白，无粗细料分离和结团成块现象。

(4)铣刨后并在摊铺沥青混合料之前，下承面夹层、病害必须彻底清除。

(5)摊铺时应严格掌握摊铺厚度和平整度，避免离析，注意控制摊铺和碾压温度，碾压至要求的密实度。

2. 检查项目

沥青混凝土面层检查项目及检验标准见表3-24所列。其中平整度检查项目要求采用自动检测设备进行检测，对于接缝处和施工过程中的平整度控制可采用3m直尺进行检查。

沥青混凝土路面病害处理实测项目 表3-24

项次	检查项目		规定值或允许偏差	检查方法和频率	权值
1	压实度(%)		试验室标准密度的96% 最大理论密度的92% 试验段密度的98%	按（JTG F80/1—2004）附录B检查，每800m² 测1处	3
2	平整度	σ(mm)	1.2	平整度检测车：沿线每车道连续	2
		IRI(m/km)	2.0	按每100m计算IRI或σ	
		H(mm)	3	3m直尺，每800m² 测2处×10尺	
3	厚度(mm)	合格值	不小于设计（计量）值的−5%	钻芯：每800m² 测1处	3
		极值	不小于设计（计量）值的−10%		
4	渗水系数		≤300ml/min	渗水试验仪：每800m² 测1处	2
5	抗滑	摩擦系数	符合设计要求	摆式仪：每800m² 测1处横向力系数测定车：沿线连续	2
		构造深度*TD*(mm)	符合设计要求	砂铺法：每800m² 测1处	
6	宽度(cm)		不小于设计（计量）宽度	钢尺量：每800m² 测4个断面	1
7	边缘顺直度(cm)		≤5cm/20m	不少于2处/200m	1

注：①本检验标准依据《公路工程质量检验标准》(JTG F80/1—2004)，适用于路面大中修和专项工程项目，可结合养护工程特点调整检测项目和频率；

②本表中的平整度规定值σ和IRI适用于病害处理长度大于200m的路段。长度小于200m的路段则采用*H*控制。

3. 外观鉴定

(1)表面应平整密实，不应有泛油、松散、轮迹、车辙、裂缝和明显离析等现象，有上述缺陷的面积（凡属单条的裂缝，则按其实际长度乘以0.2m宽度，折算成面积）之和不得超过受检面积的0.03%。

(2)接缝紧密、平顺、烫缝不应枯焦。

(3)不得有积水或渗水现象。

(4)封边整齐、规范。

二、沥青混凝土罩面与桥头加铺

1. 基本要求

(1)沥青混合料的矿料质量及矿料级配应符合设计要求和相关施工技术规范的规定。

(2)严格控制各种矿料和沥青用量及各种材料和沥青混合料的加热温度,沥青材料及混合料的各项指标应符合设计和施工规范要求,沥青混合料的生产,每日应做抽提试验(包括马歇尔稳定度试验)。矿料级配、沥青含量、马歇尔稳定度等结果的合格率应不小于90%。

(3)拌和后的沥青混合料应均匀一致,无花白,无粗细料分离和结团成块现象。

(4)摊铺时应严格掌握摊铺厚度和平整度,避免矿料离析,要注意控制摊铺和碾压温度,碾压至要求的密实度。

(5)对确定罩面的路段,在罩面前必须完成翻浆、坑槽、严重裂缝、沉陷、拥包、松散、车辙等病害的修复工作,并清除路面上的泥土杂物。

(6)罩面不应铺在和原沥青路面结合不好、即将脱皮的沥青罩面薄层上,应将其铲除,整平后再进行罩面。

(7)当气温低于10℃或路面潮湿时,不得洒布粘层沥青,不得摊铺沥青罩面层。

2. 检查项目

沥青混凝土面层检查项目及检验标准见表3-25所列。其中平整度检查项目要求采用自动检测设备进行检测,对于接缝处和施工过程中的平整度控制可采用3m直尺进行检测。

沥青混凝土罩面(或桥头加铺)实测项目 表3-25

项次	检查项目		规定值或允许偏差	检查方法和频率	权值
1	压实度(%)		试验室标准密度的96% 最大理论密度的92% 试验段密度的98%	按(JTG F80/1—2004)附录B检查,每2000m² 测1处	3
2	平整度	σ(mm)	1.2	平整度检测车:沿线每车道连续按每100m计算IRI或σ	2
		IRI(m/km)	2.0		
		最大间隙 h(mm)	3	3m直尺,每200m测2处×10尺	
3	渗水系数		≤300ml/min	渗水试验仪:每200m测1处	2
4	抗滑	摩擦系数	符合设计要求	摆式仪:每200m测1处横向力系数测定车:沿线连续	2
		构造深度 TD(mm)	符合设计要求	砂铺法:每200m测1处	
5	厚度(mm)	合格值	不小于设计(计量)值的-5%	按(JTG F80/1—2004)附录H检查,每2000m² 测1处	3
		极值	不小于设计(计量)值的-10%		
6	宽度(m)		不小于设计宽度	钢尺量:每200m测4断面	1
7	横坡(%)		设计±0.3	水准仪:每200m测4处	1
8	边缘顺直度(cm)		≤5cm/20m	不少于1处/100m	1

注:①本检验标准依据《公路工程质量检验标准》(JTG F80/1—2004),适用于路面大中修和专项工程项目,可结合养护工程特点调整检测项目和频率;

②对于桥头加铺工程,其检查项目的检测频率调整为:压实度:每桥头测2处;平整度:3m直尺,每桥头测2处×10尺;渗水系数:每桥头测1处;抗滑:每桥头测1处;厚度:每桥头测2处;宽度与横坡:每桥头测2断面(处);边缘顺直度:每桥头测2处。

3. 外观鉴定

(1)表面应平整密实,不应有泛油、松散、轮迹、车辙、裂缝和明显离析等现象,有上述缺陷的面积(凡属单条的裂缝,则按其实际长度乘以0.2m宽度,折算成面积)之和不得超过受检面积的0.03%。

(2)接缝紧密、平顺、烫缝不应枯焦。

(3)不得有积水或漏水现象。

三、水泥混凝土路面

1.基本要求

(1)水泥混凝土路面养护所用材料必须具有足够的强度、耐久性和稳定性。各种材料均须进行必要的试验检测,不符合要求的,不得使用。水泥、粗细集料、水、外掺剂及接缝填料等常规材料的技术要求应符合《水泥混凝土路面设计规范》(JTG D40—2003)和《水泥混凝土路面施工技术规范》(JTG F30—2003)的规定。

(2)施工配合比应根据现场测定水泥的实际标号进行计算,并经试验,选择采用最佳配合比。

(3)混凝土的摊铺、捣实、整平与混凝土面板养护符合规范要求。

(4)接缝的位置、规格、尺寸和传力杆、拉力杆的设置以及面板补强钢筋的布设等符合图纸和规范的要求。

(5)路面的平整度和构造深度符合规范要求。

(6)面层与其他构造物相接应平顺,路面边缘无积水现象。混凝土路面铺筑后按施工规范要求养生。

2.检测项目

水泥混凝土面板检查项目及检验标准见表3-26所列。

水泥混凝土面板实测项目 表3-26

项次	检查项目		规定值或允许偏差	检查方法
1	弯拉强度(MPa)		在合格标准之内	按(JTG F80/1—2004)附录C检查
2	板厚度(mm)	代表值	−5	按(JTG F80/1—2004)附录H检查,每800m² 测1处
		合格值	−10	
3	平整度	σ(mm)	1.2	平整度仪:全线每车道续检测每100m计算IRI或σ
		IRI(m/km)	2.0	
		H(mm)	3	施工过程中采用三米直尺检查控制,每车道每200m测1处×10尺
4	抗滑构造深度(mm)		0.7~1.1	砂铺法:每800m² 测1处
5	相邻板高差(mm)		2	抽查每200m纵横缝2条,每条2处
6	纵、横缝顺直度(mm)		10	纵缝20m拉线,每200m4处;横缝沿板宽拉线,每200m4条
7	路面宽度(mm)		±20	抽查:每200m测4处
8	横坡(%)		±0.15	水准仪:每200m测4断面

注:本检验标准依据《公路工程质量检验标准》(JTG F80/1—2004),适用于路面大中修和专项工程项目,可结合养护工程特点调整检测项目和频率。

3.外观鉴定

(1)混凝土板表面脱皮、裂纹、露石、蜂窝、麻面、缺边、掉角等有缺陷的面积不得超过受检面积的2‰。

(2)混凝土的断裂块数不得超过评定路段混凝土板总数的2%。

(3)接缝填缝料饱满密实、粘结牢固、不污染路面。

第四章　安 全 监 理

第一节　安全监理的概念

安全生产是国家的一贯方针。多年以来,安全生产只是施工单位自身的责任,监理单位的任务是质量、进度、费用监理等,监理单位的安全职责并不明确,而且对于监理的安全责任也存在着不同的认识。伴随着建设市场规模的急剧扩大,由于施工企业改制和建设市场机制尚不健全等因素,近年来,工程施工因违章指挥、违章作业而发生的伤亡安全事故呈上升趋势,因工程建设造成事故的伤亡人数已占全国生产事故总伤亡人数的25%以上。2007年8月发生的湖南“凤凰”桥垮塌特大安全事故,更是向我们敲响了安全警钟。要扭转工程建设项目安全事故多发的被动局面,必须建立一套安全生产管理的有效新体制。

2004年2月1日起施行的《建设工程安全生产管理条例》是建国以来我国第一部建设工程安全生产行政法规,标志着我国建设工程安全生产管理进入规范化、法制化的新阶段。《建设工程安全生产管理条例》从法律上规定了监理单位的安全监理责任。建设部《关于落实建设工程安全生产监理责任的若干意见》(建市[2006]248号)对《建设工程安全生产管理条例》中安全监理的责任、内容和方法进行了进一步的明确和细化,为开展安全监理工作提供了法律依据。交通部2007年3月1日起施行的《公路水运工程安全生产监督管理办法》(交通部令2007年第1号)和2007年4月发出的《关于在公路水运工程建设监理中增加施工安全监理和施工环保监理内容的通知》,明确了安全监理工作已纳入监理规范,要求在现有公路、水运工程监理管理体制和监理组织体系框架下,将施工安全融入监理职责当中。监理人员要按照法律法规的规定,依据有关规范,信守监理合同,切实履行好施工安全监理职责。

安全监理是指监理单位按照国家安全生产法律法规和工程建设强制性标准、监理规范等,贯彻执行“安全第一,预防为主、综合治理”的方针,坚持“管工程必须管安全”的原则,采取现场巡视、安全专项检查等形式,对施工单位的安全生产工作实施监督管理,避免施工中的冒险性、盲目性和随意性,落实各项安全技术措施,有效地消除各类不安全隐患,杜绝和减少各类伤亡事故。安全监理工作已成为建设工程监理工作内容的一个重要组成部分。安全与质量、进度、费用等共同构成一个完整的建设工程项目目标体系。安全监理是监理工作的一个重点和难点,监理企业要生存、求发展,就必须高度重视安全监理工作。监理工程师应本着对国家、对人民生命财产高度负责的精神,做好安全监理工作。

高速公路养护施工作业以不中断交通为原则,具有高危性、突发性、集中性、随机性与连锁性等特点,由于高速公路车流量大、车速快,各种不安全因素较多,因此,安全隐患非常大。例如:在不中断交通情况下进行养护施工,养护作业车辆在作业时不得不占用一部分行车道,而占用行车道必然会对养护作业构成安全隐患。路面养护施工正值高温季节,驾驶员疲劳驾驶、违章行车和爆胎等偶发事件以及汽车的噪声、振动和高温引起施工人员的疲劳分神都是不安全因素。此外,雨、雾等恶劣天气也是影响安全的因素之一。所以,监理单位要建立健全安全监理岗位责任制,认真学习、贯彻执行国家《建设工程安全生产管理条例》等安全生产的法律法规及规范。运用各种安全监理的有效手段,杜绝安全事故的发生。

第二节　安全监理责任制

一、安全监理的法律责任

安全监理法律责任的法定依据是国务院《建设工程安全生产管理条例》的第四条、第十四条、第五十七条、第五十八条和委托监理合同中关于安全监理的具体约定。安全监理的违规违约行为是追究安全监理法律责任的事实依据。

安全监理工作应该符合国家现行的法律、法规、相关工程建设强制性标准和各地安全监督部门的有关规定。

二、安全监理责任制

监理单位应建立健全安全监理责任制。法定代表人对本单位所有监理工程项目的安全监理工作全面负责;总监理工程师(总监)是所监工程项目安全监理工作的第一责任人,全面负责监理办安全监理工作;专(兼)职安全工程师(安全员)对所监工程项目的安全监理工作专职负责;各专业工程师、监理员结合专业和职责分工协助配合专(兼)职安全工程师共同做好所监工程项目的安全监理工作。

监理单位管理部门负责健全本单位安全监理责任制,完善安全生产监理管理制度,建立监理人员安全生产教育培训制度,并督促检查各监理办按照安全管理制度的要求做好各项安全监理工作。各监理办应按照法律、法规和工程建设强制性标准及监理服务合同,对受监工程的施工安全生产实施安全监理。

监理办应配置专(兼)职安全监理工程师(以下简称安全工程师),专门负责监理办安全监理工作,专职安全工程师按合同规定人数配置,并应按规定进行培训,持证上岗。根据养护监理项目的特点,宜在各监理组任命一名兼职安全员,具体负责本监理区段的安全监理工作。

三、安全监理岗位职责

1. 总监理工程师安全监理职责

(1)总监理工程师是监理办安全监理工作第一责任人,全面负责监理办的安全生产监理工作。

(2)落实安全施工监理责任制,建立监理办施工安全监理保证体系,明确各部门和各岗位人员的职责,并将其作为年度业绩考核的重要组成部分。

(3)组织监理人员认真学习,并贯彻执行国家有关安全生产的方针、政策、法令、法规、上级有关规定以及各项安全监理制度,及时阅批安全生产的文件、通报,提出具体贯彻意见,并组织落实。

(4)认真贯彻“五同时”,即在监理工作中,同时计划、布置、检查、总结、评比安全施工监理工作。

(5)负责组织督促、检查施工单位安全生产许可证和施工安全管理保证体系的建立情况。

(6)主持召开安全施工专题会议，检查施工单位施工安全管理工作。

(7)负责组织对施工单位重大施工安全技术措施、施工方案及新技术、新工艺的安全技术措施的审查工作。

(8)在监理过程中，要求施工单位严格按照工程建设强制性条文进行施工。

(9)签发“暂时停工令”及“复工令”；当施工单位对重大安全事故隐患拒不整改或者不停止施工的，总监理工程师负责立即向有关主管部门报告。

(10)参加重大安全事故调查，提出防范措施，并协助业主单位审查施工单位提出的事故报告，监督安全技术防范措施的实施。

(11)及时处理安全工程师汇报的安全生产相关问题，并指导安全工程师工作。

(12)审核批准安全工程师编制的监理办应急援救方案。

2.安全监理工程师安全监理职责

(1)负责本项目的安全生产监理管理工作。

(2)结合项目情况编制监理办应急援救方案，报总监理工程师审核批准。

(3)督促检查施工单位安全规程和安全施工技术措施的交底情况。

(4)负责审查施工组织设计中的安全技术措施和危险性较大项目或部位施工的专项施工方案，并到现场检查安全施工条件，督促安全措施的执行。

(5)负责施工现场特种作业施工人员上岗证的检查工作，严禁无证上岗。

(6)负责检查施工单位特种设备的检定情况，未经计量部门检定合格的严禁使用。

(7)经常深入现场掌握安全施工的动向，监督施工过程中的人、机、环境的安全状态，对于检查中发现的安全隐患，按隐患的严重程度及时下达“事故隐患督查通知书”或令其暂时停止施工，并督促施工单位切实整改，消除隐患。

(8)督促施工单位做好防汛、防火等材料准备工作；定期对施工现场的重要部位(如易燃、易爆、有毒、有害等危险品存放地)进行安全检查，督促施工单位做好安全防范工作。

(9)对施工现场的违章作业、违章指挥，行使“安全施工一票否决权”，有权令其停止施工，提出安全防范具体要求。

(10)对日常工作中发现及监理人员报告的安全生产问题，及时到达现场提出有效的处理措施，重大问题及时向总监理工程师汇报。

(11)组织施工安全专项检查，解决存在的安全技术问题。

(12)参加安全事故的调查、分析和处理，督促安全技术防范措施的实施并验收。

(13)认真按要求建立健全各类监理办安全监理台账。

(14)认真做好安全监理日志，按时编报安全监理月报。

3.专业监理工程师安全监理职责

(1)协助安全监理工程师做好本专业(标段)施工的安全监理工作。

(2)督促检查施工单位安全规程和安全技术措施的交底情况。

(3)负责审查施工组织设计中本专业安全技术措施和危险性较大项目或部位施工的专项施工方案，并到现场检查安全施工条件，督促安全技术措施的执行。

(4)配合安全监理工程师做好施工现场特殊工种人员上岗证的检查工作,严禁无证上岗。

(5)做好本职工作同时,经常深入现场掌握安全施工的动向,如发现安全隐患及时采取有效的措施(包括现场要求暂停施工)并告知施工单位和安全工程师,及时督促施工单位消除隐患,要求施工单位制订并实施安全施工措施。

(6)切实履行职责,对施工现场的违章作业、违章指挥,行使“安全施工一票否决权”,有权令其暂时停止施工,提出安全防范具体要求,并及时告知安全工程师。

(7)参加施工安全专项检查,解决存在的安全技术问题。

(8)参加安全事故的调查。

4.现场监理员安全监理职责

(1)配合安全工程师和专业工程师进行安全监理工作。

(2)负责施工现场安全施工的监理工作。

(3)督促检查施工班组的安全交底工作。

(4)每天深入施工现场,检查施工现场的安全文明施工情况,督促检查施工中使用劳动保护用具等情况,未穿戴反光背心的施工人员严禁进入施工现场。发现现场安全隐患和安全事故苗头应立即要求施工单位整改,并及时向安全工程师和专业工程师汇报。

(5)做好现场安全监理原始记录。

第三节　安全监理工作的依据、目标与内容

一、安全监理工作的依据

(1)《中华人民共和国安全生产法》、《建设工程安全生产管理条例》、《公路水运工程安全生产监督管理办法》、《工程建设标准强制性条文》(公路、水运工程部分)、《公路工程施工监理规范》(JTG G10—2006)、《公路养护安全作业规程》(JTG H30—2004)等法律法规和标准规范。

(2)由监理办编制、监理单位技术负责人批准实施的包括安全监理内容的项目《监理计划》以及总监理工程师主持制定的《安全监理细则》。

(3)由各施工单位上报,监理办审批通过的施工组织设计、专项施工方案及其他规范性文件等。

二、安全监理工作的目标

受监工程项目不发生重大人身伤亡生产责任事故、重大机械设备事故、重大交通事故、重大火灾事故与多人中毒事故。

三、路面养护工程安全监理工作的主要内容

1.施工准备阶段安全监理的主要工作内容

(1)监理办应结合具体的工程项目实际,对安全监理工作进行周密的计划,根据《建设工程安全生产管理条例》和《公路水运工程安全生产监督管理办法》的规定以及《工程建设标准强制性条文》(公路、水运工程部分)、《公路工程施工监理规范》(JTG G10—2006)和《公路养护安

全作业规程》(JTG H30—2004)的要求，编制包括安全监理内容的项目监理计划，明确安全监理的范围、内容、工作程序和制度措施，以及人员配备计划和职责等，以指导安全生产监理工作。

(2)对互通立交进出口路段、隧道进出口路段、服务区前后路段、上坡路段和中央分隔带开口部路段等危险性较大的部位施工，施工单位都应编制专项施工方案。总监理工程师应在工程开工前，组织各专业监理工程师、安全工程师编制具有针对性的《安全监理细则》。细则应当明确安全监理的方法、措施和控制要点，以及对施工单位安全技术措施的审查方法。

(3)审查施工单位编制的施工组织设计中的安全技术措施和危险性较大的工程的专项施工方案是否符合工程建设强制性标准要求，以及是否满足技术可行、安全可靠的要求。审查应有明确的审核意见、手续齐全。审查的主要内容应当包括：

①专项施工方案是否符合强制性标准要求。

②施工现场临时用电方案或者安全用电技术措施和电气防火措施是否符合强制性标准要求。

③施工中遇雨是否有应急预案等。

④施工单位安全保证体系，包括项目经理、安全管理人员、特种作业人员配备的人员数量及安全资格培训持证上岗情况，是否与投标文件相一致。

⑤施工单位安全生产责任制等安全生产规章制度、安全管理机构和安全教育培训制度的建立、健全情况，督促施工单位检查各分包单位的安全生产规章制度的建立情况。

⑥施工单位资质和安全生产许可证是否合法有效。

⑦特种作业人员的特种作业操作资格证书是否合法有效。

⑧各类上路车辆、设备的检验资料。

⑨施工单位的安全应急救援预案以及针对重点危险部位制定的危险源监控措施。

⑩安全技术措施费的使用计划。

(4)分项工程开工前，应审查施工单位的封道申请是否已经得到交警部门的批准。

2.施工阶段安全监理的主要工作内容

(1)督促施工单位在施工前一天，书面向交警部门和高速公路监控中心上报施工计划，施工单位应在施工当天出工前第一时间以电话再次确认，报告作业地点，经同意并通知监理工程师后，方可开始施工。

(2)检查施工现场各种安全警示标志和安全防护措施是否符合强制性标准要求，并检查安全技术措施费的使用情况。

(3)监督施工单位按照施工组织设计中的安全技术措施和专项施工方案组织施工，及时制止违规施工作业。

(4)定期巡视检查路面养护施工作业情况。检查过程中发现施工单位存在的安全生产隐患应及时督促整改直至要求其停工整顿，隐患消除后，监理工程师应检查整改结果，签署复查或复工意见。施工单位如拒不整改或停工整顿，监理工程师应及时将情况报告业主或行业主管部门，以电话形式报告的，应当有通话记录。

(5)督促施工单位进行安全自查工作，并对施工单位自查情况进行抽查，参加业主单位组织的安全生产专项检查。

第四节　安全监理工作制度与方法

一、安全监理工作制度

1. 安全学习教育和培训

总监理工程师要组织监理人员学习安全相关法规、及时传达安全文件，建立定期安全学习教育和培训制度，并填写《安全教育培训记录》。

2. 安全生产巡视与检查制度

监理工程师应定期或不定期开展安全生产巡视或专项检查工作，及时发现安全隐患，签发《安全隐患整改通知书》，及时要求施工单位整改并反馈安全工程师，安全工程师对整改结果进行验证闭合。

3. 安全监理日志

(1)安全工程师必须独立填写安全监理日志，记录每天安全监理工作内容及注意事项。

(2)专业监理工程师、现场监理员对施工现场发现的安全问题应在监理日志中予以记录。

4. 安全监理月报

安全工程师应根据本月安全监理工作情况，在每月的《监理月报》中编写安全监理工作的内容，作为监理月报的一部分上报业主和监理单位。

5. 安全台账及安全资料归档

安全工程师应按有关规定建立健全监理安全台账，做好各种安全监理相关记录，及时归档，其中安全管理方面的往来文件须建立《安全管理文件汇编》。

6. 安全事故报告和处理制度

施工现场发生生产安全事故后，施工单位应当立即向监理办、业主和当地安全生产监督管理部门报告。总监理工程师和安全工程师应及时到达现场，了解事故发生经过。应当要求施工单位立即启动事故应急预案，或者采取有效措施，组织抢救，防止事故扩大，减少人员伤亡和财产损失，保护事故现场和相关证据。安全工程师应如实填写《安全事故记录》。监理办要配合建设工程生产安全事故调查组的调查，须如实向调查组反映安全事故发生经过、状况。监理办还应根据事故调查组对安全事故的处理结果填写《安全事故处理结果记录》。对发生的安全事故应做到“四不放过”，即事故原因分析不清不放过，事故责任者和群众没有受到教育不放过，事故责任者没有受到严肃处理不放过，没有采取切实可行的防范措施不放过。

二、安全监理工作方法

1. 安全事故隐患督查通知书

监理人员在巡视检查中发现安全事故隐患，或有违反施工方案、法律法规和工程建设强制性标准的，应立即开具《安全隐患整改通知书》，要求限时整改。施工单位收到安全隐患通知书通知后，必须整改并书面回复整改措施和结果，监理工程师应对整改结果进行验证闭合。

2. 暂停施工

监理人员在巡视检查中发现有严重安全事故隐患或有严重违反法律法规、施工方案和工程建设强制性标准的，应由总监理工程师签发“暂时停工令”，立即要求施工单位暂停施工，并及时报告业主单位。“暂停”的部位视工程的情况，可以是整个工程暂停，也可以是局部停工。如遇到下列情况，监理工程师可下达“暂时停工令”：

(1)施工中出现安全异常，经指出后，施工单位未采取改进措施或改进措施不合乎要求时。

(2)对已发生的安全事故未进行有效处理而继续作业时。

(3)安全技术措施未经监理工程师审核而擅自应用时。

(4)未经安全资质审查的分包单位的施工人员进入现场施工时。

安全事故隐患消除后，经监理工程师确认达到安全施工要求，总监理工程师下达复工令，施工单位方可继续施工。

监理工程师下达停工指令后，施工单位仍对安全事故隐患拒不整改或者不停止施工的，监理办应当立即向交通或安全行政主管部门报告，以电话形式报告的，应当有通话记录，并及时补充书面报告。有关主管部门应依法做出处理，以保证施工安全。检查、整改、复查、报告等情况应记载在监理日志、监理月报中。

3. 安全报告

监理办应将月度安全监理工作情况以工程监理月报或单独的安全监理月报的形式向业主或有关安全监督部门报告。

针对某项具体安全生产问题，总监理工程师认为有必要，可向业主或有关安全监督部门作专题报告。

4. 第一次工地会议

安全监理工程师应参加第一次工地会议。总监理工程师应在会议上介绍安全监理的方式、有关要求和具体内容，并向业主单位、施工单位递交书面告知。同时，监理办接受施工单位有关安全监理工作的询问。

5. 工地例会

应将安全生产和安全监理工作列入工地例会的重要议程。安全监理工程师应在会议上对本月施工现场安全生产状况进行分析和总结，提出当前存在的问题，要求施工单位予以改进。

6. 现场巡视

(1)专项施工方案实施时的巡视。对互通立交进出口路段、隧道进出口路段、服务区前后路段、上坡路段和中央分隔带开口部路段等危险性较大的路面施工的全部作业面，监理人员每天应巡视到位，发现安全问题要求整改的，应跟踪到整改到位为止，对暂停施工的，应注意施工方的动向。

(2)其他作业部位巡视。根据现场施工作业情况确立巡视部位。

(3)巡视检查应按《安全监理细则》的要求施行，并做好相应的《安全管理监督检查记录》。

第五节　高速公路养护施工的特点与影响施工安全的因素

一、高速公路养护施工的特点

高速公路养护施工不中断交通，车流量大、车速快，不安全因素多。为了发挥高速公路交通主干线的作用，一般情况下不能中断交通施工，需采取半幅通车，半幅施工的方法，如何保证交通安全和施工安全是高速公路养护施工的难点。

为尽量减少施工对通行车辆的影响，一般要设法尽量缩短作业时间，封闭路段宽度尽量收窄，长度尽量缩短，这样就给施工安全和施工组织带来一定的难度。

高速公路的养护施工要求施工作业速度快，尽量缩短工期，且质量要求较高，这就要求必须有完备的施工力量和严密的施工组织计划。

二、影响高速公路养护施工安全的因素

1. 人的因素

由于高速公路全封闭、全立交、路况良好，驾驶员在驾驶过程中往往警惕性下降，一旦出现问题，反应不及时，易造成交通事故。高速公路行车限速一般在80～120km/h(即22～33m/s)之间，车速增加，停车视距也相应增加，一般停车视距为110～210m。据有关研究表明，不利情况下的停车视距更长，停车视距的增加对高速公路养护作业构成的危险显而易见。

另外，高速行车时，驾驶者的动视力下降，视野变窄，这也不利于养护作业的安全。驾驶员长时间疲劳驾驶、违章超车、酒后驾车、超载行驶，特别是违章超车对养护人员的安全危险性极大。正常情况下的超车，后面的车辆应从超车道超车，但有些司机违章从右侧停车带超车，而部分养护作业车(如每年徒步路况调查等)正好停在停车带。若行车道上两车相距较近，后面车辆从停车带超车时，因驾驶员坐在左侧，右侧会产生视距死角。当司机看到停车带前方行人或车辆时，车辆已驶入停车带，刹车已来不及，极易发生恶性的交通事故。

2. 车的因素

四车道高速公路，在理想情况下，一般其一个断面基本通行能为一车道 1 000 辆标准载货车/h 或 2 000 辆小客车/h，也就是说在高速公路任何一个作业点 1h 内都会受到 1 000～2 000 辆高速行驶车辆的威胁。

汽车的噪声和振动也危及人的心理和生理健康，研究证明，70dB 以上噪声会干扰人的谈话，影响工作效率。长期生活在 90dB 以上的噪声环境，会严重影响听力并引起神经衰弱、头疼、血压升高等疾病。高速公路大型车辆多，波形护栏处测得的行车噪声一般都在 90dB 以上，长期在此进行养护作业的施工人员容易疲劳分神，身心健康和安全受到了很大的威胁。

汽车轮胎爆胎也是高速公路经常发生交通事故的重要原因之一，特别是在夏季，路面温度高达 60℃，若车况不好，极易产生爆胎。此外，汽车车速过高，雨天容易产生“高速水膜滑行”现象，轮胎的摩擦力几乎下降到零，刹车失控，方向盘跑偏，恶性交通事故时有发生。

3. 路的因素

目前，大部分高速公路路面为双向四车道。由于右侧硬路肩宽度偏窄，这就使得养护作业车辆在作业时不得不占用一部分行车道，而占用行车道必然会对养护作业安全构成威胁。

4. 气象因素

雨、雾等恶劣天气出现时，正是路面出现病害须紧急抢修之际，这种情况下，往往还会出现严重超时、疲劳作业，易产生安全隐患。另外，夏季高温会影响人的体力及精神状态，高温条件下长时间在高速公路路面上作业，养护施工人员的注意力容易分散，安全会受到很大影响。

第六节　高速公路养护工程施工安全监理要点

确保施工单位建立健全安全保证体系，并使安全管理措施落实到位，是做好安全监理工作的前提条件之一。事故发生的原因都是多种多样的，但主要是由于人的不安全行为、机械、物质或环境的不安全状态引发的，而最终归纳起来都是由于管理失误造成的，所以安全监理应侧重于安全管理措施的落实，同时兼顾安全技术措施的切实实施，要重点对施工单位的安全管理措施和安全技术措施实施跟踪和监控。

一、现场施工安全监理

(1)加强养护施工安全教育，规范养护作业。要求施工单位必须配备专职的安全管理人员，定期对养护工人进行安全培训，提高养护人员对安全生产重要性的认识，树立安全第一的思想。对路面养护作业施工人员，在每项工程实施前必须进行安全生产技术交底，即由施工单位安全技术管理人员对有关安全施工的技术要求向施工作业班组、作业人员详细说明，并由双方签字确认。

(2)上路的养护作业人员和监理人员必需穿戴反光安全作业服。所有人员活动和物体应严格限定在作业控制区内，严禁横穿通车中的高速公路。

(3)在进行高速公路养护作业时，必须严格按照规定布置养护维修作业控制区，设置警告区(最小长度按照《公路养护安全作业规程》表3.0.2选取)、上游过渡区(应使车流变化平缓为宜，最小长度按照《公路养护安全作业规程》表3.0.3选取)、缓冲区(最小长度为50m)、工作区(根据养护维修作业实际需要确定)、下游过渡区(最小长度为30m)和终止区(最小长度为30m)等。区间内统一按标准制作并设置"前方施工"标志、"禁止超车"标志、"前方车道变窄"标志、"禁止通行"标志、导向标志及限制速度标志等。上游过渡区起点至下游过渡区终点之间应设置锥形交通路标；缓冲区与工作区交界处应设置路拦。控制区内交通标志的设置必须合理、前后协调，起到引导车流平缓变化的作用。需临时占用车道时应该由指挥交通的人员提前对高速公路上的车辆按有关规则和要求，合理地引导、限制和组织，以保证驾驶员和养护作业人员的安全。对移动养护维修作业，应按规定对养护设备(黄色)配备移动性施工标志。

(4)在养护作业时，尽量减少作业点或避免完全封闭交通。作业时，必须按作业控制区交通控制标准设置相应的渠化装置和标志，并指定专人负责指挥交通。作业车上应设置施工警示灯号，并可设置移动标志车。

(5)应尽量避免在夜间或雾天进行养护维修作业，如确需在夜间、雾天施工时，必须设置齐全的作业警示灯，该灯具能发出500m以外清晰可见的连续、闪烁的黄光，并应在作业控制区两端安排专人值守。夜间施工还应设置覆盖整个作业区域的照明设施。

(6)在半幅封闭半幅通车的路段施工，当需要布置改变交通流方向的作业控制区时，可利用两端中央分隔带临时开口，开口宽度应不小于30m，并且开口两端应保证视线通畅。

(7)路面养护施工当日挖除面层后形成的坑槽必须当日填补完毕，并设置警示标志以保证行车安全。当发现直接危及行车安全的病害，应立即指令施工单位修复或采取临时过渡措施后再按规范要求予以修复。

(8)在开放交通条件下进行特大桥桥面和隧道内或占用整幅车道进行长时间养护维修作业时,施工单位应编制控制区交通管制方案,说明作业位置、作业时间、作业范围(附草图)、作业人员和设备以及拟采取的安全措施,报监理工程师审批,经业主、交警和高速公路监控部门同意后,方可上路施工。

(9)养护作业的安全设施应始终处于良好的工作状态,在未完成养护作业之前,任何人不得随意撤除或改变安全设施的位置、扩大或缩小控制区的范围,以有效地保证养护维护作业区的安全。当作业完成后,应顺着交通流方向撤除有关安全设施。

(10)积极推广机械化养护作业,采用先进的养护设备,迅速、优质、高效地处理路面病害,减少养护人员在路上作业时间,提高养护作业的安全性和时效性。

(11)机械操作人员应持有上岗证书。要加强对施工机械设备、车辆的保养维修和管理,保证上路机械设备和车辆状况良好,灯光齐全。禁止在机械运转中进行保养维修。

(12)沥青混合料摊铺机摊铺作业时,驾驶台及作业现场要视野开阔,清除一切有碍工作的障碍物。作业时,无关人员不得进入驾驶台,驾驶员不得擅离岗位。

(13)运料车向摊铺机卸料时,应有专人指挥,协调动作,同步进行,防止互撞。

(14)养护用车辆和机械设备必须按标准涂以鲜明的桔黄色标志,并配以黄色警示灯,避免事故发生。

(15)严格执行国家有关劳动保护方面的规定,保障养护作业人员的生命安全。发现有作业禁忌者,应及时调离作业岗位。

监理工程师现场安全检查的重点是:①是否按安全作业规程的规定布置养护维修作业控制区;②警示标志牌的数量及设置是否满足要求;③预警车辆是否在现场正常工作;④施工车辆的进出是否符合安全作业规程的规定;⑤施工人员是否有不安全行为;⑥施工安全管理人员是否在现场进行有效的施工安全管理等。

二、拌和站安全监理

沥青拌和设备是沥青路面施工的关键设备,做好沥青拌和设备的生产组织与管理,使设备正常运转,对工程质量和安全生产起着决定性作用。

在沥青拌和设备的使用管理上,应实行安全生产责任制,机长为第一责任人,签订责任书,层层落实责任,做到“一岗双责”。操作手、机修人员、电工协助机长做好本职工作,对机长负责。沥青拌和设备运行当中,机长协调机组成员工作,做好生产组织与管理。

拌和站的安全监理应着重做好以下几个方面工作:

(1)全体机组人员都要经专业技术培训和安全生产培训及工前安全技术交底。

(2)操作人员和机修人员均须实行持证上岗。非专业电工,严禁从事强电维修作业;没有弱电知识和随机工作经验,不允许对设备上的弱电控制系统进行维护;操作人员应具备遇特殊情况采取应急措施的能力。

(3)机组操作和维修人员都必须遵守设备安全操作规程,不得从事非本岗位、本工种作业。

(4)沥青混合料拌和站的各种机电设备,在运转前均需由机工、电工和操作人员进行详细检查,确认正常完好后才能合闸运转。

(5)机组投入正常运转后，各工种人员都要随时监视各部位的运转情况，遵守劳动纪律，不得擅离岗位。有事离开时，必须进行技术交底。

(6)厂区要装备安全设施包括避雷器、消防器材，所有人员要懂安全器械的应用。防碰撞标志、标牌要齐全、醒目。

(7)搅拌机运行时，不得使用工具伸入滚筒内清理或掏挖。如需进入搅拌鼓内工作时，鼓外要有人监护。

(8)料斗升起时，斗下严禁有人工作或站立。检查料斗时，应挂好保险链。

(9)燃油管理要加设特殊安全防范措施，如设置挡火墙和明显的防火警示标志等。

(10)出现不正常情况要立即停机检修，严禁设备运转时进行保养和调试工作。

第五章　环境保护监理

第一节　环境保护监理的重要性

环境保护是我国的一项基本国策。党的“十七大”明确提出要建立生态文明，树立和落实科学发展观，即“坚持以人为本，树立全面、协调、可持续的发展观，促进经济社会和人的全面发展”。随着我国社会持续进步和经济快速发展，环境保护和可持续发展已成为整个社会面临的重大课题之一。

公路工程是线形带状结构物，公路养护工程项目的付诸实施，将对沿线生态环境、水环境、空气环境、声环境等带来负面影响。过去，国家对建设项目实施环境管理主要是通过建设项目环境影响评价和“三同时”两项制度，在管理上仅侧重于建设项目的环保审批和环保竣工验收，忽视了施工过程中对生态破坏、环境污染等的环保监理，未能对建设项目的全过程实施有效的环境管理，因工程施工而造成的生态破坏和环境污染现象时有发生。实行建设项目环保监理，加强建设项目施工阶段的环境管理，控制施工阶段的环境污染和生态破坏势在必行。

为了有效地控制工程施工阶段的生态环境影响和环境污染，从 20 世纪 90 年代末起，我国相继在一些生态环境影响突出的国家重点工程开展了施工期工程环境监理试点。2002 年 10 月，国家环保总局会同交通、铁道等行业主管部门联合下发的《关于在国家重点建设项目中开展工程环境监理试点的通知》，确定了沪瑞国道邵怀段等 4 个交通试点工程，标志着公路工程施工环保监理正式启动。2004 年，交通部下发了《关于开展交通工程环境监理工作的通知》，公路工程施工环境保护监理工作进入实质性阶段。随后，交通部制定了《开展交通工程环境监理工作实施方案》，并组织编写了《公路工程施工环境保护监理教材》。在 2006 年修订发布的《公路工程施工监理规范》(JTG G10—2006)中，还增补了环境保护监理的内容。交通部于 2007 年 4 月下发的《关于在公路水运工程建设监理中增加施工安全监理和施工环保监理内容的通知》，要求在现有公路、水运工程监理管理体制和监理组织体系框架下，将施工环境保护融入监理职责当中。监理人员要按照法律法规规定，依据有关规范，信守监理合同，切实履行施工环保监理职责。这些为进一步规范和落实公路工程环境保护监理，使之更加适应当前建设项目环境保护工作的需要，打下了坚实的基础。

按照建设资源节约型、环境友好型社会的要求，高速公路养护工程不仅局限于以往满足运输要求的公路本身的功能作用，而且必须重视保护沿线的生态环境，不仅使高速公路本身形成快捷、舒适、安全的行车环境，还要创造沿线绿色生态环境，形成优美的道路景观。为此，必须确立公路工程建设与自然环境协调发展的系统观点，牢固树立环境保护意识。

第二节 施工环境保护监理的概念与原则

施工环境保护监理，是指监理单位受业主单位的委托，依法对施工单位在施工过程中影响环境的活动进行监督管理，确保各项环保措施满足公路施工环境保护的要求。

公路施工环境保护监理是针对施工过程环境保护的全方位、全过程的监理。与现行的施工工程监理相比，施工环境保护监理是一个新生事物，是对工程建设监理制度一个重要的充实，成为工程监理的重要组成部分，但由于其工作内容不仅仅局限于工程本身，涉及到环保技术，因此具有其特殊性。

环境保护监理应坚持以下原则：

(1)建立项目业主主导下的，全员参与、全方位、全过程的项目环境保护管理体系

环境保护监理涉及的相关方比较多，既有工程项目参建方——项目业主、设计、施工、监理单位，又有工程所在地各级政府(如环保、水保主管部门)、沿线居民、企事业单位等，环保监理工作的开展涉及各方的权利和利益。因此，搞好环保监理工作的前提，是必须建立高效运行、全员参与、全方位、全过程的项目环境保护管理体系。项目业主在工程项目管理中处于中心地位，承担项目策划、指挥、控制以及内外部总体协调任务。项目业主在编制施工招标文件时应将有关环境保护条款纳入其中。只有在施工承包合同中明确规定施工单位的环境保护的责任和义务，同时，项目业主对环保监理给予大力支持，并明确授权，环保监理工作才能顺利开展。

(2)全员参与，预防为主

由于每一位工程参与者的工作行为(如施工活动、监理活动等)和生活行为(如生活废弃物的处置等)都会对环境产生直接或间接的影响，因此，环境保护监理不应只是环保监理工程师的事情，它是参建各方、每一位工程参与者义不容辞的共同责任。在工程正式开工前，业主、监理和施工单位应对员工广泛开展环保知识的宣传、教育和培训，树立“环境保护，从我做起”的思想意识。通过工地会议，使参建单位明确养护工程项目的环保目标以及各自的环保职责和环保监理的程序。环保不是监理单位的“独角戏”，只有广大工程建设者都具备了环保理念、环保意识和环保知识，在项目环保这个大系统中，才有相互沟通配合的良好基础，也才能共同努力实现工程项目的环保目标。

第三节 路面养护施工环境影响因素分析

综合分析高速公路路面养护施工期对环境的影响要素，主要包括：

(1)影响大气环境的拌和站的扬尘、沥青烟、废气。

(2)影响声环境的施工机械噪声。

(3)影响水环境的施工机械的含油污水及油料泄漏造成油污染，集料冲洗污水、沥青、油料、化学品等因保管不善以及施工人员的生活污水、垃圾直接排入水体引起的水质污染。

(4)拌和站临时用地及原材料运输撒漏和堆放等对周边农田的影响。

(5)沥青混合料(水泥混凝土)拌和废料、路面铣刨(凿除)废料和拌和站回收粉尘的无序丢弃。

第四节　环境保护监理的任务

公路施工环境保护监理是针对施工过程环境保护的全方位、全过程的监理，主要任务就是以环境保护法律法规、监理规范和监理合同中有关的条款等作为工作的主要依据，对工程建设过程的环境污染和生态破坏防治及恢复的措施进行监督管理。

公路路面养护工程环境保护监理的工作内容主要包括：各项施工过程应符合环保要求，施工噪声达标，废气、污水等污染物达标排放，减少并合理处置固体废物，防止生态环境破坏。

1.对生态环境保护的监理

生态环境保护监理的重点在于确保路面养护施工过程对高速公路沿线自然保护区、水源保护区、风景名胜保护区，以及农业保护用地或其他特殊用地等敏感区域的影响降低到最低限度，还应对恢复原有植被及耕地的措施进行监理。

2.对生产废水和生活污水的处理措施的监理

对路面养护施工过程中生产和生活污水的来源、排放量、水质指标等进行监理，检查和监测是否达到了规定的排放标准。

3.对固体废物处理措施的监理

固体废物处理包括路面铣刨(凿除)废料、混合料废料和生活垃圾的处理，达到保证工程现场清洁整齐和不污染环境的要求。

4.对大气污染防治措施的监理

对施工区域大气污染源(主要是路面摊铺施工和沥青混合料生产过程中产生的废气、粉尘、运输和材料堆场扬尘)及相应的防治措施进行监理。对污染源要求达标排放，对施工区域及其影响区域应达到规定的环境质量标准。

5.对噪声控制措施的监理

对产生强烈噪声或振动的拌和站、车辆机械等污染源，按规范要求进行防治，要求施工区域及其影响区域的噪声环境质量达到相应的标准，避免噪声扰民。

第五节　环境保护监理的依据

环境保护监理的依据主要有以下几个方面：

(1)《中华人民共和国环境保护法》、《建设项目环境保护管理条例》等国家、行业、地方有关环境保护法律法规。

(2)《大气污染物综合排放标准》、《污水综合排放标准》、《城市区域环境噪声标准》、《建筑施工场界噪声限值》等国家有关环境标准。

(3)《公路工程施工监理规范》(JTG G10—2006)。

(4)工程设计文件。

(5)监理服务合同、施工承包合同以及有关补充协议。业主单位与监理单位签订的监理服务合同，以及有关的补充协议，都明确规定了监理单位在环境保护监理方面的权利、责任和义务，是监理单位开展工作的直接依据。

(6)施工过程中的会议纪要及有关文件。在施工过程中根据实际情况需要形成的会议纪要、有关文件，可以作为环境监理的依据。

第六节　环境保护监理的工作程序与工作方式

一、环境保护监理的工作程序

(1)在总监理工程师的主持下，依据监理服务合同、设计文件以及施工合同、项目《监理计划》等，编写项目《环境保护监理计划与监理细则》。环保监理计划与监理细则是养护项目《监理计划与监理细则》中的独立章节，它既是开展环境监理工作的指导性文件，又应具有较强的可操作性。它应明确环保监理的目标、依据、范围、内容和程序，在广泛收集工程信息和资料的基础上，提出环保监理的重点、难点、具体措施和方法步骤。

(2)依据编制的环境监理计划与监理细则，开展施工期环境监理。

(3)工程交工后编写环境监理总结报告，整理监理档案资料，提交业主。

(4)参与工程竣工验收。

环境监理工作程序如图 5-1 所示。

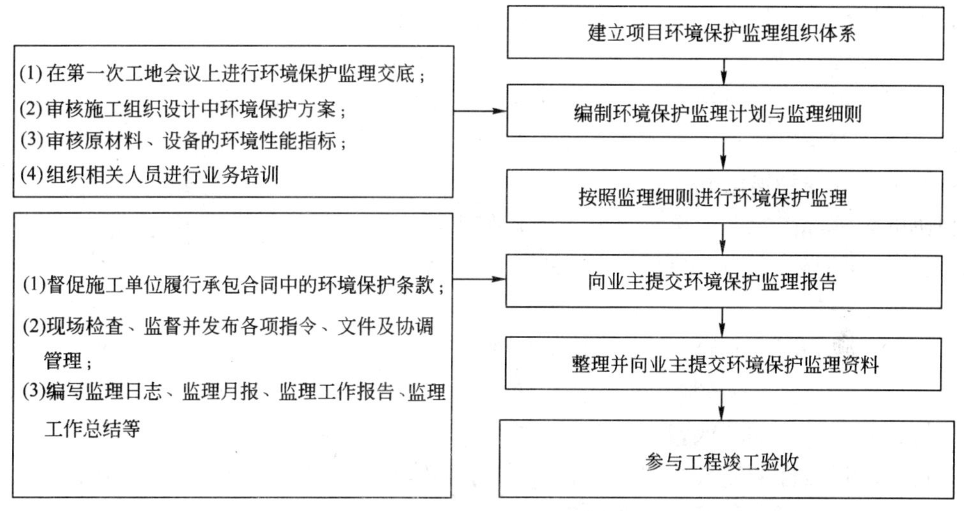

图 5-1　环境监理工作程序框图

二、环境保护监理工作方式与监理措施

监理人员对高速公路路面养护施工活动中的环境保护工作按照施工进程实施动态管理。施工现场巡视是工程环保监理的主要工作方式之一。监理人员根据工程项目施工区污染源分布的实际情况不定期对各个工点进行巡视，对于敏感的施工地段，巡视频率应适当增加。通过巡视，发现环保问题及时纠正，使施工期各项环保措施落到实处。巡视期间监理人员通过与施工作业人员交流，询问操作规程，了解其是否知道有关的环保要求，从而判断施嗥单位是否对施工人员作了前期环保培训，以确保施工中各项环保措施落实到位。

巡视监理的情况，都应予以详细记录。

监理过程中如发现环境污染和生态破坏，监理工程师应立即通知施工单位限期整改。一般性或操作性的问题,可以采取口头通知形式。口头通知无效或有环境隐患时,应发出书面的监理通知,要求施工单位整改,并根据施工单位的书面回复检查整改结果,对整改结果加以验证。严重的环境问题,还应同时向业主汇报。

监理工程师有权在发生环境污染和生态破坏等突发环保事故的情况下,发布"暂时停工令"。

应将环境保护列入工地例会议程,会上要检查环境保护措施,就上一阶段的环保工作进行小结,同时安排下一步的环保工作,对环保措施提出要求。

第七节　环境保护监理工作的内容

对高速公路路面养护施工而言,环境保护监理一般应包括以下几个方面的内容。

1. 施工准备阶段的环境保护监理工作

(1)参加设计交底,熟悉设计文件,明确项目实施过程中的具体环保目标。

(2)审查施工单位的施工组织设计和开工报告,对施工过程的环保措施提出审查意见。

(3)审查施工单位的临时用地方案是否符合环保要求,临时用地的恢复计划是否可行。

(4)审查施工单位的环保管理体系是否责任明确,能否有效运作。

(5)主持第一次工地会议,对工程的环保目标和环保措施提出要求。

2. 施工阶段的环境保护监理工作

(1)对施工现场进行巡视检查或旁站监理。

(2)向施工单位发出环保工作指令。

(3)检查环境保护措施和成果。

(4)协助主管部门和业主单位处理突发环保事件。

(5)建立、保管环境保护监理资料档案。

(6)参加工地例会。

3. 交工及缺陷责任期的环境保护监理工作

(1)参加交工检查,确认现场清理工作、拌和站、材料堆场等临时用地的恢复等是否达到环保要求。

(2)检查施工单位的环保资料是否达到要求。

(3)评估环保目标的完成情况,对尚存的主要环境问题提出处理的方案和建议。

(4)完成缺陷责任期环境保护监理工作。

为制定环保措施以及为判断环保措施执行效果,以便调整监理力度提供必要的依据,监理工程师宜不定期地进行环境监测,重点是沥青拌和站的空气质量和施工噪声等。

为了保证环境监理工作的顺利实施,必须形成一套行之有效的监理工作制度,如环境监理工作记录制度、环境监理报告制度、环境监理函件来往制度、工地例会制度等。

第八节　环境保护监理的重点

环境保护监理是对可能造成环境污染和生态破坏的施工活动和行为进行监督管理。监理工程师应按照事前审批、过程控制和施工验收 3 个环节对施工全过程的环保措施进行严格把关,有效控制施工活动对环境的影响。通过事前、事中、事后一系列程序化的监控,使各项控制内容满足合同要求和相关技术规范、技术标准的规定。归纳起来,应掌握以下要点。

1. 事前控制严"审批"

施工准备阶段监理工程师要严格审批施工组织设计、施工方案和开工报告(总体、分部工程)中的环保措施,认真审核并提出改进意见,环境保护措施不力或不落实的不允许开工。检查督促施工单位的各项开工准备工作,各项检查合格后方允许施工单位开工。例如对材料堆场等临时用地和拌和站选址及临时排水设施等应严格进行审批。拌和站选址与运行不当,将对人体健康等产生较大危害。监理工程师应对以下方面加强控制:①要充分考虑沥青烟气中含有的强致癌物质苯并芘的有毒有害性以及粉尘污染,其拌和设备污染物排放应符合《大气污染物综合排放标准》(GB 16297—1996)中的一级标准的规定;②拌和站须远离人群活动密集区、水源保护区及敏感植物类群,应设在离开居民区、学校等环境敏感点300m以外的下风处,且不能采用开敞式或半封闭式沥青熬化作业;③保护土地资源是环境保护的重点,拌和站选址应尽量占用荒地、荒山,少占良田,尽可能减轻其选址对环境的不利影响。

监理工程师应对全线废料的处置方式进行审核。采用废料集中弃置的,监理工程师应对堆弃料场进行实地踏勘,做到心中有数,提出切实有效的控制措施。

2. 事中控制抓"重点"

监理工程师在施工过程中应始终抓住控制的重点,即废弃物的处理、沥青拌和站运行和废水的达标排放。

1)废旧沥青混合料的处理

公路路面养护施工中,路面铣刨会产生大量的废旧沥青混合料,由于沥青废渣中含有多种致癌物质,尤其是强致癌物质苯并芘,其处理不当会严重破坏环境,造成污染。因此,规范废弃料处理是环保监理不可忽视的重要环节。当废料不能再生利用时,施工单位应将施工及生活中产生的废弃料及时集中处理,运至监理工程师或当地环保部门同意的指定地点弃置,挖坑并进行防渗处理后,将沥青废渣倒入填埋,顶面覆土厚度至少1m,并竖立永久性沥青废渣填埋标志。应注意避免阻塞河流、泄洪系统或污染水源,并防止汛期淹没农田或村庄。如无法及时处理或运走,则必须设法防止散失。不允许将任何施工废弃料和生活垃圾弃置到高速公路中央分隔带、边坡、边沟、桥下等处,防止沥青废渣等扩散和污染。

对路面铣刨产生的废料,宜选用再生技术,变废为宝,用于低等级公路路面加铺,既可保护环境,又可节省投资,加快公路建设,一举两得。另外,路面废料还可用于土路肩的加固。

2)拌和站运行

拌和设备配料除尘装置应保持良好的除尘效果;沥青储存装置应确保密封,防止泄漏;为减少施工作业产生的灰尘,场地应硬化处理,应随时进行洒水或其他抑尘措施;易引起粉尘的细料或松散料应予遮盖或适当洒水润湿,运输时应用帆布、盖套及类似遮盖物覆盖;在这些场所作业的工作人员,应配备必要的劳保防护用品;机械设备的运转,要尽量减少噪声;施工场地的噪声应符合《建筑施工场界噪声限值》(GB 12523—1990)的规定,并应遵守当地有关部门对夜间施工的规定;施工过程中剩余的废弃料必须及时收集堆放到弃料场集中处理,不得随意抛弃;拌和站应配备临时污水汇集设施和沉淀池,所产生的废水,应处治后排放,不得直接排入鱼塘、河流和农田。

3)废水达标排放

施工及生活中产生的污水或废水,应集中处理,经检验符合《污水综合排放标准》(GB

8978—88)后，才能排放到河流或沟溪中。施工单位不得将含有污染物质或可见悬浮物质的水，排入河流、水道或灌溉系统中。施工机械应防止严重漏油，禁止机械在运转中产生的油污水未经处理就直接排放，或维修施工机械时产生的油污水直接排放。

4)扬尘控制

施工单位在集料的运输过程中应控制扬尘、杜绝漏洒材料。

5)噪声控制

施工单位应通过有效的技术手段和管理措施将施工噪声控制到最低程度。当施工工地距居民区距离小于150m，施工单位不得夜间安排噪声很大(55dB以上)的施工作业。

在施工过程中，施工单位应对由于废气、废物、扬尘、排污、噪声、材料泄漏等原因对周围居民和环境所造成的损失后果负责。

3.事后控制查"恢复"

在施工结束后，监理工程师应监督施工单位对临时用地进行修整、清理和生态恢复。在工程交工前，监理工程师应重点检查施工单位进行生态环境恢复的情况。即废弃渣处理、临时设施拆除(如临时用房等的拆除)、道路(便道、便桥)及拌和场地平整、生活及建筑垃圾的处置等，并逐项进行检查验收。

督促施工单位整理有关环境保护的合同文件和技术档案资料。督促施工单位完善项目环境保护工作。

施工场地平整、废弃料及垃圾处置、控制扬尘、降低噪声、达标排污等一切与环保有关的作业而产生的相关费用包含在合同价之中，不再另行计量与支付。

第九节　环保技术的应用

高速公路路面养护施工中铣刨路面会产生大量的沥青混凝土废料，对废弃料的处置不当，将不可避免地对环境产生不利的影响。高速公路路面养护施工如果能够对废料加以利用，就可以收到节约资源，降低成本，保护环境的良好效果。近年来，路面再生等技术在国内得到越来越广泛的应用。

一、路面热再生技术

所谓再生就是对原有物质的再利用。路面热再生技术分为就地热再生法和厂拌热再生法。就地热再生法是一种就地修复破损路面的过程，它通过一组热再生机组，就地对可利用的沥青路面加热软化，再通过机组中的刨铣装置将旧沥青料收集起来输送到机组搅拌机上，再和沥青粘合剂混合，添加新集料、补充新沥青，搅拌后送至机组的摊铺器上，摊铺、捣实、熨平，再用压路机碾压成形。就地热再生法的最大处理深度为5cm，多用于基层承载能力良好，面层因疲劳而龟裂的路段，特别适用于老化不太严重，但平整度较差的路面。

厂拌热再生法就是将旧沥青路面经过翻挖后运回拌和厂，再集中破碎，根据路面不同层次的质量要求，进行配合比设计，确定旧沥青混合料的添加比例，再生剂、新沥青材料、新集料等在拌和机中按一定比例重新拌和成新的混合料，从而获得优良的再生沥青混凝土，铺筑成再生沥青路面。利用这种方法，可以方便对已被翻挖的基层甚至路基的一些地段进行有效的补强，沥青层的重铺则可以像新路施工一样，分别按下面层、中面层、上面层(磨耗层)的不同技术要求进行配合比设计，确定旧沥青回收料的添加比例。采用这种方法，施工质量相对比较稳定，出料温度和配合比也便于控制，但与就地热再生技术相比成本相对较高。

热再生沥青混合料用于高速公路中、下面层，必须经试验、总结、评定合格后才能使用。

二、路面冷再生技术

路面冷再生技术分为就地冷再生法和厂拌冷再生法两种。就地冷再生法是用大功率路面铣刨拌和机将路面混合料在原路面上就地铣刨、翻挖、破碎，再加入沥青类添加剂（稳定粘结剂）包括乳化沥青（含聚合物或不含聚合物）、2%～5%的泡沫沥青、再生剂、使用1%～2%的水泥或石灰作为化学类添加剂、水和集料，同时用路拌机就地搅拌均匀，重新摊铺再生材料，最后碾压成形。路面面层就地冷再生维修适用的路面处理厚度约为6～13cm。应用路面面层就地冷再生技术的基本条件是：路面结构强度符合承载要求和道路排水设施完好。如果道路结构层变形或受到破坏，冷再生前就应首先对路面结构层进行补强处理。

厂拌冷再生法，其混合料的拌和质量与就地再生法相比容易得到控制和保障。采用厂拌冷再生技术，可预先对旧混合料进行破碎筛分处理，确保再生混合料的均匀性与级配。厂拌冷再生路面不宜作为路面面层使用，需要在其顶面进行罩面或封层处理。

路面冷再生技术的应用需要有良好的路基性能作支撑，适合于修复路面松散、车辙、水损、反射裂缝等病害。与热再生技术相比较，冷再生技术的主要优点有：

（1）100%的利用了原有路面的材料，节省了材料、运输费用和能源消耗，与其他传统的施工方法相比，可节省总投资40%～50%。

（2）由于无需对旧料实施运输和破碎，提高了路面维修速度和生产率。

（3）冷再生对废旧沥青混合料不需要加热，从而大大节省了能源和成本，不产生有害废气，具有很高的环保性。这些特点使得冷再生技术具有良好的发展前景。

总之，路面再生技术由于其充分利用原有路面材料，从而避免了将沥青废弃料清理转移对环境造成的不良影响，同时减少了由于开山取石对环境的破坏。路面再生施工产生的振动、噪声比其他养护施工方法要小，也有利于环保。

三、废料加固土路肩施工方法

土路肩废料加固施工方法就是利用路面养护施工时铣刨产生的沥青废料进行土路肩加固的一种施工方法。

废料加固土路肩应在该路段罩面施工完成后进行，且按照设计图纸及监理工程师的指示施工。在废料加固前，对已罩面路段的土路肩，先用人工清除表面杂草、杂物等松散层，采用沥青废料回填，回填厚度不少于6cm，具体由监理工程师现场确定。整平并用小型碾压设备夯实，并按原设计控制横坡、宽度。最后，表面宜采用均匀喷洒乳化沥青，用量以表面硬化效果明显为准，建议每平方米不少于1kg。为确保波形梁护栏及立柱不受污染，在喷洒乳化沥青前，先用编织袋等将立柱包好，喷洒时尽量将喷头放低，以防乳化沥青飘洒在护栏板上。土路肩废料加固施工时要注意与硬路肩交接处的路面及下边坡清洁和不受污染，同时要注意护栏立柱周围培土夯实，其间无缝隙。

质量要求是：加固层与硬路肩应搭接平顺，表面平整密实、排水畅通，宽度、厚度、横坡符合规定要求，并起到加固和硬化作用。

第六章 工程进度监理

第一节 工程进度监理的特点

高速公路路面养护工程在进度监理方面有不同于新建工程的特点：

(1)高速公路路面养护工程合同工期较短，一般为当年的4月～10月，因此编制进度计划必须紧凑，执行进度计划必须严密，否则一旦出现延误，留给赶工的时间十分有限，工期延长的风险较大。

(2)考虑到养护工程封道施工对高速公路收费运营的经济效益和行车安全都会产生直接不利的影响，必须采用及时性、快速性、规范性养护，减少养护作业对正常交通的干扰，因此业主对工期必然有严格的要求，不允许延误。

工程进度监理的目标是：在确保养护工程质量符合设计文件及技术标准规范要求以及安全的情况下，按期交工，养护路段恢复通车。工程进度监理是履行监理服务合同的重要方面，进度监理贯穿于整个施工过程中，监理工程师应以计划控制为主线，认真审查施工单位提交的各类进度计划的合理性和可行性，监督施工单位有效贯彻执行，并根据工程进展情况及进度目标的要求，通过调整进度计划等措施，保证工程按期交工。

第二节 工程进度监理的程序与主要影响因素

一、工程进度监理的程序

进度监理的基本程序为：审查进度计划→监督进度计划的执行→将计划进度与实际进度进行比较，找出偏差→调整进度计划→监督执行。

进度监理的程序如图6-1所示。

二、工程进度的主要影响因素

影响路面养护工程进度的因素主要有：

(1)外部环境干扰，如封道申请的审批受警卫任务、安全事故等诸多因素的影响。

(2)业主养护计划的变更，如临时增加养护工程量等。

(3)降雨、台风等不利的天气或灾害。

(4)工程变更或图纸供应不及时。

(5)施工机械不足或不配套。

(6)材料备料不足或供应不及时。

(7)发生质量事故或安全事故。

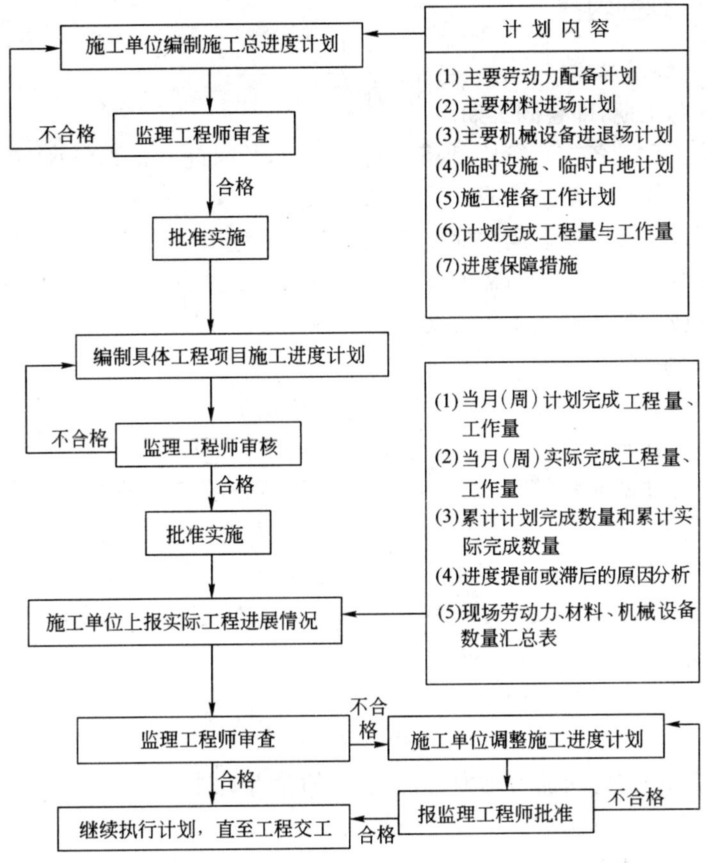

图 6-1　工程进度监理程序图

(8)施工工序干扰。
(9)资金不足。

第三节　工程进度计划的种类与内容

进度计划是工程项目实施前，以实现合同工期为目标，所做的预先的统筹安排。进度计划是对工期目标的分解和落实，也是对工程进度进行动态控制的依据和手段。

一、工程进度计划的种类

高速公路路面养护工程进度计划主要有以下 3 种：总进度计划、月进度计划和周进度计划。由于路面养护工程合同工期较短，为加强进度监控的力度，避免进度失控，采用编制周进度计划的办法，可以缩短进度信息反馈的时间，加大进度偏差调整的频次，确保总进度计划的实现。

二、工程进度计划的内容

1. 总进度计划的编制内容

(1)项目工程的总工期,即合同工期。

(2)完成各单位工程及各施工阶段所需工期、最早开始时间和最迟结束时间,确定合理的进度曲线(明确进度曲线的上限和下限)。

(3)各单位工程及各施工阶段需要完成的工程量及工程用款计划。

(4)各单位工程及各施工阶段所需配备的劳动力和机械设备数量。

(5)各单位工程或分部工程的施工方案和施工方法等。

2. 月进度计划的编制内容

(1)本月计划完成的分项工程内容(具体桩号、部位)、工程量(数量及资金额)。

(2)为完成本月计划所需劳动力、机械设备的投入安排。

(3)在满足总进度计划的前提下,对各单位工程及各分项工程进度计划进行调整的详细说明。

(4)上月计划进度落实情况及未完成计划的原因分析。

月进度计划时间一般为本月 26 日至下月 25 日,应于本月 25 日前上报监理办,监理工程师审查后报业主审批。

3. 周进度计划的编制内容

(1)本周计划完成的工作内容、工程量及顺序安排。

(2)为完成本周工作内容所需劳动力、机械设备的投入安排。

(3)进度影响因素分析及说明。

周进度计划一般应于每周五上午上报监理办,监理工程师审查后报业主。

在计划实施过程中,以周进度计划为指导,实行日施工安排报告制,通常以短信或电话的方式报告监理工程师及业主。

第四节 工程进度计划的审查与监督执行

一、工程进度计划的审查

监理工程师应重点审查工程进度计划的合理性和可行性,必须始终抓住以下环节:

(1)施工总工期是否符合合同工期。

(2)进度计划是否反映了施工中的全部活动及其相关联系。各单位(分部、分项)工程的施工顺序是否符合进度计划,工序安排是否恰当。影响工期的关键节点安排是否合理。

(3)编制的进度计划是否分析了可能的施工障碍,是否充分考虑了雨季、台风等不利气候条件对工程进度的影响,是否留有余地,并制定有效预防和应急措施。

(4)劳动力、技术管理人员、试验人员的配置是否与进度计划相适应。

(5)机械设备进场计划是否符合进度计划的安排。

(6)各阶段计划工程量与施工单位劳动力和机械设备的实际状况是否相适应。

(7)进度计划的内容是否完整,是否包含进度图表、保证措施和文字说明。

监理办应在合同规定的时间内对施工单位提交的进度计划提出明确的审批意见。

二、进度计划的监督执行

1.进度监理的方法

(1)建立工程监理日志制度,详细记录工程进度、进度障碍、工程变更、施工质量和安全、工地洽商等与施工过程有关的必须记录的事项。

(2)监督已批准的进度计划的执行,特别应注意到场劳动力、原材料、机械设备与原进度计划是否相符。如有不符,应要求施工单位纠正。

(3)采用S曲线图、横道图、直方图等工程进度曲线,随时掌握工程进度情况。通过对计划进度与实际进度的动态比较,作为要求施工单位加快工程进度、调整进度计划,或采取其他合同措施的依据。如果在计划执行过程中发现偏差,应要求施工单位采取措施及时调整计划,以保证工期目标的实现。

(4)定期(按月或周)向业主提交进度报告。对有可能导致工程延期的关键节点,监理工程师要监督施工单位投入足够力量和采取适当的技术、经济和组织措施,并有权发出指令直至警告。当施工进度可能导致合同工期严重延误时,监理工程师有责任及时向业主提出赶工直至中止合同执行的详细书面报告。

2.进度计划的检查

(1)每周进度计划检查记录

编制每周进度检查记录,按分项工程或工点对实际进度进行记录,并定期(周、月)汇总报告,并作为对工程进度进行掌握和决策的依据,每周进度检查记录主要记录并报告以下事项:

①本周实际完成及累计完成的工程量。

②本周实际投入施工的劳动力、机械设备数量。

③本周闲置的人力、机械设备数量及其原因。

④本周施工单位的技术管理人员到场的情况。

⑤本周发生的影响工程进度的事件及原因。

⑥本周的天气情况等。

(2)每月工程进度报告

根据现场监理人员提供的每周施工进度记录,及时进行进度统计,并通过分析和整理,每月向业主提交一份本月工程进度报告,月工程进度报告应包括以下主要内容:

①概述。对计划进度执行情况进行分析。

②工程进度。应以工程数量清单所列项目为单位,编制工程进度累计曲线、月施工台账及分项工程完成数量汇总表。

③工程图片。应显示主要施工活动及进展情况。

④进度障碍。应主要记述影响工程进度或造成工期延误的因素及解决措施。

3.进度计划的调整

(1)进度符合计划

在工程实施期间,如果实际进度与计划进度基本相符时,监理工程师不应干预施工单位执行进度计划，应提供和创造各种外部条件，及时调查处理妨碍工程进展的不利因素，促使工程按计划实施。

（2）进度计划的调整

监理工程师发现工地现场的施工安排或劳动力和机械设备状况与进度计划中的方案存在较大差异，并造成实际进度滞后计划进度较多时，应要求施工单位对原工程进度计划予以调整，调整后的工程进度计划应符合工地现场实际情况并应保证在合同工期内按期完工。

调整工程进度计划，主要是调整关键线路上的施工安排。对于非关键线路，如果实际进度与计划进度的差距并不对关键线路的实际进度产生不利影响时，监理工程师可不必要求施工单位对整个工程进度计划进行调整。

若因故不能完成进度计划，应及时调整计划。如施工单位工程进度过于迟缓，监理办将要求施工单位解释其原因，并说明将如何加快工程进度。尤其当实际进度表明工程不能按期完工时，监理办应要求施工单位采取有效措施保证在合同工期内完工。

（3）工期延长

由于业主的原因或施工单位在实施工程中遇到不可预见或不可抗力等非施工单位因素，致使工程工期延长，施工单位可提出延期申请，监理工程师审核同意后，报业主批准。批准延期后，监理工程师应要求施工单位对原来的工程进度计划予以调整，并按调整后的进度计划实施工程施工。

4.加快工程进度的措施

施工单位在无任何理由取得合理延期的情况下，监理工程师认为实际工程进度过于迟缓，将不能按照预定的工期完工时，应要求施工单位采取加快进度的赶工措施，以实现工程进度计划中的阶段目标和总目标。施工单位提出和采取的赶工措施必须经过总监理工程师批准，加快进度的措施可考虑下列措施：

（1）技术措施。改进施工工艺、确保设备完好率、提高机械作业强度、缩短作业时间；合理规定施工车辆行驶路线，做到工序衔接，提高设备利用率。

（2）组织措施。包括增加作业队伍或作业点，加大设备投入，延长作业时间；为保证路面养护施工质量，应杜绝雨天施工，尽量避免夜间施工；实行平行流水作业；若有车辆误入施工作业区，应立即与交警、路政单位联系，并保护好现场，配合交警、路政部门在短时间内恢复施工，以确保施工进度。

（3）经济措施。如工程量分解包干，对施工单位实行奖金激励等。

批准赶工措施时应注意以下事项：

（1）只要施工单位提出的赶工措施符合施工工序并能确保工程质量，监理工程师应予以批准。

（2）因采取赶工措施而增加的所有施工费用应由施工单位承担。

（3）因增加夜间施工或当地公认的休息日施工而涉及的附加费用，应由施工单位承担。

第七章　费 用 监 理

计量支付是监理合同管理工作的重要环节,也是监理工程师控制工程质量、进度、费用以及安全、环保的基本手段之一,是监理工程师行使的最有效的权利。计量支付直接涉及业主和施工单位双方的经济利益,其准确与否是业主最为关注的焦点之一,因此,为圆满完成监理任务,就必须高度重视计量支付工作。

第一节　计量的一般规定

监理工程师必须熟悉招标文件中的技术规范、工程量清单及清单说明的内容,掌握每项工程的实施范围和内容、计量方式和方法。

工程量清单应与投标人须知、合同条款、技术规范及图纸同时阅读,清单所列的工程数量是业主的计划工作量或设计图纸数量,仅作为投标时的共同基础,计量应以实际完成并经监理工程师确认的数量为准。

除非合同另有规定,有标价的工程量清单中的单价与总价,应包括为完成本工程必须的所有的材料费、设备费、人工费、临时工程费、试验检测费、管理费、所有税费、利润以及合同明示或暗示的所有一般风险、责任、义务等一切的费用。

计量必须在有监理工程师在场的情况下,一般由施工单位测量或计量,经监理工程师审查确认。

实际计量的工程数量与工程量清单给定的数量相比,自然增减幅度在合同规定的范围内,应按清单标明的单价计量,否则,应按合同的有关具体规定办理。

新增工程或工程数量、清单细目发生变更时,应按合同规定办理工程变更,并对清单细目、单价、数量作相应的调整或增列。

工程计量程序如图 7-1 所示。

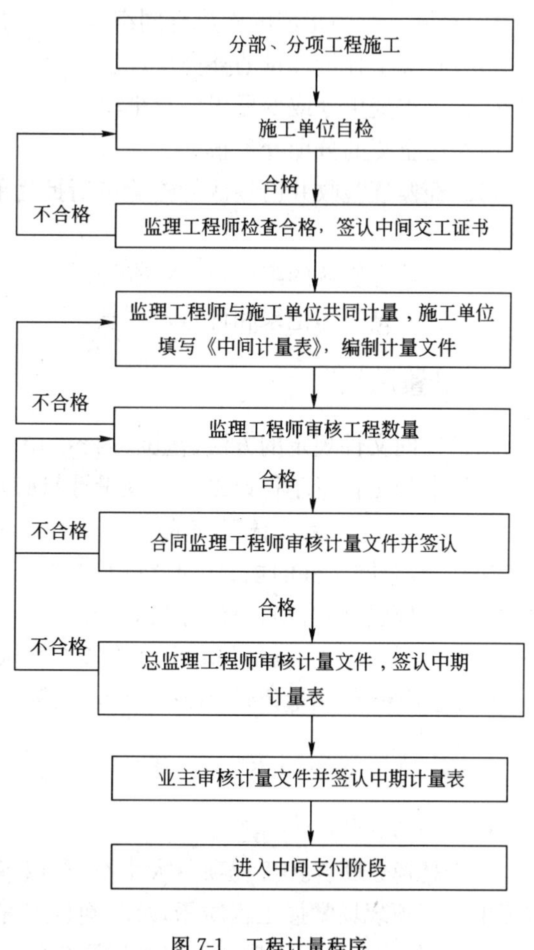

图 7-1　工程计量程序

第二节　工 程 计 量

一、工程计量的依据

工程计量的依据主要有以下几个方面：

(1)合同协议书及附件(含合同谈判中的澄清文件和补充资料)。

(2)中标通知书。

(3)投标书及附件。

(4)合同专用条款。

(5)合同通用条款。

(6)招标文件中的技术规范。

(7)施工图纸。

(8)工程量清单及说明。

(9)合同条款中指明的构成合同组成部分的其他文件。

(10)有关工程量计量的补充协议。

(11)工程变更令或变更报告审批单。

(12)已批复的分项开工报告。

(13)经监理验收并已签认的检验申请批复单、工序交验单、试验报告、质量检验报告单等质检资料。

(14)经监理签认的工程数量检查记录。

(15)拌和站打印记录和计量对照表。

二、计量原则

须按合同文件规定的方法、范围、内容和单位进行计量，不符合合同文件规定的工程范围和质量标准的工程量不得计量。工程量计量必须符合以下条件：

(1)计量对象工程实体已完成。

(2)符合合同文件的规定，即计量对象在工程量清单中有细目；清单单价已确定。

(3)质量已检验合格，质保资料齐全。

(4)工程数量已经测量并取得有关各方确认。

(5)施工图纸、测量记录、工程量计算表等相关原始资料齐全。

三、计量方式与方法

1.计算工程量

由于高速公路养护工程项目大小不一、点多面广工程量不集中、施工周期不固定等，为此监理工程师须现场掌握工程质量，及时确认工程数量，尤其是隐蔽工程。计量过程中必须注意不重计、不漏计。工程数量一般以现场测量的数据为依据进行计算。计量时应以实际完成并经监理人员确认(签字)的数量为准，混合料以设计图纸和拌和记录进行校对。

工程量计量方式主要有：

(1)施工单位施工完毕，现场监理人员立即独立对其实际数量进行测量，并抄送施工单位，施工单位无异议，则以此为计量依据。

(2)由施工单位进行现场测量，监理工程师对现场测量数据进行抽查。

(3)监理工程师与施工单位共同进行测量，测量结束后施工单位应现场填报《分项工程数量记录表》交现场监理签字认可。当天将工程量计算完毕，且当天完成的全部工程量应汇总并报监理签认。现场监理人员同时应做好台账并报告监理办。

现场工程量计量方法主要有：

(1)病害处理宜采用长、宽、厚来计算体积进行计量。

(2)罩面工程计量方法通常有：面积法和体积法两种。若罩面厚度变化较小，宜采用面积法。若罩面厚度变化较大，宜采用体积法，即现场测量松铺厚度来计算压实厚度，同时测量长、宽的方法来计算工程量，也可直接以罩面设计数量进行计量，但均应与拌和数量进行比较。当两者出入较大时，应分析原因或现场取芯核对厚度，必要时可采用拌和数量计量。

(3)对于桥头加铺等不规则的形状或无法准确测量的部位宜采用混合料重量换算法进行计量。

监理人员应在日常现场监理工作中，及时、准确、全面地收集并记录工程量原始数据，包括原路面高程、铣刨范围(深度、长度、宽度)、盲沟断面尺寸和长度、土工材料数量等，特别是要注意收集隐蔽工程、变更工程、与工程量清单或施工图纸工程量相差比较大的工程量等原始数据(包括反映实际工程量情况的影像资料)。工程量原始数据必须是监理工程师和施工单位双方同意的数据，一般由监理和施工双方分别保存，作为将来进行计量审核的依据。现场监理人员记录的工程量原始数据应当天复印后交合同监理工程师备份。

2.计量规则与计量单位

(1)沥青混凝土路面。按图纸规定的或监理工程师指令的铺筑面积，按粗、中、细粒式沥青混凝土，以体积(m^3)或不同厚度的面积(m^2)计量。

(2)水泥混凝土路面。按不同厚度以平方米计量。除监理工程师另有指令外，任何超出图纸规定尺寸的计算面积，均不予计量。所有的拉杆、传力杆、接缝材料和所需的补强钢筋等，不单独计量。

(3)透层、粘层和封层。按图纸规定尺寸的或监理工程师指令的面积，以面积(m^2)计量。对个别特殊形状的面积，应采用适当的计算方法。除监理工程师另有指令外，任何超出图纸规定尺寸的计算面积，均不予计量。

(4)盲沟。按不同断面尺寸以延米计量。

(5)抗裂贴与土工布。按其净面积以面积(m^2)计量。

3.计量时间、计量资料与计量证明文件

(1)计量时间

计量时间一般定为上月某日至本月同日的前一天。当支付金额大于合同规定的最小支付限额时，施工单位应于每月规定时间以前，将计量支付报表上报监理办，监理工程师与施工单位共同进行计量，若施工单位逾期不报，监理工程师则认为施工单位放弃本期计量，逾期再报，将不予受理,可移入下期一同计量。

(2)计量资料

①现场几何尺寸等工程量原始记录。

②工程数量计算表。

③拌和站打印记录和拌和数量统计表。

④施工设计图纸。

(3)计量证明文件

①已批复的分项开工报告。

②经监理验收并已签认的检验申请批复单、工序交验单、试验报告、质量检验报告单等自检资料。

③经监理签认的工程数量原始记录。

④工程变更令。

⑤中间交工证书(如有)。

4. 填写中间计量表

(1)计量主件

计量主件由《工程量清单汇总表》、《中间计量表》和《工程数量记录表》组成,其表格形式应按照业主规定的计量表格(如果有),业主无规定时,则由监理工程师确定表格形式。《中间计量表》中填写的计量结果必须清楚真实,并将签认的现场工程量计算表附在其后,各种计量表格填写的内容应齐全,施工单位签认后,报监理组、监理办逐级审批,工程量清单汇总表应加盖公章。

(2)计量附件

计量附件是证明或确定该工程是否符合计量条件或计量数量的文件,其资料(复印件)应紧附相应的《中间计量表》后,《中间计量表》的内容必须填入计量桩号、部位、计算草图、几何尺寸和计算式。计量附件主要有分项工程检验申请批复单、工程数量检查记录、工程变更令或工程变更审批单等。

(3)编制《中间计量表》

施工单位在每月规定的计量时间前整理完计量资料,并进行《中间计量表》的编制工作。填报《中间计量表》时应做到清楚、真实、数据准确,并将工程量计算表附在其后。对施工单位在合同规定的时间内提出的异议,监理工程师应进一步检查计量原始记录并现场核实,将复核后的结果通知施工单位。

5. 工程计量的审核

(1)现场工程量确认主要由现场监理员及路面监理工程师承担,合同监理工程师审核,总监理工程师最后审定。监理工程师若发现被计量的工程存在质量问题有权责令施工单位对缺陷部位返工或修补,监理工程师重新检验签认后,再予计量。

(2)监理工程师必须严格审核施工单位的计量资料,若资料不全,应退回施工单位,暂不计量。

(3)若监理工程师与施工单位对计量结果存在异议,总监理工程师可指令相关监理人员进行计量复核,并将最终复核结果通知施工单位。

四、计量支付台账

为有效控制费用，确保计量支付真实可靠，合同监理工程师应建立分标段的“计量支付台账”。该台账应详细记录各标段各单位、分部分项工程计量与支付的当期数量(额)和累计数量(额)。可以通过台账进行设计工程量与实际计量数量的比较，防止发生超计、漏计、重计的现象，并便于查询。

第三节 工程支付

一、开工预付款

1. 支付开工预付款的条件和方式

监理工程师在收到并确认施工单位提交的业主与施工单位签订的合同协议、履约保函及动员预付款保函之后的规定时间内，应按合同规定，签发动员预付款支付证书(交给施工单位一份副本)，报业主审批。一般分两期支付，主要施工人员到位后，支付70%；全部施工人员和施工设备到位后，再支付剩余的30%。

2. 开工预付款的扣回

当《期中支付证书》的累计计量金额达到合同价格的30%之后，开始按合同约定分期扣回开工预付款，在《期中支付证书》的累计计量金额达到合同价格的80%时全部扣回。

二、材料设备预付款

1. 支付预付款的条件

支付材料设备预付款应符合合同规定，应满足以下条件：材料设备将用于永久性工程，且已抵达工地并交货；质量及存放符合合同要求，并提供费用凭证或支付单据。

2. 监理工程师检查验收，签发预付款证明

监理工程师应到工地现场检查材料设备的质量、数量和存放条件，并与施工单位提供的费用凭证进行核对。应重点审查：材料、设备总数量是否超过工程实际需要，是否与工程计划进度相符合。

3. 材料设备预付款的扣回

当材料和设备用于永久工程后，应按合同规定，通过期中支付证书，将支付的预付款扣回，扣回期不超过3个月。

三、中期支付

《中间计量表》经监理工程师审核签认后，施工单位应及时填报期中支付证书。监理办在收到施工单位期中支付证书后的规定时间内，经监理工程师审核无误，且支付金额不小于合同规定的最低限额时，监理工程师应签发期中支付证书，将期中支付证书和审查意见报送业主审核批准。若支付金额小于最低限额时，可计量，但不支付，将转入下期一同支付。

四、工程变更的计量

施工单位应以工程变更令及修改的工程量清单或实际完成并经监理工程师认可的工程量为依据进行计量，经监理工程师审核无误后，通过期中支付证书支付。

五、暂定金与专项暂定金

1. 暂定金

暂定金一般以清单总额(不含专项暂定金)的10%列入工程量清单中，留作不可预见费或计日工等使用。暂定金应由总监理工程师报业主批准后才能使用，并根据工程量清单中或工程变更确定的单价或总额计量支付。

2. 专项暂定金

专项暂定金列入工程量清单中，用作工程项目中已确定的，但具体工程量可能增加或尚难以估算的工程细目的实施。专项暂定金由总监理工程师报业主批准后才能使用，并根据有关暂定金额支出的所有报价单、发票、凭证和账单或收据按实计量支付。

六、保留金

监理工程师对保留金的扣留和返还应按合同规定办理。一般在期中支付证书中按合同规定的比例从每期支付的工程结算款额中扣留保留金，直至其金额达到合同总价的5%为止。当施工单位完成了全部工程，监理工程师签发交工证书后，退还施工单位合同规定比例的部分保留金；当施工单位完成了缺陷责任期工程，监理工程师签发缺陷责任终止证书后，由施工单位提出申请，退还剩余保留金。

七、其他支付

1. 索赔费用

应依据监理工程师签发的索赔审批书确定索赔费用的支付额。

2. 计日工费用

计日工的数量应由监理工程师确认，计日工的单价按照工程量清单中计日工单价确定。

3. 违约罚金

违约罚金一般可以从期中支付证书中扣除，也可以从施工单位的履约保证金中扣除。

八、最终支付

最终支付是业主与施工单位之间，按合同规定，对工程的所有费用进行彻底和最终的结清，即包括整个工程的所有支付。因此，监理工程师必须确保最终支付的准确性和完整性。

1. 签发最终支付证书的条件

施工单位已完成遗留工程和缺陷修复并达到规范要求及质量检验评定标准；合同执行中存在的工程变更、索赔、价格调整等问题均得到解决；施工单位已获得全部工程的缺陷责任期终止证书。

2. 最终支付证书的内容

(1)最终支付证书。

(2)最终财务支付报表。

(3)中期支付汇总表。

(4)工程量清单最终支付汇总表和明细表。

(5)工程变更最终支付汇总表和明细表。

(6)价格调整最终汇总表和明细表。

(7)计日工最终支付汇总表和明细表。

(8)暂定金最终支付汇总表和明细表。

(9)动员预付款及扣回汇总表和明细表。

(10)材料预付款及扣回汇总表和明细表。

(11)迟付款利息、费用索赔等汇总表和明细表。

(12)违约罚金说明等附表及证明材料。

3. 监理工程师审核的重点

(1)对中期支付中所有支付的细目进行检查,防止漏项和重复。

(2)对中期支付中所有的工程数量和费用进行全面复核。

(3)对有争议的细目和计量方法等,与业主和施工单位协商,确定最终处理办法。

(4)合同最终应支付给施工单位的款项总额、已支付的款项、业主还应支付给施工单位的款项余额。

4. 最终支付的程序

工程竣工验收合格后,由施工单位提出申请并向监理工程师递交一份最终支付申请,监理工程师 14d 之内核实无误后签发最终支付证书,业主在收到最终支付证书 42d 内支付应付的款额。

5. 全部保留金余额的退回

通过竣工验收,缺陷责任期终止证书签发后,施工单位可在合同规定的时间内得到由业主退回的全部保留金余额。

第八章　合同其他事项管理

合同管理是建设工程管理体制改革推行的四项基本制度之一，也是工程项目管理的核心。没有合同管理，工程项目管理就失去了目标，更失去了管理、监控、协调的基础，因此也可以说，合同管理是工程项目管理的灵魂。施工合同文件是监理工作的重要依据，监理工程师必须具备合同管理的知识和经验，管理好施工合同，以保证工程项目顺利进行，进而圆满完成监理任务。

监理其他事项合同管理通常是指对包括计量支付、工程变更、工程延期、费用索赔、争端调解、施工单位违约处理、分包管理、保险等诸多合同事宜的处理。

第一节　工程变更

一、工程变更的一般原则

工程变更的实施一般应遵守以下原则：

(1)工程在形式、质量、数量和内容上的任何变动，必须经监理办审查，设计单位同意，业主批准后，由总监理工程师颁布工程变更令，指示施工单位实施工程变更，并监督其执行。

(2)总监理工程师认为有必要根据合同有关规定进行工程变更时，须征得设计单位同意，并经业主批准。

(3)业主认为有必要而提出工程变更时，总监理工程师应根据合同有关规定办理。

(4)施工单位请求工程变更时，总监理工程师应在规定时间内完成变更申请审查并报业主批准后，根据合同有关规定办理。

(5)设计单位认为有必要提出工程变更时，由其提出设计技术联系单，经业主批准后，总监理工程师根据合同有关规定办理。

(6)总监理工程师就工程变更而引起的费用增减，与施工单位协商确定变更费用，报业主批准。

二、工程变更的条件

工程变更的条件主要有以下几个方面：

(1)设计存在明显欠合理。

(2)在不增加费用或增加费用不多且不影响工期的情况下，能更好地解决养护技术问题，如引用“四新”即新技术、新材料、新工艺、新设备来提高管养效益。

(3)引用既能保证工程质量，又能节省养护工程成本的施工技术方案；

(4)病害特殊路段所采用的特殊技术方案。

(5)其他特殊情况。

三、工程变更程序

1.工程变更意向报告

当施工单位认为需要对工程进行变更时，应按规定填写《工程变更报告单》，内容主要包括：

(1)变更的工程项目、部位或桩号。

(2)变更的原因、依据及有关的文件、图纸、资料。

(3)原设计内容与方案。

(4)拟变更内容与施工方案。

(5)工程变更等级。

(6)此项变更造成工程量、单价和费用的变化。

(7)相关证明材料(试验检测报告、实际费用支出等)。

此项变更会造成单价、工程量和费用的变化。

2.资料的收集

监理办合同监理工程师受理工程变更。在施工单位提出工程变更意向报告的同时，着手收集与该变更有关的一些资料。包括：设计施工图纸，设计变更洽商记录，技术研讨会记录，来自业主、施工单位、设计单位、监理工程师方面的文件与会谈记录，交通主管部门涉及工程变更的规定与文件，上级主管部门的指令性文件等。

3.工程变更费用评估

监理工程师根据掌握的文件资料和实际情况，按照合同的有关条款，考虑综合影响，完成下列工作之后对工程变更费用做出评估。

1)审核工程变更数量

监理工程师对审核工程变更数量的审核依据是：

(1)变更前后的设计图纸。

(2)监理工程师的现场计量。

2)确定工程变更单价与费率。

监理工程师按下列方法，确定变更工程单价与费率：

(1)采用工程量清单内的单价和费率。

(2)采用合同中规定的单价计算方法。

(3)采用国家、部、省(市)级机构颁布的概预算定额。

(4)参考施工单位预算及实际支出证明，协商单价与费率。

(5)采用计日工方法。

(6)由于施工单位责任造成的或施工单位为方便其施工而提出的变更，所增加的费用不予补偿，所节省的费用归业主，或由业主与施工单位协商确定。

上述方法的采用须经业主批准。以上评估结果应报业主审批。

3)协商价格

监理工程师本着客观公正的原则与施工单位就费用估价中的细节——单价与费率进行磋

商，并由总监理工程师确定最终的价格，报业主审批。

4)下达工程变更令

变更资料齐全、变更价格确定之后，经业主批准，设计单位签署同意意见，监理工程师向施工单位发出工程变更令，工程变更令主要包括以下文件：

(1)全套文件的目录。

(2)工程变更令。

(3)工程变更说明。

(4)工程变更费用估价表。

(5)附件。如变更前后的图纸，业主、施工单位、监理方面的会议、会谈记录与文件，有关设计部门对变更的意见，有关交通主管部门、上级主管部门的文件，施工单位的费用估价报告，确定工程数量及单价的证明资料等。

工程变更申报与审批程序如图 8-1 所示。

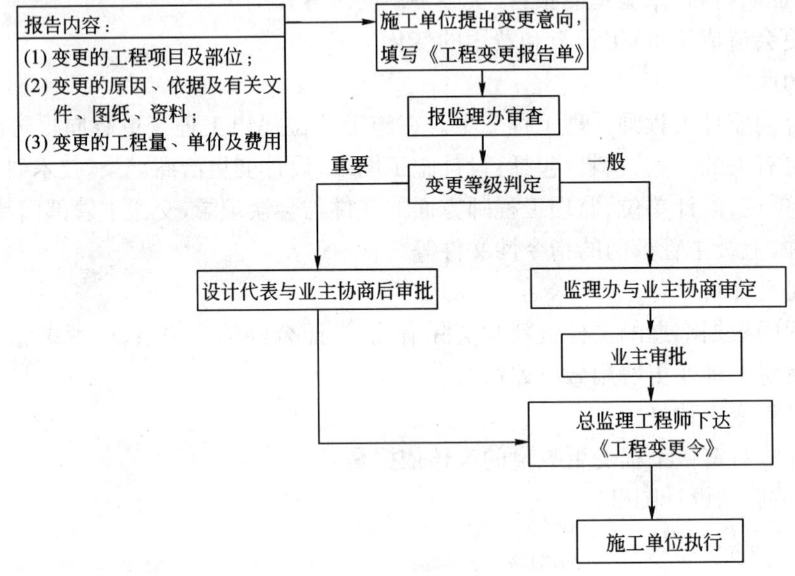

图 8-1 工程变更申报与审批程序

第二节 工 程 延 期

一、工程延期的一般规定

监理工程师在确认满足下述条件并报业主批准后受理工程延期：

(1)由于非施工单位责任，工程不能按原定工期完工。

(2)施工单位在延期情况发生的 28d 内向监理工程师提交了工程延期报告。

(3)施工单位承诺继续按合同规定向监理工程师提交有关延期的详细情况资料，并根据监理工程师需要随时提供有关证明。

(4)监理工程师在延期事件终止后的28d内,收到施工单位正式提交的延期申请资料。

二、延期原因

工程延期的原因主要有:

(1)额外或附加工作或工程性质、等级上的变更。

(2)合同条款中具体规定的异常恶劣的气候条件。

(3)由于业主的延误或阻碍。

(4)非施工单位的失误、违约或由其负责的其他特殊情况。

(5)合同中所规定的可予工期补偿的任何延误原因。

三、临时延期

如果造成延期的事件有延续性,监理工程师在收到并确认施工单位提交临时报告后,先给予临时延期。在收到并确认施工单位最终情况报告后,再给予该事件的最终延期。但最终延期不能少于累计的临时延期。

四、工程延期受理程序

1.收集资料,做好记录

监理工程师在收到施工单位延期报告后,应做好工地实际情况的调查和日常记录,同时合同监理工程师受理该延期申请,并负责收集来自现场以外的各种文件资料与信息。

2.审核施工单位的延期申请

收到施工单位正式延期申请,主要从以下几个方面进行审查:

(1)延期申请的格式满足监理工程师的要求。

(2)延期申请的内容符合规定。即列明延期的项目及编号,阐明延期发生、发展的原因及申请所依据的合同条款,附有延期测算方法、测算细节和延期涉及的有关证明、文件、资料图纸等。

审查通过后,可开始下一步的评估,否则应建议施工单位收回申请。

3.延期审核

延期审核主要从以下几个方面进行审核:

(1)施工单位提交的申请资料必须真实、齐全、满足审核的需要。

(2)申请延期的合同依据必须正确。

(3)申请延期的理由必须正当、充分。

(4)申请延期天数的计算原则与方法应恰当。监理工程师应根据现场记录和有关资料进行延期天数的审核。

4.编写审查报告

审查报告主要由以下文件组成:

(1)正文。受理施工单位延期申请的日期;工程概况;确认的延期理由及合同依据;经调查、讨论、协商、确认的延期测算方法及由此得出的结论或确认的延期天数。

(2)附件。施工单位的延期申请,包括涉及的文件、资料、证明等。

5. 确定延期

总监理工程师在收到审核报告并确认结论之后，将审核报告报业主。

延期申报与审核程序如图 8-2 所示。

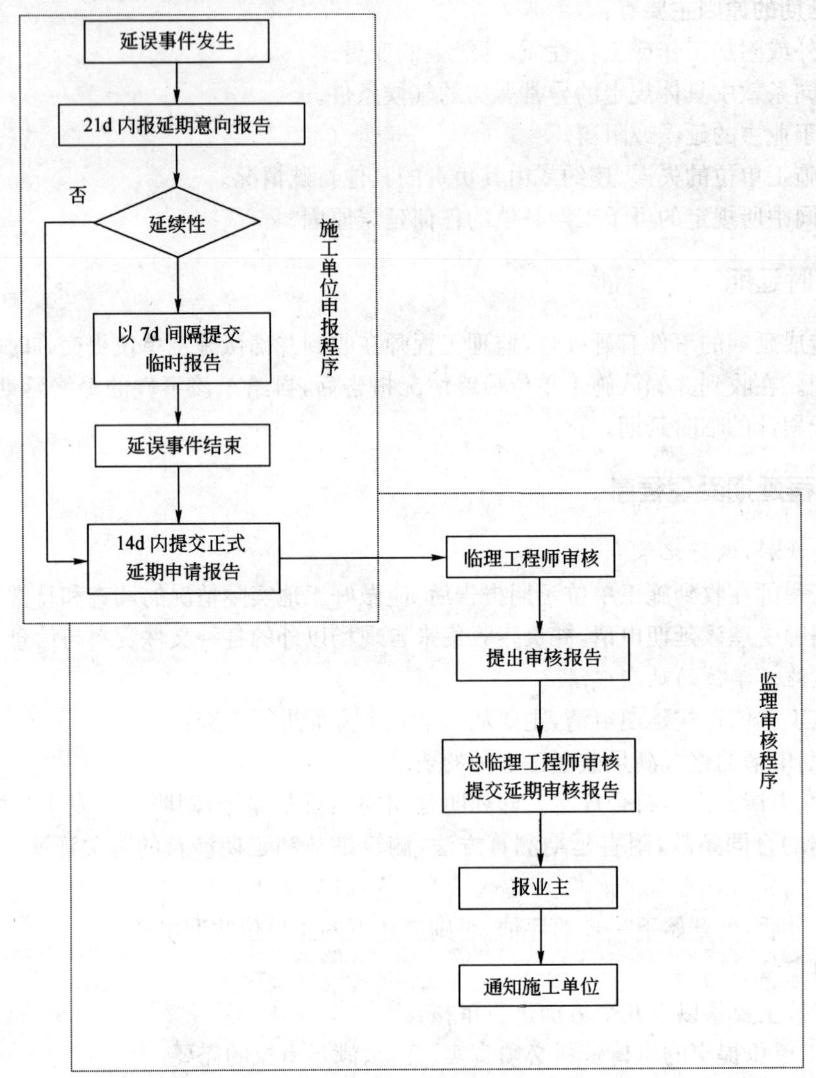

图 8-2　延期申报与审核程序

第三节　费 用 索 赔

一、费用索赔的一般规定

监理工程师确认下述条件满足时，报总监理工程师审核，受理费用索赔。

(1)施工单位向业主进行费用索赔的依据必须是合同的有关规定。

(2)施工单位在出现引起索赔事件的 21d 内，向监理工程师提交了索赔意向，并同时抄送业主。

(3)若索赔事件具有延续性，施工单位按监理工程师要求的时间间隔继续向监理工程师提交了说明索赔数额和索赔依据等详情材料，并根据监理工程师需求随时提供有关证明。

(4)监理工程师在索赔事件终止后的21d内，收到施工单位正式提交的索赔申请。

二、费用索赔原因

1.有经验的施工单位难以预见的情况所引起

(1)异常气候，如异常的持续多日的降雨，使路面养护施工无法进行。

(2)通常无法预测和防范的任何一种不可抗力。

2.因业主责任所引起

(1)在合同规定的时间内，未及时协助施工单位办理上路施工等相关审批手续。

(2)未按规定向施工单位支付工程款。

(3)延误提供施工图纸。

(4)违约使合同中途终止。

3.监理工程师的责任引起

(1)延误签发图纸、指令。

(2)负责提供的书面数据不准确。

(3)监理工程师的指令错误。

三、索赔受理程序

1.收集资料，做好记录

监理工程师在收到施工单位索赔意向后，应立即做好工地实际情况的调查和日常记录。同时，由合同监理工程师受理该索赔申请，并负责收集有关各种文件资料与信息。

2.审查施工单位的索赔申请

收到施工单位正式索赔申请后，监理工程师应主要从以下几个方面进行审查：

(1)索赔申请的内容符合规定。即列明索赔发生、发展的原因及其依据的合同条款，附有索赔数额计算的方法、价格与数量的来源细节和索赔涉及的有关证明、文件、资料、图纸等。

(2)索赔申请审查通过后，报总监理工程师批准，方可开始下一步的审核，否则应建议施工单位收回申请。

3.索赔审核

索赔审核主要从以下几个方面进行：

(1)施工单位提交的索赔申请资料必须真实、齐全、满足审核的需要。

(2)申请索赔依据的合同条款必须正确。

(3)申请索赔的理由必须正当与充分。

(4)申请索赔额的计算原则与方法应恰当。数量应与监理人员记录和掌握的资料一致，价格与取费的来源符合合同规定。

监理工程师可根据现场记录和掌握的资料，修正施工单位的索赔计算方法与数额，并与施工单位进行协商，最后得出审核结论。

4. 编写审核报告

审核报告主要由以下文件组成：

(1)正文。受理施工单位索赔申请的日期；工程概况；确认的索赔理由及合同依据；确定的测算方法及据此得出的结论或确定的索赔数额。

(2)附件。施工单位的索赔申请，包括涉及的文件、资料、证明等。

5. 上报审核报告，确定索赔

总监理工程师签发费用索赔审核报告，报业主。

四、索赔金额的支付

业主批准费用索赔审核报告后，最终索赔金额通过期中支付证书予以支付。

费用索赔申报与审核程序如图 8-3 所示。

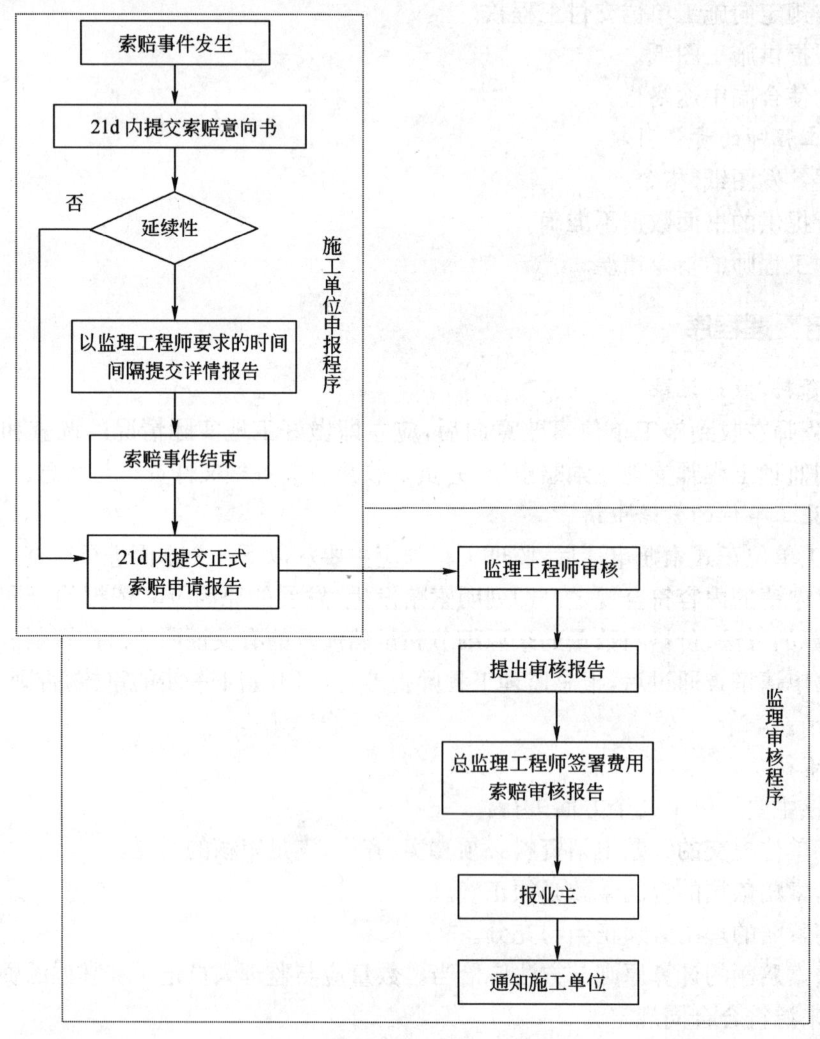

图 8-3 费用索赔申报与审核程序

第四节　争 端 调 解

监理工程师应受理合同一方或双方提出的争端调解申请。在收到争端通知后应在合同规定的时间内，应及时完成对争端事件的全面调查与相关资料的收集。同时对争端的解决提出建议，对合同双方进行调解。

当施工单位与业主因争端事件发生仲裁或诉讼时，监理工程师有义务作为证人，向仲裁机关或法院提供有关证据。

合同只要未被放弃或终止，监理工程师应要求施工单位继续精心施工。

第五节　施工单位违约的处理

一、违约类型

一般可将违约行为分为一般违约和严重违约两种类型。

1. 一般违约

当施工单位有下列事实，监理工程师应确认施工单位一般违约：

(1)给公共利益带来损害。

(2)未严格遵守和执行国家及有关部门的政策与法规。

(3)由于施工单位的责任，使业主的利益受到损害。

(4)不执行总监理工程师的指示。

2. 严重违约

当施工单位有下列事实，总监理工程师应确认施工单位严重违约：

(1)无力偿还债务或陷入破产，或主要财产被接管或主要资产被抵押，或停业整顿，或物质被扣押等，因而放弃合同。

(2)无正当理由不开工或拖延工期。

(3)无视总监理工程师的警告，一贯公然忽视履行合同规定的责任与义务。

(4)未经监理工程师的同意，随意分包工程，或将整个工程分包出去。

二、违约的处理

1. 一般违约的处理

若监理工程师确认施工单位一般违约，应做好以下工作：

(1)书面通知施工单位在尽可能短的时间内，予以纠正。

(2)提醒施工单位一般违约有可能导致严重违约。

(3)上述措施无效时，书面报告业主。

(4)施工单位自行纠正违约，但已给业主带来费用损失的，应办理扣除施工单位相应费用的证明。

2. 严重违约的处理

若监理工程师确认施工单位严重违约，业主进行部分或全部合同终止，应做好以下工作：

(1)指示施工单位将其为履行该合同而签订的任何协议的利益，如材料和货物的供应、服务的提供等转让给业主。

(2)认真调查，掌握违约事实，依据合同规定和有关证据评估损失，在与业主和施工单位协商之后，提出处理意见，办理并初签部分或全部合同终止的支付证明，报业主审批。

第六节　分包与工程保险

一、分包

监理工程师必须禁止施工单位把路面养护主体工程分包出去。若确有必要分包，必须经业主批准同意，并按合同规定办理分包工程手续，施工单位才能将非主体工程分包出去，并且分包工程量不得大于项目总工程量的30%。

同意分包不能解除施工单位根据合同规定所应承担的任何责任和义务。

1. 审批分包

监理工程师应从以下几个方面审查施工单位分包工程的申请报告：

(1)分包人的资质证明。包括企业概况、企业资质、财务状况，分包工程技术管理人员的资历，施工机械状况等。

(2)分包工程项目及内容。

(3)分包工程数量及金额。

(4)分包工程项目所使用的施工规范与验收标准。

(5)分包工程的工期。

(6)施工单位与分包人的合同责任。

(7)分包协议。

总监理工程师按合同对上述内容审查之后，经业主同意，方可批准施工单位的分包申请。

2. 分包工程的管理

(1)监理工程师应通过施工单位对分包工程进行管理，或者监理工程师直接到分包工程处检查，发现涉及分包工程的各类问题，要求施工单位负责处理，必要时，报业主。

(2)分包工程的计量支付应通过总包施工单位进行计量支付。

二、工程保险

监理工程师应按合同规定，对施工单位办理工程保险的情况进行检查。

第九章　交(竣)工验收与缺陷责任期的监理

第一节　交 工 验 收

一、交工验收的条件

主体工程确实已完成，工程质量经监理工程师检验符合合同要求，交工资料已按合同规定完成，施工单位已提出交工验收申请，经监理工程师按合同有关规定进行审查并确已具备验收条件。

二、交工验收的程序

1. 成立交工验收小组

业主收到交工验收申请报告后，由业主组织交工验收，并成立有监理工程师、设计代表、业主参加的交工验收小组。已委托质量监督的项目，由业主报请质量监督机构参加。

2. 现场质量检查和竣工资料检查及工程评价

现场质量检查的主要内容有工程实测项目、外观质量、环境保护情况。对工程所有缺陷应作详细的描述及记录。

内业资料的检查主要检查资料的真实性、完整性和规范性。

根据检查的结果，按有关质量检验评定标准进行分项、分部、单位工程的质量评定，对项目工程作出总体评价。

3. 编写交工检查报告

交工检查报告一般由业主组织编写并收集整理，其主要内容包括：

(1)概述施工单位申请交工的工程范围、完成工程量情况。

(2)交工检查小组的人员名单。

(3)交工检查验收过程记录。

(4)现场质量检查的记录和评定资料。

(5)交工检查小组的评价。包括是否同意交工、对缺陷的处理意见。

(6)附件。包括交工申请报告、组成交工验收小组的文件、验收计划、工程缺陷一览表、已批准的剩余工程计划。

4. 召开交工验收会议

会议由业主组织并主持，参加会议的单位有业主、设计、监理、施工单位代表、质量监督机构(视各地情况而定)。

5. 签发交工证书

经交工验收质量合格，业主应在合同规定的时间内向施工单位签发交工证书。工程交工的日期以交工检查小组决定的签发交工证书的日期为准。交工证书的内容应包括工程范围、获得证书的单位和日期、业主、设计、监理工程师、施工单位等各方代表的签名和交工验收意见。

6.监理工作报告

在交工验收阶段，监理办必须向业主和监理单位提交监理工作报告。监理工作报告的内容应包括：

(1)工程概况。

(2)监理组织机构和监理服务期限。

(3)监理依据和监理制度。

(4)有关工程质量监理、进度监理、费用监理、安全监理和环保监理、合同管理的实施情况。

(5)工程计量支付结果。

(6)单位工程、分部、分项工程质量评估。

(7)监理工作经验与教训以及对工程项目存在问题的处理意见和建议。

第二节　缺陷责任期的监理

一、缺陷责任期

从工程获得交工证书之日起，则开始进入缺陷责任期，缺陷责任时间应符合合同规定。

二、缺陷责任期监理的工作内容

主要有：交工检查时尚未完成的附属工程的施工质量，对路面进行巡视，检查已完工程的质量缺陷并记录，分析缺陷发生的原因和责任，核实修复费用，督促施工单位完成竣工资料等。

三、缺陷责任期监理工作程序

施工单位在交工验收之前，应提交一份缺陷责任期间的路面巡视、缺陷检查和修复方案，报监理工程师审查，由业主审批。同时，监理单位也应上报一份缺陷期的监理工作计划，由业主审批。

施工单位应按规定频率进行路面巡视，检查结果和修复方案应及时向监理工程师报告，监理工程师应对修复方案进行审查，并立即指令施工单位在规定时间内进行修复，必要时，监理工程师应进行复查或旁站。

监理工程师一般应每1～2个月定期向业主报告质量缺陷及修复情况。

四、缺陷责任期施工单位的责任

缺陷责任期内，施工单位应定期对已交工路段的工程质量进行检查，一般每月不少于两次，连续降雨或持续高温须增加巡视频率，并及时向监理工程师报告。对出现的质量缺陷应及时进行修复，若路面出现影响行车安全的坑槽、车辙、拥包等病害应及时进行修复，如不能及时修复时，须预先进行应急处理(可采用不规范填补)，以确保行车安全，待天气好转时再重新修补。

缺陷责任期内出现的质量缺陷，经返工处理后的质量应不低于原质量检验标准和验收标准。

五、缺陷责任期监理单位的责任

施工单位应及时向监理工程师报告路面巡视和缺陷修复结果，监理工程师应定期进行巡视复查，一般每月不少于一次，连续降雨和持续高温须增加巡视频率，并定期向业主报告；对较严重的缺陷修复时，监理工程师应进行全过程旁站，并责令施工单位对质量进行分析，同时，监理工程师也应对缺陷原因和责任进行分析，并核实修复费用。

六、缺陷修复的质量

路面小范围缺陷修复应符合小修保养质量标准。大范围的缺陷修复应符合合同质量标准。

七、缺陷责任期的终止

缺陷责任期满后，施工单位应提交一份竣工验收申请报告，监理工程师应在合同规定时间内对已交工工程质量和交工时未完的剩余工作进行检查验收，认为质量符合合同或规范要求时，批复竣工验收意见并提交业主，由业主组织竣工验收，并成立由监理工程师、业主、设计单位及有关质量监督机构参加的竣工验收检查小组，对工程进行最终的整体检验，对缺陷责任期的工作进行评价，以确定是否签发缺陷责任终止证书。

第三节　竣　工　验　收

一、竣工验收的条件

竣工验收的条件主要有：

(1)经过交工验收达到合格的工程，且缺陷责任期已满(交工验收不合格的工程不得报请竣工验收)。

(2)交工验收时剩余工程施工已全部结束，并且提出的所有遗留问题已处理完毕，并经监理工程师、业主、质量监督机构(如果有)检验合格或符合要求。

(3)施工、监理竣工文件已按《公路工程竣工文件编制办法》及业主制定的相规定编制完成。

(4)已按相关规定编制完成工程竣工决算并通过财务审计，并经交通主管部门或其授权单位认定。

(5)施工、监理、设计、业主、质量监督(如果有)等单位已按相关规定编写完成工作总结报告。

(6)质量监督机构已按国家交通主管部门规定的公路工程质量鉴定办法对工程质量检测鉴定合格，并形成质量鉴定报告。

(7)施工单位已提出竣工验收申请，并得到监理工程师的批准。监理工程师在收到施工单位提交的竣工验收申请报告后，应在规定的时间内对工程竣工应具备的条件逐一进行检查，然后签署意见，若满足工程竣工要求，则将竣工验收申请报告提交业主，否则，退回施工单位整改未达标工程或事项。

二、竣工验收的依据

竣工验收的依据主要有：

(1)批准的工程计划。

(2)批准的工程设计、图纸、概算与预算文件。

(3)批准的工程变更文件。

(4)合同文件。

(5)国家交通主管部门颁布的公路工程技术标准、规范及有关规定等。

(6)业主制定的有关规定。

三、竣工验收的程序

1. 成立竣工验收小组

业主收到竣工验收申请报告后，由业主组织竣工验收，并成立由监理工程师、设计代表、业主参加的竣工验收小组，已委托质量监督的项目，由业主报请质量监督机构参加。

竣工验收小组负责对工程实体质量及合同执行情况进行全面检查。按规定的办法对工程质量进行评分，对参建单位进行综合评价，确定工程质量等级，形成工程竣工验收鉴定书。

2. 工程质量评定

(1)工程质量评定工作由竣工验收小组或委托质量检查小组负责完成。

(2)工程质量评定工作包括工程实体检测(必要时，工程质量检测工作可委托有相应资质的检测机构承担)、外观检查和内业资料审查。

(3)工程质量评定分两部分：一是交工验收时的质量评定得分；二是竣工验收时的质量评定得分；两者权重应按有关竣工验收办法确定，最后进行综合评定，得出工程最终评分。

竣工验收前，应对部分实测项目进行复测，其他抽检项目可采用交工验收时的检测结果或结合施工过程中的检查结果。外观质量验收时应步行检查。内业资料应检查资料齐全性、完整性、真实性，并重点检查竣工图纸和工程决算等。

(4)根据检查结果，按照业主制定或参照国家交通主管部门制定的有关竣工验收办法，综合工程质量评定和对各参建单位综合评价的结果，最后对项目工程作出总体评价。

3. 召开竣工验收会议

会议由业主组织并主持，参加会议的单位有业主、设计、监理、施工、接管养护单位代表、质量监督机构(视各地情况而定)。

会议的内容主要有：①宣布竣工验收小组的组织情况和人员；②听取业主项目执行报告和设计、施工、监理等各参建单位的工作(总结)报告；③听取质量监督机构的工作报告及工程质量鉴定报告或质量检查小组通报质量验收检查情况和结果；④听取审计部门对工程费用的审查意见；⑤竣工验收小组进行讨论，对参建单位进行综合评价，确定工程质量等级，以及遗留问题的处理方案，并形成一致的验收意见；⑥宣读竣工验收鉴定意见。

4. 签发竣工验收鉴定书、工作综合评价等级证书和缺陷责任终止证书

工程竣工验收通过后，由业主签发竣工验收鉴定书，质量监督机构对各参建单位签发工作

综合评价等级证书，最后由监理工程师签发缺陷责任终止证书，并报业主批准。

5. 签发最终支付证书

工程竣工验收通过后，由施工单位向监理工程师递交最后结账单及所附资料，监理工程师在规定的时间内核实无误后签发最终支付证书并报业主审批，业主在收到最终支付证书后规定的时间内支付应付的款额。

6. 移交竣工验收档案

工程竣工验收通过后，所有资料应及时移交业主单位或管养单位保存。

路面养护工程竣工验收程序如图 9-1 所示。

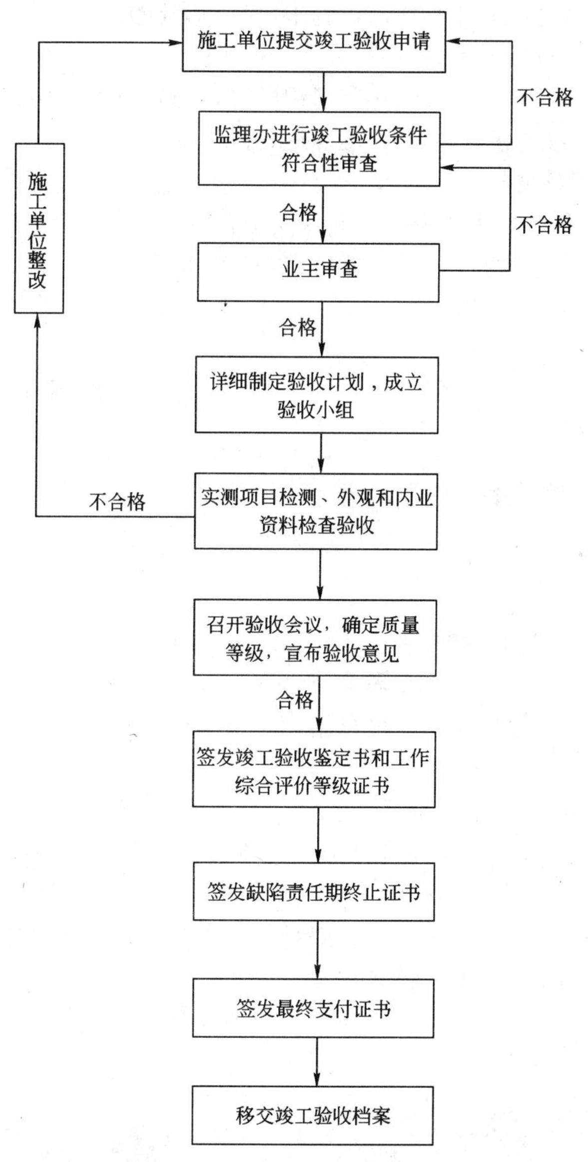

图 9-1　路面养护工程竣工验收程序

第十章 监理文件与资料管理

第一节 概 论

监理文件与资料管理是指在工程实施过程中，对所形成的工程文件资料的传递、收集、整理、归档、储存等一系列工作的总称。

监理文件与资料管理的目的就是通过有组织的文件与资料的调用、传递、归档与保存，使监理、业主和施工单位等参建各方能及时、准确地获得相应的信息，有助于管理者耳聪目明，科学决策，更好地为工程建设服务。

随着社会信息化的发展，工程文件与资料中所蕴含的信息的作用更加突显，监理文件与资料管理的手段和方法也随之发生了变化。管好用好工程文件与资料，对促进监理工作的开展，确保监理服务质量具有重要的作用。

第二节 监理文件与资料管理的主要内容与方法

一、监理文件与资料管理的主要内容

(1)工程日常文件资料的传递、收集、整理、存储以及发布与共享。将重要工程文件资料及时传递给业主及有关单位和部门。

(2)定期编制监理月(周)报，报送业主单位和有关部门。

(3)召开工地会议、工地协调会和专题会议。

(4)按需要编写各种监理报告和监理总结，其中包括各种汇报材料、各种专题报告和交(竣)工监理工作总结等。

(5)工程文件、监理记录、档案等。工程文件主要是指在工程实施过程中，上级有关部门的文件、设计文件及工程各参建单位的来往文件。监理记录主要有开工批复报表、监理日志、旁站记录表、质量检验评定表、试验检测表、工程变更表单、计量与支付报表、进度监理记录、安全与环保记录以及交竣工记录等。档案资料主要是指在各种文件、报表资料办理完成后，根据其内容、特征、相互联系等经分类整理形成的组卷。

(6)养护工程项目交(竣)工后，按照业主要求和档案管理的有关规定，应及时整理和移交监理档案资料。

二、监理文件与资料管理的方法

1.文件与资料的收集

工程信息通常以文字、数据、图表、图像等为载体。要得到实效性强、真实准确、对决策有

价值的工程信息，就必须根据需要，通过各种途径，有目的、有组织、有计划的对文件资料进行收集。

1）深入施工现场

总监理工程师、专业监理工程师和现场监理员每天在巡视工地或旁站监理过程中，都应注意收集、及时记录与工程施工密切相关的各种信息，确保监理指令和监理文件资料能够准确反映工程施工的实际情况。

2）督促施工单位及时报送各种文件和记录

监理工程师应督促施工单位及时报送工程开工报告、质量检验记录、试验检测报告、安全和环保检查报告、进度计划与报告、计量支付报表及与合同管理有关的需由监理工程师签署的各种文件和记录，从中收集工程信息。

3）重视与业主单位的经常性沟通

业主是工程项目的组织者，监理工程师应重视与业主单位的经常性沟通，虚心听取业主对工程施工和监理工作的意见和指令，对业主发出的文件及时办理并回复，以便调整工作思路，突出监理重点，更好地为业主服务。

4）主持工地会议、现场协调会与专题会议

工地会议包括工程开工前的第一次工地会议及开工后每月召开的工地例会，它是开展监理工作的一种重要方法，也是监理文件资料管理的重要组成部分。会议中包含着大量的工程信息，因此，监理工程师必须重视工地会议，并建立一套完善的会议制度。首先，工地会议应有专人记录，工地会议记录包括会议名称、主持人、参加人、举行会议的时间、地点、会议讨论的内容。工地会议记录应忠实于发言者，原话必录，不应加杂记录人的感情色彩，以确保记录的真实性。其次，会议后应有正式会议纪要，由监理办负责起草，总监理工程师审核定稿，送各方代表签字后即产生合同效力。自工地会议召开之日起，经各方签章的会议纪要，至分发到各有关单位一般不应超过 7 天。

（1）第一次工地会议

第一次工地会议应在施工准备基本就绪，工程正式开工之前召开。第一次工地会议由总监理工程师主持，业主和施工单位授权代表及其各部门负责人与会，可以邀请质量监督机构参加。

会议内容应包括：

①介绍各方人员、组织机构及责任范围。

②介绍总体施工进度计划和关键工程的进度计划、施工方案及质量保证体系、安全保证体系及制度。

③施工单位就施工准备情况，按下列内容提出陈述报告，监理工程师应逐项予以澄清、检查和评述：

a. 主要施工人员（含项目负责人、主要技术人员）是否进场，何时进场，并提交进场人员计划名单。

b. 用于工程的材料、机械、设备的进场计划。

c. 用于本工程的材料料源是否落实，并应提供供应计划清单。

d. 施工驻地的建设是否满足工程需要，标准化建设是否合格。

e. 工地试验室及其设备是否准备就绪，并提交平面布置图及设备仪器清单。临时资质是否办理完毕，仪器设备是否标定，试验人员是否持证上岗，有哪些外委试验项目，何时可以满足试验检测的要求并报计划清单。

f. 施工测量的基础资料是否经过复核。

g. 施工安全、环保措施落实的情况。

h. 其他与开工有关的内容及事项。

④监理工程师应明确说明质量监理、安全监理、环保监理、进度监理、计量支付、工程变更等主要程序以及函件来往传递交接程序，确定工地例会的时间、地点及程序。

⑤业主代表就与开工条件有关的事项进行说明。

⑥总监理工程师应进行会议小结，明确指出施工准备工作尚存在的问题、解决措施及时限。

(2)工地例会

工地例会在开工后整个施工期内一般每月召开一次。它旨在检查、监督施工单位执行工程施工合同的情况，协调参建各方的关系，促进参建各方认真履行合同规定的权利和义务。工地例会具体召开时间可根据实际情况由总监理工程师确定。

工地例会由总监理工程师主持，业主和施工单位授权代表及其各部门负责人参加。

会议内容按既定的议程进行，一般由施工单位逐项进行陈述，提交下月施工计划并提出问题与建议。监理工程师应逐项组织讨论，并提出明确的意见。

会议一般按以下程序进行：

①审查工程质量。主要针对施工中质量通病的克服、质量缺陷和质量事故修复和处理。就执行质量标准、施工工艺、检查验收等方面出现的问题及解决措施。

②审查现场机械、材料、劳力情况，并提出解决措施。

③审查工程进度，分析影响工程进度因素，提出对策。

④审查工程费用使用情况，并提出初步处理意见。

⑤审查安全事项。提出可能出现的安全隐患，对发生的安全事故或隐蔽的不安全因素以及交通干扰提出解决措施。

⑥审查文明施工和施工环保等措施落实的情况。

⑦其他事项。

(3)现场协调会

在整个施工活动期间，可根据具体情况不定期召开不同层次、不同规模的现场协调会，并对会议做好记录。会议可根据具体情况，由总监理工程师或专业工程师主持，酌情邀请有关监理和施工人员参加。

会议内容一般包括：

①对现场出现的质量、进度、安全等问题予以纠正。关于较重大的问题可另行召开专题会议或提交工地会议讨论。

②解决施工中影响进度的因素，人力、设备、材料 、管理等方面的一般问题。

③现场指导施工方法、新技术、新工艺、新材料、新设备的应用及其他有关的问题。

(4)专题工地会议

专题工地会议由监理工程师主持，根据施工需要适时召开，业主代表和施工单位代表及其他有关人员参加，必要时可邀请有关专家参加。

会议对施工期间出现的工程质量、安全、环保、费用、进度及合同管理等方面的重要难点和需要协调的问题进行研讨，并提出明确的解决方案和落实措施。

所有会议均要求有会议记录或纪要，与会各方代表签字后印发各有关单位。

2.监理文件与资料的内容

建立健全的监理文件与资料是监理工作的重要环节，一套全面、系统、完善的监理文件与资料可以有助于监理工程师发现施工中存在的各种问题，从而为调整监理力度提供依据。同时，健全的监理文件与资料还是监理内部管理的工具，是监理服务质量的主要体现。因此，监理工程师在开展监理工作时，应高度重视文件与资料管理，注重文字记录，以数据说话，为工程质量检验、交竣工验收及高速公路日常的管养维护提供第一手翔实的资料。

（1）原始记录

①监理日志

监理日志是监理工程师对工程施工中所发生的状况的真实记录，主要记录天气情况、当天的施工内容、安全状况、当天完成的工程量、施工人员和施工机械的数量、施工中发现的质量问题、处理结果以及综合评语、监理工作纪要及其他有关情况与说明等。总监理工程师的日志，应主要记录当天所做的重大决定，对施工单位所作的指示，发生的纠纷及可能的解决办法，施工现场谈及的问题，与业主沟通谈话摘要，对监理人员的指示等。监理日志的内容应当详细，记事要真实。

②监理(周)月报

内容包括工程质量、计量支付、进度情况，进度障碍及主要原因，工程变更情况，试验抽检情况，施工安全、环保情况和监理工作开展情况等内容。

③监理通知单及整改回复记录

采取严格的行文、签发以及抄送制度，使各类监理工程师的指示与指令能及时传达到施工单位单位并使其认真贯彻、落实。

④施工单位的报告(联系单)及监理审批记录

⑤监理巡视记录和旁站记录

⑥监理工程师、施工单位、业主、设计单位等各方往来文件

⑦会议记录

⑧监理大事记

（2）质量记录

包括路面病害调查原始记录、现场质量检验(工序验收、隐蔽工程检查)记录、质量评定记录、试验抽检记录(含试验台账)、测量记录、监理旁站记录、标准试验报告和工艺试验报告等。

（3）合同管理、工程计量与支付记录

包括工程变更令、延期和费用索赔审查报告、分包审查记录，以及所有的计量及支付资料，如中期计量支付报表及台账、工程变更的计量、价格调整、计日工，最终计量支付等方面的报表及基础资料。

（4）进度监理记录

包括进度计划审批、检查、调整的有关文件、工程开(复)工令及工程暂时停工令。

(5)安全监理和环保监理记录

包括安全和环保监理计划(细则)、安全和环保检查记录、事故处理记录、安全教育培训记录、安全隐患整改通知书、安全管理监督检查记录、安全(环保)事故处理记录等。

(6)交竣工记录

包括中间和最终交工证书、交竣工验收报告、监理工作报告、监理工作综合评价等级证书等。

3.工程文件资料的整理和保存

为了避免工程文件资料传递中的混乱、延误或丢失而引起监理工作的失误,在监理实施细则中应明确文件与资料流程。监理工程师应充分运用计算机和网络技术手段,加强文字、图表、图像等文件与资料和各种原始资料的收集,还要对收集来的文件与资料进行及时整理,并对施工过程中出现的各种问题进行处理。在工程施工过程中,监理办要建立完善的文件资料存储、调用、传递、归档等管理制度,定期对施工图纸、各种文件、质量检验评定记录、试验检测记录等进行整编,分类归档,妥善存放和保管。

4.工程文件与资料的传递

监理办应定期或不定期向业主提交各种监理报告,主持工地例会,整理传递各类会议记录、文件等,为工程施工的顺利进行奠定良好的基础。

监理办要建立文件传阅制度,对收到的文件进行传阅,让相关监理人员都能及时全面地了解文件与资料内容,尤其是会议纪要、工程变更报告、往来函件和报告等。

随着社会信息化的发展,信息传递方式也趋于多样化,从过去的文件、传真、电话等向QQ、电子邮件、手机短信、视频会议等网络化传递方式发展。

第十一章　监理项目工作与管理制度

第一节　监理项目工作制度

为了保证监理服务质量，更好地履行“五监理、两管理”的监理职责，监理办应建立一系列的工作制度，保证各项监理服务活动和施工活动都处于严密的监控之下，消除各种隐患，以更有效地达成工程项目目标。监理工作制度主要包括：

(1)设计文件、施工图纸审查制度

监理工程师在收到设计文件、施工图纸后，在工程开工前，应会同施工、业主及设计单位复核审查设计图纸，广泛听取意见，避免图纸中出现“错、漏、碰”等现象。图纸审查应形成书面记录，在技术交底时提交设计单位，请求澄清。

(2)技术交底制度

总监理工程师要协助业主组织设计单位向施工单位进行设计施工图纸的全面技术交底(包括设计意图、施工要求、质量标准、技术措施等)，并根据书面设计交底纪录督促施工单位在施工中认真执行。

(3)施工组织设计(专项施工方案)审批制度

总监理工程师应组织专业监理工程师对施工组织设计(专项施工方案)进行审查。专业监理工程师负责对本专业有关安全技术措施、施工工艺等内容的技术可靠性和工艺合理性进行审查。总监理工程师应当负责对项目施工组织设计和专项施工方案的技术可靠性、工艺合理性以及编制、审核、批准程序进行审查。审核意见应明确表达同意按施工组织设计方案实施或局部修改后同意实施或退回重新编制。

(4)开工报告审批制度

当工程施工准备工作完成后，施工单位可向监理办提出《工程开工报告》，由专业监理工程师对照检查现场准备情况，如施工管理人员、技术人员和作业人员是否到位；机械设备是否已按合同要求到达现场；原材料备料是否满足施工需要；标准试验及各种原材料检测是否完成并满足设计和规范要求。在满足开工条件并报业主同意后，总监理工程师方可批准开工。

(5)原材料检验及抽检制度

工程施工前，监理人员应审查沥青、集料等进场原材料的生产许可证明、出厂合格证明、试验检测报告。试验监理工程师应按照规定的频率对主要材料进行抽检。不合格的材料应清退出场，禁止使用。

(6)分项工程开工及工序签认制度

分项工程开工报告审批后，分项工程或单元拟开工前一天，施工单位应电话或短信向监理办提出施工申请，在第二天实施时补报《分项工程检验申请表》。现场监理工程师按照申请表中的施工项目和检查内容逐一进行监督检查。当每一道工序或分项施工完毕后，在施工单位自检合格的基础上，监理工程师应及时进行工序或分项工程检验，并签认相应的《工序检验单》或《分项工程质量检验报告单》。未经监理工程师签认不得进入下道工序施工，分项工程验收不合格的不予计量。

(7)施工测量审核复测制度

监理工程师应对施工单位的测量控制点、水准点、原路面高程以及桩号和测量点位等的测量进行全过程的旁站或独立复测，并据此对施工单位的测量成果报告进行审批。

(8)旁站监理制度

监理工程师应对施工中的重要部位、关键工序和隐蔽工程进行旁站。旁站监理由监理员实施，严格按照《公路工程施工监理规范》、项目《监理计划》和《监理细则》的规定，重点对旁站项目的施工过程实行全方位、全过程的监督检查。

高速公路路面养护施工须旁站监理的关键工序和隐蔽工程等包括：路面病害调查、罩面路段原路面高程测量、沥青混凝土路面病害修复(病害铣刨和工程量测量)、罩面及桥头加铺(混合料摊铺、碾压)、盲沟施工、抗裂贴与土工材料施工、工艺试验、沥青混合料配合比试验、水泥混凝土配合比试验、水泥混凝土浇筑、板底灌浆等。

当发现施工单位在施工、试验过程中有违反规范、规程的行为时，旁站监理人员应指令施工单位立即整改；当发现存在重大工程质量或安全隐患或施工活动可能危害工程质量或安全时，应及时予以制止，并监督施工单位立即纠正，情况严重的及时报告专业监理工程师或总监理工程师。

旁站结束后旁站监理人员应及时、准确、完整地做好旁站监理记录并签字。

(9)工程暂停和复工审批制度

在发生下列情况之一时，总监理工程师可按照施工合同和委托监理合同的约定，签发工程暂停令：

①业主要求暂停施工，且工程需要暂停施工。

②为了保证工程质量，需进行停工处理。

③施工出现了安全隐患，总监理工程师认为有必要停工以消除隐患。

④发生了必须暂时停止施工的紧急事件。

⑤施工单位未经许可擅自施工，或拒绝监理办管理。

总监理工程师下达工程暂停令应事先向业主报告。“工程暂停令”中应明确暂停施工的部位(工序)及有关工作内容。

工程暂停原因消失后，由施工单位提出“工程复工申请”，连同说明具备复工条件情况的附件报监理办。当工程暂停原因是由施工单位的原因引起的，施工单位应提交整改情况和预防措施报告。由总监理工程师对复工申请进行审查，签署明确的审查意见。

(10)工程变更审批制度

如发现设计文件错漏等问题，或发现施工现场实地情况与设计文件不符时，由提议单位提出变更设计申请，变更申请应当以书面形式提出，并应当注明变更理由，经施工、设计、监理、业主四方会勘同意，并按工程变更有关规定审批后进行设计变更。设计变更完成后由设计单位填写“设计技术联系单”，业主审核同意后，由总监理工程师签发“工程变更令”。

(11)隐蔽工程检查制度

路面养护施工中的隐蔽工程包括:盲沟开设、抗裂贴与土工材料施工等。监理工程师应对隐蔽工程施工实施旁站。若因故不能旁站,则要求施工单位对每一道工序的施工拍照。

(12)工程质量缺陷复验追踪制度

监理工程师在巡视检查中发现工程质量缺陷,应及时指令施工单位整改,指明质量缺陷的部位、性质及整改意见,限期纠正,监理工程师对整改结果进行复验。以上过程应记入监理日志。对较严重的质量问题或已形成的较大隐患,应由总监理工程师正式签发“监理通知单”,通知施工单位,同时抄报业主,施工单位应按要求及时进行整改,缺陷修复后通知监理工程师复验确认。

(13)工程质量事故报告制度

凡在工程施工过程中,由于设计或施工原因,造成工程质量不符合规范或设计要求,或者超出《公路工程质量检验评定标准》的规定,需做返工处理的统称为工程质量缺陷。严重质量缺陷为质量事故。

工程质量事故发生后,总监理工程师应立即指令施工单位暂停该项工程的施工,采取有效的安全措施,并要求施工单位立即书面报告事故发生的时间、部位、事故原因、应急措施、处理方案以及损失的费用等;总监理工程师应对事故处理方案进行审查,提出审查意见,报业主,方案批准后,再对实施处理方案进行监理,处理合格后可发出复工指令。

(14)施工进度监督及报告制度

监理工程师应每周、月进行施工进度检查,按分项工程或工点对实际进度进行记录,并定期汇总报告,对比实际进度与计划进度,当实际进度滞后计划进度较多时,应要求施工单位对原工程进度计划予以调整,监督施工单位严格按照合同规定或经批准调整的进度计划组织实施。

(15)施工安全生产和环境保护监理制度

依据安全生产和环境保护相关法律、法规和《公路工程施工监理规范》,监理办负有对施工现场的安全生产和环境保护进行监理的职责。

监理办应加强对施工安全和环境保护的日常巡查,发现存在问题,由总监理工程师签发“安全隐患督查通知书”或“监理通知单”,提出主要存在问题和整改处理意见,并要求施工单位限期整改。对施工中出现的安全隐患,总监理工程师认为有必要停工消除隐患,应及时签发“工程暂停令”督促施工单位停工整改,消除隐患,并及时报告业主。施工单位拒不整改或者不停止施工的,监理办应当向当地安全监督机构或有关主管部门报告。

(16)监理报告和监理记录制度

监理办应按规定格式每月编制《监理月报》。月报各项内容填报应符合本监理单位相关工作标准要求。月报编制完成后,由总监理工程师审定签字,在规定的时间内报业主单位及监理单位。工程交工时监理办还应提交《项目监理报告》。《监理报告》和《监理月报》应以具体数据和文字说明施工质量、进度、工程量计量和费用支付、安全、环保、合同管理、监理工作管理、有价值的经验等方面的内容。

监理工程师在开展监理工作时,应注重文字记录,以数据说话,健全监理日志、质量检验评定记录、试验检测记录、监理旁站记录、安全检查记录、工程进度记录、计量支付记录、交、竣工验收记录、照片录像等影像资料以及监理大事记等监理记录，为工程质量检验、交竣工验收及高速公路日常的管养维护提供第一手资料。

(17)会议制度

会议制度主要包括第一次工地会议、工地例会、现场协调会、专题会议和监理工程师例会。这些会议旨在督促检查施工进展情况，沟通参建各方信息、协调各方关系，促进各方认真履行合同权利与义务，是进行项目全面管理的重要手段。会议纪要应经与会各方签认。

(18)质量责任制度

建立工程监理质量终身责任制，各级监理人员要按照各自的职责对其分管的工程质量负终身责任，若发生重大工程质量事故，不管调到哪里工作，担任什么职务，都要追究相应的责任。

第二节　监理项目管理制度

监理项目实施的过程就是监理服务的过程，其实施结果的优劣直接反映了监理企业的竞争力。监理企业要想在激烈的市场竞争中立于不败之地，就必须不断提高监理项目管理水平，最大限度地持续满足顾客(业主)的需要。因此，监理项目管理是监理企业各项基础管理工作的出发点和落脚点，建立以监理项目绩效考核制度为核心的各项管理制度是得以实现以上目标的重要保证。

一、监理项目绩效考核制度

1.绩效考核制度的内涵和重要作用

项目管理的基本方法就是运用各种知识和资源，通过计划、组织、评价、控制等工作，以达到项目既定目标。其中，评价是控制(纠偏)的基础和依据。监理项目绩效考核就是监理项目的评价过程，它是指监理企业根据既定的目标和要求，按照一定的标准，运用科学的方法和程序，对监理项目活动的绩效和监理人员的工作成果进行测量、审核和评定。监理项目绩效考核是企业人力资源开发，建立竞争激励机制的基础，对监理企业的生存和发展具有重要的意义。

1)监理企业生存和发展的需要

工程监理提供的是技术和管理服务。监理企业要生存与发展，其市场竞争手段不能依靠低成本竞争，关键是能否为业主提供令其满意的监理服务，各监理项目正是这种服务的提供载体。监理企业的业绩是靠每个监理项目的业绩支撑的，只有每一个监理项目的绩效得到提高，才能保证企业战略目标的实现，最终赢得市场。

2)建立和完善人力资源竞争激励机制的基础

监理人员的专业知识、实践经验和道德素质是体现工程监理智力服务价值的最重要因素。建立绩效考核制度为监理企业正确评价员工的工作业绩提供了依据，使员工感到绩效面前人人平等，形成一种公平竞争的氛围和奖优罚劣的激励机制，使每个员工的绩效目标的实现与企业目标的实现紧密地结合起来，激发员工的潜能。

3)提高监理企业管理效率和项目管理水平

监理项目的特点是“点多、面广、线长”，工程对象千差万别，项目环境各不相同，给企业管理层对各个项目（监理机构）的监督和管理造成困难。建立绩效考核制度一方面可以规范监理机构的监理服务行为，及时发现和纠正偏差，使监理项目实施过程始终处于受控状态。另一方面，通过绩效考核有利于监理企业分析监理项目的“得与失”及其内在原因，更好地总结经验教训，不断提高项目管理水平。

2. 绩效考核制度的设计

监理项目绩效具有多因性、多维性和动态性的特征，因此，应结合监理行业和本单位自身的特点，深入分析影响监理项目绩效的因素，从绩效考核的实际需要和实际可能出发，建立一套完整的监理项目绩效考核制度，包括绩效考核标准、内容、指标体系和绩效考核的组织实施程序。监理项目绩效考核制度的设计，要尽可能做到科学、全面、准确、易行。绩效考核体系考核的对象应既包括监理项目也包括监理人员。在考核办法中要明确考核的适用范围、考核的内容、依据、方法、程序和奖罚措施等，可分别制定“监理办考核表”和分专业的各级“监理人员考核表”，进而构成了比较完整的绩效考核制度。可以把考核的具体事项即绩效标准，与考核指标一起整合在“考核表”当中。这样做的优点在于：企业对监理机构（项目）和员工的要求在“考核表”上一目了然，便于在日常工作中对照执行。

1）建立绩效考核指标体系的基本原则

绩效考核指标体系是绩效考核制度的核心。考核指标体系的设计应体现相关性、系统性、关键性、可行性和可测性原则。

（1）相关性原则。考核指标要能够客观、真实地反映监理项目绩效。即在明确绩效目标的前提下，以业主要求和岗位职责为导向，要求什么，就考什么；什么方面容易出问题，就考什么。

（2）系统性原则。考核指标体系必须能够系统、全面地反映监理项目绩效，避免片面性。

（3）关键性原则。在设计指标体系时，必须突出项目实施过程中的关键影响因素，确立关键绩效指标（KPI）。

（4）可行性原则。一是要求考核体系的设计要具有可操作性，标准设定合理，易于实施；二是可行，为使绩效考核的结论更具有可信度，指标所要求提供的信息可以实地取得，并具有实际意义。三是所建立的考核指标体系应适应本企业的现实水平，对所有的监理项目具有较强的适应性。

（5）可测性原则。各项考核指标都要有清晰的概念，考核事项（标准）的描述要规范，并尽可能量化，以保证考核标准的统一。

2）绩效考核指标体系结构及指标的确定

监理项目绩效是一个综合的系统，需要建立多维、多层次的指标才能对其进行科学、合理的考核与评价。

绩效考核指标的确定一定要坚持以业主要求和岗位职责为导向的原则，一切从让业主满意出发，紧紧围绕“五监、两管”、业主评价（满意度）、职业道德等方面设定绩效标准。体系结构上应根据考核的深度设定指标的层次。层次过少，易造成重要考核事项的缺失。层次过多，不利于考核实施。

一般可以设定两级项目考核指标：质量监理、进度监理、费用监理、合同管理、安全监理、监理资料管理、监理机构内部管理、职业道德、业主评价、成本控制等10个一级指标(即关键绩效指标KPI),在若干一级指标之下又设立了与之相关联的若干二级指标(考核分项),如施工过程控制、计量支付控制、工程变更控制等。在两级指标之下是对应的具体考核事项(量化标准)。对监理人员可采用一级考核指标,工作态度、遵章守纪可作为共有指标,工作业绩指标则根据各自岗位职责设定若干考核事项(标准)。

3)绩效考核指标权重(分值)的设定

权重(分值)的设定,是建立绩效考核指标体系的另一关键问题。权重(分值)设定不合理,将造成考核结果失真。可以对一级指标设定权重,对二级指标设定分值。权重与分值设定的原则是:根据指标对监理服务质量的影响程度设定权重与分值。质量监理是监理工作的重点,需考核的事项较多,理应分配最大的权重。一级指标中"五监、两管"所占权重总计不宜低于70%。二级指标中的"施工过程控制"、"计量支付控制"、"工程变更控制"、"监理工作管理"等重要考核分项都应设定较高的分值。

3.绩效考核体系的运用

项目绩效考核体系的运用不只是对指标的考核,它是包括制度宣贯(绩效辅导)、绩效考核、绩效评价、绩效反馈及绩效运用等一系列环节的系统的管理过程。

1)制度宣贯(绩效辅导)

企业任何一项管理制度都必须被全体员工理解、掌握并有充分的意愿加以实施,这样的制度才可能发挥应有的作用。在监理人员全部进场后,监理单位就要进行包括绩效考核制度在内的管理制度宣贯,使监理人员从思想理念上认识到推行绩效考核,提高监理服务质量的必要性,理解和掌握监理单位对监理项目(监理机构)和监理人员工作的具体要求和标准。

2)绩效考核

监理单位可每季度或养护项目结束后进行绩效考核。在监理机构和监理人员自评的基础上,考核分两个层次:一是监理机构对所有监理人员的考核,监理单位加以复核;二是监理单位对监理办的考核。考核组应深入监理办,实地检查工程实体质量、"五监、两管"的监理程序及实效、监理资料等,听取项目业主对监理机构工作的意见。检查采取随机抽查的方式,既提高了考核效率,又保证了考核的覆盖面和可信度。

3)绩效反馈与评价

考核组现场检查结束后,将检查发现的问题,即时地、面对面地逐一反馈给监理机构,要求监理机构制定整改措施,限期整改,并向考核组反馈整改结果,监理单位加以验证,形成问题整改的"闭环",真正收到纠错纠偏的效果。考核记录整理汇总后,交监理单位讨论审定,确定监理机构(项目)和个人的考核等级。最后通报绩效考核结果,指出存在的问题,着重发现共性的问题,分析其原因,提出整改的要求,避免今后出现同样的问题。

4)绩效运用

绩效考核的结果一定要合理地运用,才能真正起到激励与约束的作用。对绩效考核优秀的总监理工程师和监理人员应给予奖励并通报表扬。对多次考核中工作态度好、工作能力强的优秀员工,公司在学习培训、职称晋级等方面为其创造条件,适时将其调整到重要岗位,充分发挥其潜力。对考核为不合格的监理工程师,应责令其限期整改,并予以相应的处罚。

5)绩效考核需注意的问题

(1)一定要坚持以业主要求为导向的原则,一切从让业主满意出发。应将业主意见(满意度)纳入考核标准,对评比优胜的予以加分,强化考核的导向作用。

(2)考核结果若不能让员工信服,则不但不能起到激励的效果,反而会挫伤员工的积极性。因此,为增强考核结果的可信度,可以设计"监理机构考察表"和"监理人员考察表",发给每一位监理人员,请他们对驻地工程师和评选推荐的优秀监理人员进行"背对背"的定性评价。全员参与绩效考核,最大限度地避免了偏差。

(3)为弥补定期绩效考核在深度方面的不足,增强监理服务纠偏的时效性,监理单位还应不定期的进行工程实体质量、安全管理、监理资料和试验检测等方面的专项检查,检查结果计入绩效考核成绩。

二、监理办内部管理制度

为提高监理办管理效率,加强内部管理,保证监理服务质量,最终使业主满意,监理办应按照监理规范、监理单位和有关主管部门的要求,制订并实施一系列内部管理制度。

1. 总监理工程师巡视检查制度

总监理工程师对现场施工情况及监理工作情况的巡视,每次均应按要求填写《总监理工程师巡视记录》,并由本人签字,着重记录存在的问题、处理意见、处理结果,并一一加以落实。

2. 监理日志制度

总监理工程师应要求监理人员按规定格式记录监理日志,监理日志记录应符合本监理单位相关工作标准的各项要求。监理日志必须由记录人员签字。总监理工程师应定期地对监理人员的监理日志进行检查,并在监理日志上批示签字。在检查中发现监理日志不符合要求的情况,要对本人批评教育要求及时改正。

3. 监理工程师工作例会制度

监理工程师例会旨在定期检查监理人员工作,解决存在的问题,研究部署下阶段监理工作计划和措施,是加强监理办内部管理的重要手段。监理工程师会议至少每月召开一次,可根据实际情况适当增加次数,并且应在工地例会前召开。会议由总监理工程师主持,专业监理工程师、现场监理员汇报监理过程中出现的问题。会议内容主要有:

(1)讨论、研究工程质量、进度、费用、安全、环保等方面的问题。其内容基本与工地例会相同。作为工地例会的监理预备会,对施工中出现的各类问题,监理工程师应先取得共识并初步提出措施和意向。

(2)检查总结监理工作及内部管理中的经验和不足,并提出改进的建议。

(3)总监理工程师部署下一阶段的监理工作。

总监理工程师还可根据需要不定期地召开有针对性的专题会议。

4. 收(发)文登记制度

监理办应由专人负责建立"收(发)文登记台账"。收(发)文应包括监理办与业主、设计单位、施工单位、监理单位、质量监督机构等有关单位往来的所有文件、图纸、函件等。收(发)文应分别登记。收(发)文日期均应登记实际收到(或发出)的日期。“收件人签名”栏应由收件人本人签名。

5.监理行文审签制度

监理办对外行文,必须由总监理工程师审核签发。

6.来文传阅制度

为做到责任到人,人尽其责,提高监理工作效率,加强各级监理人员的内部沟通和相互监督,监理办应实行来文传阅制度。所以来文须经总监理工程师批阅,指定主办人和传阅人,主办人和传阅人应在阅读完毕后在传阅单上签字确认,主办人在规定的时间内完成相关工作并恢复完成结果。传阅完毕的文件应及时归档保存。

7.监理资料和档案管理制度

应由总监理工程师指定专人具体负责监理资料(档案)管理。监理资料管理与归档工作均应符合监理单位的有关工作要求和档案管理的有关规定。按照管理性文件、计量支付报表和现场质检(试验检测)资料等三大类对监理资料原件分别归档保管,根据工程项目的实际情况,建立必要的资料台账。监理资料必须及时整理、真实完整、分类有序。在各阶段监理工作结束后应及时整理、立卷、归档。在工程交工验收后规定时间内,监理办应完成归档文件资料的整理、立卷和装订,并移交业主单位。

8.监理人员休请假和考勤制度

为保证监理工作的正常开展,监理办应建立并严格实行监理人员休请假和考勤制度。监理人员休请假都须提出书面申请,并写明顶岗人员。总监理工程师休请假须报业主同意和监理单位批准;监理办应对全体监理人员每天如实考勤,考勤表上墙,接受监督,月末经总监理工程师审核签字,报监理单位。

9.工程监理安全管理办法

为保障工程监理人员自身的生命安全,预防安全事故的发生,监理办应制定“安全管理办法”。该办法应明确安全管理目标,安全责任制,监理办安全管理、交通安全、监理人员工地现场安全,安全奖罚规定等。

第三节　廉 洁 制 度

为了进一步规范监理人员的行为,净化工程建设环境,预防和遏制工程建设中的腐败现象,有效地控制工程费用,保证工程质量和施工安全,针对监理工作中存在的问题,监理单位和监理办应制订《监理人员职业道德规范》等一系列廉洁制度,并采取以下保障措施:

(1)要保证监理人员具有良好的素质。为此要选拔品行端正、业务熟练、工作认真的监理人员组建监理办,为廉洁建设奠定良好的基础。同时在日常监理工作中应广泛开展廉洁告知活动和职业道德教育,随时提醒监理人员规范自己的行为。

(2)监理工作伊始,监理办就要制订各级监理人员廉洁建设责任制,建立现场监理员对专业监理工程师负责,专业监理工程师对总监理工程师负责,层层抓落实的廉洁责任体系。

(3)监理单位要建立监理办和监理人员绩效考核制度,并要把廉洁自律作为考核的重要内容。监理单位领导要经常深入工地从各方面了解监理工作情况,对思想端正、工作认真、表现突出的监理人员，进行表彰，并在业务培训、职称评定、福利待遇上予以优先考虑；对违反廉洁纪律的监理人员，按考核办法进行处罚，轻者进行教育，令其悔改，重者清退出场，情节严重构成犯罪的，移送司法机关处理。

(4)监理办应在监理驻地设置举报信箱，自觉接受社会和舆论的监督，完善举报制度。如发现腐败问题，一经查实，监理单位要予以惩处。

监理人员要恪守“严格监理、优质服务、公正科学、廉洁自律”的职业准则，严格按照监理服务合同的要求，监督工程质量、安全、环保、进度和费用，坚持关键工序和隐蔽工程的现场旁站监理制度，发现问题，必须按规定及时指令施工单位纠正，保证工程数据完整和真实，争取优质、圆满地完成监理任务。

第十二章 网络技术在养护工程监理中的应用

第一节 养护工程监理信息的特点

随着互联网技术的飞速发展，信息进入了网络化时代，传统的文件资料与信息管理手段受到诸多因素的制约已不能完全适应现代工程管理的需要。过去，在工程项目管理中也曾采用局域网进行一定范围的计算机联网实现信息共享，尚无法同时满足信息的多媒体实时传递、实时查询和信息远程共享等需求。

与新建工程监理一样，养护工程监理也要求监理文件与资料具有准确性和真实性，同时，也有其不同的特点：

(1)养护工程监理的信息收集难度大。通常养护工程监理的路线都很长，少则几十公里，多则一、两百公里，施工工点多，监理人数少，工作十分分散，工程信息的收集、汇总和传递难度很大，传统的管理手段很难发挥其作用。

(2)养护工程监理要求信息传递更迅速，具有更强的实时性。一方面，由于养护工程是在高速公路正常通车营运下进行的，要求施工当天结束，一般不得过夜，以便尽早开放交通，这就要求必须在短时间内收集处理与施工相关的各种信息，以便迅速做出决策，及时处理施工中出现的异常情况，包括处理工程变更等。如果信息传递迟缓，不能及时进行决策势必会影响项目的顺利实施，甚至危及行车安全。

(3)养护工程监理要求质量信息直观且历史信息调用方便。一方面，路面养护施工结束后需立即通车运营，其施工质量的优劣很快就能得到检验；另一方面，路面养护是一个长期、持续的过程，因此需要尽可能多地保留施工期间直观的质量信息记录，如图片、录像、芯样等，以便在养护过程中和通车后出现问题时，能够方便地调用这些历史信息，对病害的原因进行准确的分析，以利于养护技术水平的提高。

养护监理信息是一种包含文字、图片、声像等形式多样的“多媒体”信息，信息管理过程就是一种“信息流”的处理过程。因此，运用互联网技术开发监理信息管理平台可以有效克服传统管理手段所无法解决的问题，从而把监理项目管理水平提升到一个新的高度。

第二节 基于互联网的监理信息管理平台的开发

一、利用互联网开发的监理信息管理平台的功能

开发一个完整的“监理信息管理系统”，是一个复杂的系统工程，需要投入大量的人力、物力和财力，且开发周期较长。对于经费少、工期短的养护工程监理项目来说，并不是最优的选择。为了缩短开发周期，节约成本，使开发成果能够及早应用于监理工作，可以利用简单易学

的互联网博客建立监理信息管理平台。它具有简洁的网页界面，用户可以根据需要添加各自独立的多种模块，有基础电脑知识的人就可以运用。由于采用了互联网技术，全面实现了信息的远程共享和管理，大大提高了监理信息管理的效率和水平，因此它是一种比较好的监理信息管理的平台。

基于互联网博客的监理信息管理平台是利用互联网，为群体提供使之可协同工作的管理系统。其开发原则为：统一规划，分步实施；先易后难，急用优先；一边开发，一边试用；征求意见，逐步完善。它具有以下 6 大功能：

(1)文档管理。可以对发布的文字、图表、图片等信息进行档案管理。该模块具有实用的文档标签功能，用户可以为自己的文档编制不同的标签，方便查询。

(2)信息公告发布。可以即时发布通知、公告等文字信息。

(3)电子邮件。博客账户同时捆绑有电子信箱，可以通过电子邮件实现保密信息的传递和交流。

(4)互动窗口。可以通过在网页上留言或发表评论实现网页管理者和各参建单位及社会公众的互动。

(5)多媒体。对工程施工过程中取得的证据性图片、声像等进行记录、存储和发布。

(6)天气预报。路面养护工程施工与天气息息相关，可以通过这一模块及时了解施工区域两天内的天气变化，为施工安排提供帮助。

二、基于互联网博客的监理信息管理平台的软硬件配置

建立一个基于互联网博客的监理信息管理平台所要求的软硬件配置如下：

(1)电脑若干台(最好为笔记本电脑，便于施工现场无线上网，及时传递信息)。

(2)互联网宽带接入(最好是无线宽带接入，方便施工现场随时接入使用)。

(3)500 万像素以上的数码照相机、80 万像素以上的摄像机等可以记录影像的设备。

(4)Windows XP 及以上操作系统。

三、互联网博客监理信息管理平台页面的设置

根据所承担的监理任务及其特点，基于互联网博客的监理信息管理平台的页面一般设置以下模块：

(1)日志。在日志中可以发布监理单位、监理机构及工程的简介、工程新闻、工程进度情况、试验检测数据、上报文件、待办事项等内容。还可根据项目的需要增添标签，方便信息管理。

(2)相册。主要是保存施工过程中的图片，便于参建各方查询。对养护项目来说图片是养护施工质量和工程量的监控证据。

(3)留言板。可以实现管理员与访客之间的互动，访客可以把自己想了解的或需要监理工程师办理的事宜在此进行留言，实现各方的互动。

(4)公告栏。可以发布会议通知、公告等内容。

(5)天气预报。

(6)多媒体播放器。可以播放施工现场录像，方便参建各方了解施工动态信息。还可以让

浏览者欣赏优美的音乐，在轻松愉快中查看网页信息。

(7)其他装饰性模块。可以加入悦目的 flash，起到美化、装饰网页的作用，也可以设置常用网站或文件的链接，方便访问。

四、互联网博客监理信息管理平台的作用

(1)业主能够异地远程第一时间直观地了解到工程各方面的信息，做到对项目动态过程了如指掌，并且可以随时调阅历史文件、图片和视频等，使业主省心和放心，提高业主对监理工作的满意度。

(2)利用互联网监理信息平台，大幅提高各类文件的查询速度。例如人工查询历史文件比较繁琐。由于历史文件早已归档入库，只能在收发文登记册上查询，往往查询者对所要查找的文档的编号、登记日期、文件标题等要素记忆模糊，查询需要花费大量时间。而利用互联网监理信息管理平台，各方均可以远程在相应的标签里输入关键词进行搜索，就能在很短时间内找到所需的文件，极为方便。

(3)利用互联网监理信息管理平台进行工程量计量审核，既增强了透明度，又提高了效率。监理工程师对每天的工程量进行现场计量，与施工单位进行核对后，将此结果作为日后中期计量的依据。监理工程师在互联网监理信息管理平台上对当天的计量工程量进行统计并公布，保证计量工作的及时与透明。在每月进行中期计量审核时，业主和监理工程师都可以同时把施工单位申报工程量与网上工程量统计表中的数据进行对比，这样既减轻了计量审核的工作量，同时又提高了计量审核工作效率，便于业主随时掌握资金流向，有利于费用监理。

(4)以往监理资料一般由监理人员分别保管，人员的调动或离职可能造成资料的流失，运用互联网监理信息管理平台可以把平时的资料保存在网络服务器上，实现监理信息共享，既克服了以往监理文件资料保存在个人手中难以查询的弊端，又不会由于人员的离职造成资料的丢失。

(5)计算机病毒、硬件设备故障、系统软件故障、使用误操作等因素，极易造成保存在计算机中的数据资料丢失，后果极为严重。由于互联网博客中的各种数据资料均保存在网络服务器上，因此，不受上述因素的影响，信息更加安全。

(6)业主、施工单位、监理工程师以及监理办内部均可通过互联网监理信息管理平台传递工程信息和文件资料，实现了快速高效，而且大大减少了各类文件、报表的印发量，有效地节约了纸张、打印以及电话、传真等办公费用。

第三节　互联网监理信息管理平台应用实例

浙江甬台温高速公路养护专项工程有 3 个施工合同段，养护总里程为 160 多公里，业主驻地距离施工现场较远。为了提高工程管理的效率，减少业主、监理和施工三方资源的浪费，监理办对如何有效地进行监理信息管理进行了探索，最后决定利用互联网博客开发适合本项目特点的监理信息管理平台。该平台的运用在工程管理中发挥了重要作用，节约了大量成本，受到了业主和相关单位的好评，这是在新的信息技术条件下监理信息管理的有益探索。

监理办首先在网站上申请了一个通行证账号，通行证只需一个账号和密码，可以提供多项

服务而不用多次申请。之后开通了博客和电子相册及电子邮箱。博客用于公布信息，主要用于发布工程新闻、通知、监理的抽检数据、工程进度数据、现场施工照片、声像资料、参建单位的反馈意见及其他信息。邮箱主要是用来接收各单位发来的不宜向公众公开的信息及数据，如施工方案的征求意见稿、会议纪要等。日志用于发布信息，访客可以在此对自己感兴趣的信息发表评论和意见，如果有其他的意见或需要解决的问题也可以在留言板留下意见和建议。相册模块用于发布施工中的照片，如隐蔽工程检验、工程量的现场测量、监理检查工作照片，并可以长期保存。由于路面养护工程施工受天气因素影响较大，因此添加了天气预报模块，可以查看施工范围内近两天的天气预报。在设计页面时还加入了多媒体播放器模块，根据需要添加了一些装饰性的模块，如用工程照片和优美的风景图片制作的 flash。优美的音乐配以赏心悦目的图片，可以让浏览者阅读文字时不感觉枯燥。如图 12-1～图 12-3 所示。

图 12-1　优美的网页首页

开通博客信息平台后，每个远在几十公里外的监理组都可以进行各自管理路段的信息编辑，将各自收集的各种信息及时存入信息管理平台，这样监理办就可以通过查看网页信息随时掌握远在几十公里外的每个合同段的进展情况，极大地增强了信息的时效性，避免了总监理工程师走马观花式的巡查，可以有目的、有针对性地进行重点巡查。同时，也实现了监理办内部各专业之间的信息共享，真正发挥了监理工程师现场管理作用，提高了监理工作效率。此外，各参建单位通过博客信息平台也可以第一时间获取各自需要了解的信息，节省了各单位的资源。

互联网监理信息管理平台还发挥了工程项目窗口作用。高速公路养护属于公共工程，影响着沿线广大群众的出行。公众关心工程的质量以及进展等情况，但缺乏有效的信息来源。通过互联网监理信息管理平台的建设，可以发挥社会监督的力量，规范施工单位的施工行为，拉近了与老百姓之间的距离，让更多的人理解和支持高速公路的运营、管理和养护。

对互联网监理信息管理平台开发的建议如下：

(1)开发互联网监理信息管理平台，不可贪大求全，要根据监理单位的实际条件来确定系

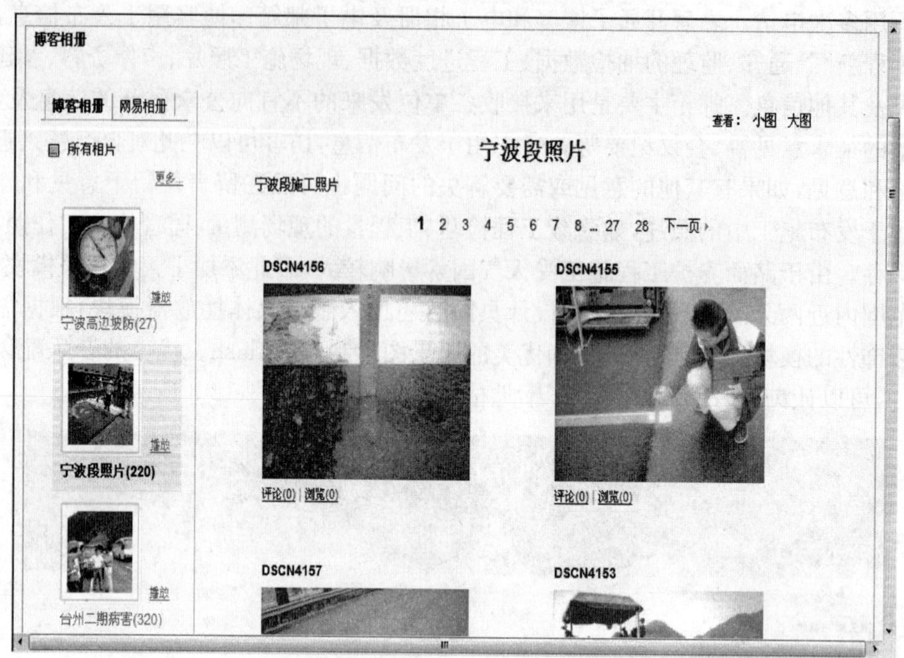

图 12-2 施工现场的照片

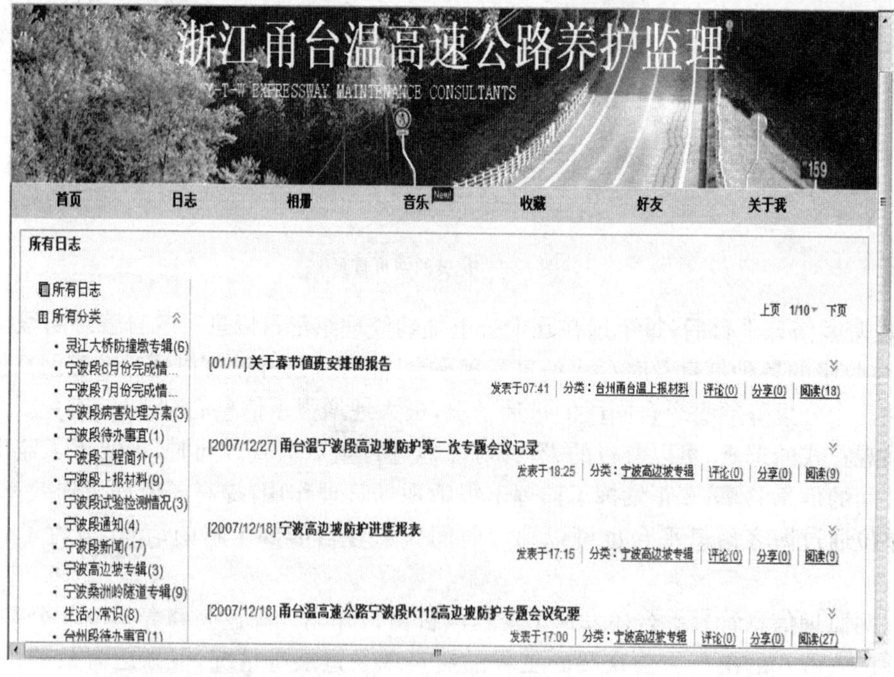

图 12-3 日志页面及文件分类

统的规模和功能，量力而行。应按照项目的需要分层次进行。先进行需求分析，后进行模块的设置。由于一开始用户对需求的概念比较模糊，因此初始开发的信息管理平台一般不能满足各种用户的要求，必须根据使用情况和各相关单位反馈的意见，对模块及内容进行必要的反复修改与补充，最终才能开发出效果较好的信息管理平台。

(2)互联网监理信息管理平台各使用单位应指定信息管理员，监理工程师应设定其各自的权限和网络用户密码。信息管理员要注意密码的保密，负责各自单位信息的编辑和输入上网。

(3)为了减少文档库的存储容量，可以把一些重要的且不宜公开的文件通过电子邮件保存在 3G 大邮箱中，照片等可以保存在网络相册上，这样既可以免除平台容量的限制，又可以保证文件储存的安全。

(4)根据竣工文件编制办法的要求，需要定期从服务器中将一些保存的信息备份到光盘中。

(5)开发互联网监理信息管理平台时，应尽量使操作界面清晰简洁，方便访问者查找。

通过互联网监理信息管理平台在高速公路路面养护工程中的应用尝试，让我们看到了其发展应用前景。相信不久的将来，通过不断的探索，基于互联网开发的监理信息管理平台会有一个较快的发展。

附录一　监理工程师办公室安全监理台账

一、监理办安全监理规章制度

1. 安全生产责任制

(1)监理办安全职责

(2)监理人员岗位安全职责

(3)监理办安全监理(安全管理)考核细则及奖惩规定

2. 安全监理制度

(1)安全技术措施(专项施工方案)审查制度

(2)安全检查和隐患督查整改制度

(3)安全学习教育培训制度

(4)安全会议制度

(5)安全事故调查处理制度

(6)安全事故应急救援预案

(7)监理办内部安全管理制度

二、监理办安全监理台账

1. 安全监理台账

(1)人员登记台账

①监理工程师、监理员登记表(附表 1-1);②施工安全管理、技术人员登记表(附表 1-2);③特种作业人员登记表(附表 1-3)(②③由施工单位报备)。

(2)特种设备登记台账(附表 1-4)

(3)安全教育培训台账

①安全教育培训登记表(附表 1-5);②安全教育培训记录(附表 1-6);③安全教育培训签到表。

(4)安全会议台账

①安全会议记录表(附表 1-7);②安全会议签到表(附表 1-8)。

(5)安全检查台账

①安全隐患整改通知书(附表 1-9);②安全管理监督检查记录(附表 1-10)。

(6)安全事故记录

①安全事故记录(附表 1-11);②安全事故处理结果记录(附表 1-12)。

(7)安全监理日志(附表 1-13)

(8)安全管理文件汇编(附表 1-14)

2. 安全监理文件

(1)安全生产协议书

(2)项目安全生产组织机构

(3)安全监理计划

(4)安全监理实施细则

(5)安全技术措施(专项施工方案)审查记录

(6)安全监理工作总结(年、季、月度)

(7)安全事故应急救援预案

监理工程师办公室安全监理台账(参考表式)

________工程安全监理台账

项目名称:________________________

监理单位:________________________

时　　间:________________________

＿＿＿＿＿＿＿＿＿＿＿＿工程建设项目

监理人员登记表

附表 1-1

施工单位＿＿＿＿＿＿＿＿＿＿＿＿　　　　　　合同号＿＿＿＿＿＿＿＿＿＿＿＿

监理单位＿＿＿＿＿＿＿＿＿＿＿＿　　　　　　编　号＿＿＿＿＿＿＿＿＿＿＿＿

序号	姓 名	性别	年龄	岗位	职称	监理(安全)证书编号	监理内容	备注

负责人：　　　　　　　　　　　　　　　　　　　　填表人：

_______________工程建设项目

施工安全管理人员、技术人员登记表

附表 1-2

施工单位______________　　　　合同号______________

监理单位______________　　　　编　号______________

序号	姓名	性别	年龄	职务	职称	安全、技术证件编号	发证单位	发证时间	备注
备注：附安全管理、技术人员的身份证、职称证、安全证复印件									

负责人：　　　　　　　　　　　　填表人：

____________________工程建设项目

特种作业人员登记表

附表 1-3

施工单位____________________　　合同号____________________

监理单位____________________　　编　号____________________

序号	姓名	性别	年龄	工种	发证部门	证件编号	发证时间	复审时间	进场时间	离场时间
备注：附特种作业人员的身份证、特种作业证书复印件										

负责人：　　　　　　　　　　　　填表人：

________工程建设项目

特种设备登记台账　　　　附表 1-4

施工单位____________　　　　合同号____________

监理单位____________　　　　编　号____________

序号	设备名称	规格型号	出厂时间	使用地点	检验检测情况	进场时间	撤场时间	操作责任人
备注：附特种设备的出厂合格证明、最近的检验合格证等材料复印件								

负责人：　　　　　　　　填表人：

________工程建设项目

安全学习教育培训登记表

附表 1-5

施工单位________　　　　合同号________

监理单位________　　　　编　号________

序号	姓名	性别	岗位	培训内容	培训地点	培训时间	培训方式	备注

负责人：　　　　　　　　　　填表人：

______工程建设项目

安全教育培训记录

附表 1-6

施工单位______　　合同号______

监理单位______　　编　号______

主讲单位(部门)		主讲人	
受教育培训单位(部门)		人数	
教育培训类别:			
教育培训时间:			
教育培训内容:			
备注:教育类别分:变换工种、操作规程和技能、经常性、季节性、节假日等			

负责人:　　填表人:

______工程建设项目

安全会议记录表

附表1-7

施工单位______　　合同号______

监理单位______　　编　号______

第　页,共　页

会议名称			
会议时间		组织部门	
会议地点		主持人	
一、出 席 情 况			
出席对象：		缺席人员：	
二、会 议 内 容			

主持人(签字)：　　记录人(签字)：

______________工程建设项目

安全会议、安全教育培训签到表

附表 1-8

施工单位______________　　　　合同号______________

监理单位______________　　　　编　号______________

第　页,共　页

会议名称		组织部门	
会议地点		主持人	
会议时间		实到人数	
序号	姓名	职务(岗位)	联系电话

__________________工程建设项目

安全隐患整改通知书

附表 1-9

施工单位__________________　　合同号__________________

监理单位__________________　　编　号__________________

第　页,共　页

致__________项目经理部(项目经理):______________

______年______月______日______时在对你标段______________________进行安全检查中,发现存在下列安全隐患,请你部按本通知要求进行整改:

1.

2.

3.

…

…

…

…

以上内容请你部于______年______月______日______时前将整改情况反馈监理办。

附件材料:(现场图片等)

监理检查人员(签字):　　　　年　月　日　时

项目经理(签字):　　　　年　月　日　时

整改反馈监理验证意见:

监理验证人员(签字):　　　　年　月　日　时

注:整改反馈报告粘附在本通知存根后面;共_____份,监理办、项目经理部、业主单位(视情况)各1份。

＿＿＿＿＿＿＿＿工程建设项目

安全管理监督检查记录

附表 1-10

施工单位＿＿＿＿＿＿＿＿＿＿　　合同号＿＿＿＿＿＿＿＿＿＿

监理单位＿＿＿＿＿＿＿＿＿＿　　编　号＿＿＿＿＿＿＿＿＿＿

＿＿＿＿年＿＿＿＿月＿＿＿＿日　星期＿＿＿＿

受检单位	
参加监督检查的部门及人员	
监督检查主要内容	
监督检查中查出的问题	
检查组处理意见	检查人员签名：

______________工程建设项目

安 全 监 理 日 志

附表 1-11

施工单位______________ 合同号______________

监理单位______________ 编 号______________

______年______月______日 星期______

______工程建设项目

安全事故记录

附表 1-12

施工单位______ 合同号______

监理单位______ 编　号______

______年______月______日　星期______

<table>
<tr><td colspan="2">事故单位：</td><td>施工人员</td></tr>
<tr><td colspan="2">发生时间：　　年　月　日　时　分</td><td>事故地点：</td></tr>
<tr><td colspan="2">报告单位：</td><td>报告人员姓名：</td></tr>
<tr><td colspan="2">伤亡情况：
死　　人，失踪　　人，重伤　　人。</td><td>事故经济损失：
直接：　　　　间接：</td></tr>
<tr><td>事故经过及原因</td><td colspan="2"></td></tr>
<tr><td>事故处理情况</td><td colspan="2"></td></tr>
<tr><td>赶赴现场人员</td><td colspan="2"></td></tr>
</table>

______________工程建设项目

安全事故处理结果记录

附表 1-13

施工单位______________　　　　合同号______________

监理单位______________　　　　编　号______________

______年______月______日　星期______

事故名称		事故单位	
发生时间		伤亡情况	
事故责任鉴定			
事故处理情况			
有关责任人处理情况			
整改措施			

此件可后粘附事故处理终结报告。

________________**工程建设项目**

安全管理文件汇编

附表 1-14

施工单位________________ 合同号________________

监理单位________________ 编　号________________

______年______月______日　星期______

序号	发文单位	文 件 标 题	文件日期	收发文号	页码
				来： 发：	
				来： 发：	
				来： 发：	
				来： 发：	
				来： 发：	
				来： 发：	
				来： 发：	
				来： 发：	
				来： 发：	
				来： 发：	
				来： 发：	
				来：	
				来：	
				来：	
				来： 发：	

附录二 单位、分部与分项工程的划分和质量评定

一、单位、分部、分项工程的划分

单位、分部、分项工程的划分见附表 2-1 所列。

单位、分部、分项工程的划分 附表 2-1

单位工程	分部工程	分部工程单元	分 项 工 程	分项工程单元
路面	病害处理-BH	罩面病害处理-ZB	每 3km 一单元	每天一单元
		非罩面病害处理-FZB	每 3km 一单元	每天一单元
	罩面-ZM	罩面-ZM	每 5km 一单元	每天一单元
		桥头加铺-QT	每三个桥头一单元	
	标线-BX	病害处理标线-BB	全线上行下行各一单元	每份资料一单元
		罩面工程标线-ZB	全线上行下行各一单元	每份资料一单元
	护栏调整-FL		全线上行下行各一单元	每份资料一单元

二、内业资料的编号

路段-标段-分部工程-分部单元-施工月日-施工序号(以分部单元分别编)

例:HS-01-BH-ZB-4.28-04

释义:××段-第一合同-病害处理分部-罩面段病害处理分部单元-4 月 28 日施工-第 4 份资料

三、质量评定的权值规定

1. 分部工程的权值为:病害处理 3,罩面为 6,标线为 1,护栏调整为 1。

2. 病害处理分部单元权值为:罩面段病害处理为 L,非罩面段病害为 2L′。

3. 罩面工程分部单元权值为:罩面为 L,桥头加铺 L′。

4. 标线工程分部单元权值为:病害标线为 1,罩面段标线为 5。

5. 分项工程和分项单元的权值为:实际施工的长度 L(L′),以公里为单位计。

6. 分项工程评分表采用“质量评定汇总表”,分项工程单元评分表采用“分项工程评定表”,分项工程单元指评定单元,质检资料一般为每天 1 份(标线、护栏调整除外)。

7. 压实度评定按分部工程单元全线的上行和下行分别评定。

四、质量评分方法

1. 检查项目得分=合格率×100

2. 分项工程单元得分＝∑(检查项目得分×权值)/∑检查项目权值

3. 分项工程单元评分值＝分项工程得分－外观缺陷扣分－资料不全扣分

4. 分项工程得分＝∑(分项工程单元评分值×权值)/∑权值

5. 分部工程得分＝∑(分项工程得分×权值)/∑权值

6. 单位工程得分＝∑(分部工程得分×权值)/∑权值

五、质量评定等级

1. 分项工程得分不小于 75 为合格，75 分以下为不合格。

2. 分部工程中所属的各分项工程均合格，则该分部工程为合格，所属分项工程中有一分项不合格，则该分部工程为不合格。

3. 单位工程中所属的各分部工程均合格，则该单位工程为合格，所属分部工程中有一分部不合格，则该单位工程为不合格。

附录三　高速公路路面养护工程施工与监理用表(样表)

一、工程计量支付报表

1. 计量支付月报表
2. 计量支付报表传递单
3. 中期财务支付证书
4. 清单中期支付报表
5. 工程计量表汇编
6. 工程计量表
7. 计量支付数量汇总表
8. 工程数量检查记录和附表
9. 分项工程检验和中间交验审批单(复印件)
10. 开工动员预付款支付证书(仅开工时用)

二、工程开工资料

1. 工程开工通知书
2. 实施性施工组织设计
3. 项目开工申请报告
4. 分项开工申请报告
5. 标准试验审核表
6. 施工技术方案报审单
7. 材料报验单
8. 进场设备报验单

三、病害处理施工质量检验资料(每天1份)

1. 分项工程检验申请和中间交验审批单
2. 路面病害处理工程质量检验报告单*
3. 路面病害处理施工工序交验单
4. 工程数量检查记录表和附表(归档到计算资料中)*
5. 沥青混合料拌和原始记录
6. 沥青混合料马歇尔试验单*
7. 沥青混合料抽提试验单*
8. 沥青混凝土压实度试验报告*
9. 排水盲沟施工现场检查记录

10. 路面平整度现场检查记录*
11. 路面厚度检查记录*
12. 路面渗水试验报告*
13. 路面构造深度试验报告*(罩面段病害无该项)
14. 路面摩擦系数试验报告*(罩面段病害无该项)

四、罩面(桥头加铺)施工质量检验资料(每天1份/每桥头)

1. 分项工程检验申请和中间交验审批单
2. 路面罩面(或桥头加铺)工程质量检验报告单*
3. 路面罩面(或桥头加铺)施工工序交验单
4. 工程数量检查记录(归档到计算资料中)*
5. 沥青混合料拌和原始记录
6. 沥青混合料温度检测记录
7. 沥青混合料马歇尔试验单*
8. 沥青混合料抽提试验单*
9. 沥青混凝土压实度试验报告*
10. 路面平整度现场检查记录*
11. 路面厚度检查记录*
12. 路面渗水试验报告*
13. 路面构造深度试验报告*
14. 路面摩擦系数试验报告*
15. 路面横坡度现场检查记录*
16. 桥头加铺标高设计表(由设计单位设计除外)
17. 水准测量记录*
18. 沥青混合料拌和打印记录(单独归档)

五、水泥混凝土路面施工质量检验资料

1. 分项工程检验申请和中间交验审批单
2. 水泥混凝土路面工程质量检验报告单*
3. 路面施工工序交验单
4. 工程数量检查记录*
5. 水泥混凝土路面基本要求检查记录
6. 混凝土抗弯拉强度试验报告*
7. 路面平整度现场检查记录*
8. 路面厚度检查记录*
9. 路面构造深度试验报告*
10. 路面横坡度现场检查记录*
11. 现场检查记录表*

六、路面标线施工质量检验资料（每施工段）

1. 分项工程检验申请和中间交验审批单
2. 路面标线工程质量检验报告单*
3. 路面标线施工现场记录表
4. 路面标线现场检查记录表*

七、路面突起路标施工质量检验资料（每施工段）

1. 分项工程检验申请和中间交验审批单
2. 突起路标质量检验报告单*
3. 突起路标施工现场记录表
4. 突起路标现场检查记录表*

八、护栏调整工程质量检验资料（每自然段）

1. 分项工程检验申请和中间交验审批单
2. 护栏调整工程质量检验报告单*
3. 现场检查记录表*
4. 工程数量记录表

九、土路肩工程质量检验资料（每自然段）

1. 分项工程检验申请和中间交验审批单
2. 土路肩工程质量检验报告单*

十、质量评定资料

1. 单位工程质量检验评定表
2. 分部工程质量检验评定表（包括沥青混凝土路面病害处理、沥青混凝土罩面、水泥混凝土路面等）
3. 罩面段沥青路面病害处理分项工程质量检验评定表
4. 非罩面段沥青路面病害处理分项工程质量检验评定表
5. 沥青混凝土路面罩面分项工程质量检验评定表
6. 沥青混凝土路面桥头加铺分项工程质量检验评定表
7. 沥青混凝土路面坑槽修补分项工程质量检验评定表
8. 水泥混凝土路面分项工程质量检验评定表
9. 路面标线分项工程质量检验评定表
10. 路面突起路标分项工程质量检验评定表
11. 护栏调整分项工程质量检验评定表

注：1. 表中“*”者为监理工程师单独填报、归档的质检资料。

2. 所附质量检验用表仅为路面养护工程专用表格，其他与新建工程相同的用表可采用交通主管部门制定的新建工程有关通用表格(含试验用表)。

(1)附表 3-1 为分项工程检验申请和中间交验申批表。

(2)附表 3-2～附表 3-12 为质量检验报告单。

(3)附表 3-13～附表 3-21 为沥青路面施工现场检查记录。

(4)附表 3-22～附表 3-23 为水泥路面施工现场检查记录。

(5)附表 3-24～附表 3-27 为交通安全设施施工现场检查记录。

(6)附表 3-28～附表 3-32 为施工现场检查记录通用表。

(7)附表 3-33～附表 3-43 为质量评定用表。

________高速公路________年路面养护工程

分项工程检验申请和中间交验申批表

附表 3-1

施工单位__________________　　　　监理单位__________________

合 同 号__________________　　　　编　　号__________________

<table>
<tr><td colspan="6">致监理工程师：
下列分项工程(或单个构件)经审核同意,将于　　年　月　日开工,请予派员全过程旁站和检验。</td></tr>
<tr><td colspan="2">开工项目</td><td colspan="4"></td></tr>
<tr><td colspan="2">工程地点及桩号</td><td colspan="4"></td></tr>
<tr><td colspan="2">具体部位</td><td colspan="4"></td></tr>
<tr><td colspan="2">检查内容(或主要工序)</td><td colspan="4"></td></tr>
<tr><td colspan="3">要求首次到达现场时间</td><td colspan="3"></td></tr>
<tr><td colspan="3">承包人递交日期时间和签字</td><td colspan="3"></td></tr>
<tr><td colspan="3">现场监理人员收件日期时间和签字</td><td colspan="3"></td></tr>
<tr><td colspan="3">现场监理对质量评价和签名</td><td colspan="3"></td></tr>
<tr><td rowspan="10">中间交验签认</td><td rowspan="5">专业监理工程师</td><td rowspan="5">签字：
年　月　日</td><td colspan="3">质量证明资料：</td></tr>
<tr><td>名称或代号</td><td>有</td><td>无</td></tr>
<tr><td>开工报告</td><td></td><td></td></tr>
<tr><td>3.2.4(1)</td><td></td><td></td></tr>
<tr><td>3.2.4(2)</td><td></td><td></td></tr>
<tr><td rowspan="5">试验监理工程师</td><td rowspan="5">签字：
年　月　日</td><td>3.2.4(3)</td><td></td><td></td></tr>
<tr><td>3.2.4(4)</td><td></td><td></td></tr>
<tr><td>3.2.4(5)</td><td></td><td></td></tr>
<tr><td>3.2.4(6)</td><td></td><td></td></tr>
<tr><td></td><td></td><td></td></tr>
<tr><td>驻地监理工程师</td><td colspan="2">签字：
年　月　日</td><td colspan="3">承包人收到日期、时间

签字：</td></tr>
</table>

______高速公路______年路面养护工程

路面病害处理工程质量检验报告单(一)　　附表 3-2

施工单位______________　　监理单位______________

合 同 号______________　　工程编号______________

<table>
<tr><td colspan="2">工程名称</td><td></td><td>施工日期</td><td></td></tr>
<tr><td colspan="2">桩号与部位</td><td></td><td>检验日期</td><td></td></tr>
<tr><td></td><td>项次</td><td>内　容</td><td colspan="2">检查结果</td></tr>
<tr><td rowspan="5">基本要求</td><td>1</td><td>沥青混合料的集料质量及集料级配应符合设计要求和施工规范的规定</td><td colspan="2"></td></tr>
<tr><td>2</td><td>沥青材料及混合料的各项指标应符合图纸和施工规范要求</td><td colspan="2"></td></tr>
<tr><td>3</td><td>严格控制各种集料和沥青用量及各种材料和沥青混合料的加热温度</td><td colspan="2"></td></tr>
<tr><td>4</td><td>拌和后的沥青混合料应均匀一致,无花白,无粗细料分离和结团成块现象</td><td colspan="2"></td></tr>
<tr><td>5</td><td>摊铺时应严格掌握厚度和平整度,细致找平,要注意控制摊铺和碾压温度,碾压至要求的密实度</td><td colspan="2"></td></tr>
<tr><td rowspan="5">外观鉴定</td><td>1</td><td>表面平整密实,无泛油、松散、裂缝、粗细料集中等现象</td><td colspan="2"></td></tr>
<tr><td>2</td><td>表面无明显碾压轮迹</td><td colspan="2"></td></tr>
<tr><td>3</td><td>接缝紧密,平顺,烫缝不应枯焦</td><td colspan="2"></td></tr>
<tr><td>4</td><td>路面与路缘石及其他构筑物衔接平顺,无积水现象</td><td colspan="2"></td></tr>
<tr><td>5</td><td>沥青面层内部及表面的水要排除到路面范围之外,无积水</td><td colspan="2"></td></tr>
</table>

现场监理日期		施工负责人日期		自检负责人日期	

________高速公路________年路面养护工程

路面病害处理工程质量检验报告单(二)

附表 3-3

施工单位____________________ 监理单位____________________

合 同 号____________________ 工程编号____________________

<table>
<tr><td colspan="4">工程名称</td><td colspan="1"></td><td>施工日期</td><td></td></tr>
<tr><td colspan="4">桩号与部位</td><td colspan="1"></td><td>检验日期</td><td></td></tr>
<tr><td rowspan="15">实测项目</td><td>项次</td><td colspan="2">检查项目</td><td>规定值或允许偏差</td><td>检查方法和频率</td><td>检 查 结 果</td></tr>
<tr><td rowspan="2">1</td><td rowspan="2">压实度(%)</td><td>标准密度</td><td>96</td><td rowspan="2">每 800m² 测 1 处</td><td></td></tr>
<tr><td>最大理论密度</td><td>92</td><td></td></tr>
<tr><td rowspan="3">2</td><td rowspan="3">平整度</td><td>δ(mm)</td><td>1.2</td><td rowspan="2">按每 100m 计算 IRI 或 σ</td><td rowspan="2"></td></tr>
<tr><td>IRI (m/km)</td><td>2.0</td></tr>
<tr><td>H(mm)</td><td>≤3</td><td>3m 直尺，每 800m² 测 2 处×10 尺</td><td></td></tr>
<tr><td rowspan="2">3</td><td rowspan="2">厚度(mm)</td><td>合格值</td><td>不小于设计(计量)值的−5%</td><td rowspan="2">每 800m² 测 1 处</td><td rowspan="2"></td></tr>
<tr><td>极值</td><td>不小于设计(计量)值的−10%</td></tr>
<tr><td>4</td><td colspan="2">渗水系数(mL/min)</td><td>≤300</td><td>每 800m² 测 1 处</td><td></td></tr>
<tr><td rowspan="2">5</td><td rowspan="2">抗滑</td><td>摩擦系数(BPN)</td><td>符合设计要求</td><td>每 800m² 测 1 处</td><td rowspan="2"></td></tr>
<tr><td>构造深度 TD(mm)</td><td>符合设计要求</td><td>每 800m² 测 1 处</td></tr>
<tr><td>6</td><td colspan="2">宽度(cm)</td><td>不小于设计(计量)宽</td><td>每 800m² 测 4 断面</td><td></td></tr>
<tr><td>7</td><td colspan="2">边缘顺直度(cm)</td><td>5</td><td>拉 20m 直线，每 200m 测 2 处</td><td></td></tr>
</table>

<table>
<tr><td>现场监理日期</td><td></td><td>施工负责人日期</td><td></td><td>自检负责人日期</td><td></td></tr>
</table>

______高速公路______年路面养护工程

路面罩面(桥头加铺)工程质量检验报告单(一) 附表 3-4

施工单位______ 监理单位______

合 同 号______ 编 号______

<table>
<tr><td colspan="3">工程名称</td><td></td><td>施工日期</td><td></td></tr>
<tr><td colspan="3">桩号与部位</td><td></td><td>检验日期</td><td></td></tr>
<tr><td></td><td>项次</td><td>内 容</td><td colspan="3">检 查 结 果</td></tr>
<tr><td rowspan="5">基本要求</td><td>1</td><td>沥青混合料的集料质量及集料级配应符合设计要求和施工规范的规定</td><td colspan="3"></td></tr>
<tr><td>2</td><td>沥青材料及混合料的各项指标应符合图纸和施工规范要求</td><td colspan="3"></td></tr>
<tr><td>3</td><td>严格控制各种集料和沥青用量及各种材料和沥青混合料的加热温度</td><td colspan="3"></td></tr>
<tr><td>4</td><td>拌和后的沥青混合料应均匀一致,无花白,无粗细料分离和结团成块现象</td><td colspan="3"></td></tr>
<tr><td>5</td><td>摊铺时应严格掌握厚度和平整度,细致找平,要注意控制摊铺和碾压温度,碾压至要求的密实度</td><td colspan="3"></td></tr>
<tr><td rowspan="5">外观鉴定</td><td>1</td><td>表面平整密实、无泛油、松散、裂缝、粗细料集中等现象</td><td colspan="3"></td></tr>
<tr><td>2</td><td>表面无明显碾压轮迹</td><td colspan="3"></td></tr>
<tr><td>3</td><td>接缝紧密,平顺,烫缝不应枯焦</td><td colspan="3"></td></tr>
<tr><td>4</td><td>路面与路缘石及其他构筑物衔接平顺,无积水现象</td><td colspan="3"></td></tr>
<tr><td>5</td><td>沥青面层内部及表面的水要排除到路面范围之外,无积水</td><td colspan="3"></td></tr>
</table>

现场监理日期		施工负责人日期		自检负责人日期	

________高速公路________年路面养护工程

桥头加铺工程质量检验报告单(二)　　　　附表 3-5

施工单位________________　　　　监理单位________________

合 同 号________________　　　　编　　号________________

<table>
<tr><td colspan="2">工程名称</td><td colspan="3"></td><td>施工日期</td><td colspan="2"></td></tr>
<tr><td colspan="2">桩号与部位</td><td colspan="3"></td><td>检验日期</td><td colspan="2"></td></tr>
<tr><td rowspan="14">实测项目</td><td>项次</td><td colspan="2">检查项目</td><td>规定值或允许偏差</td><td>检查方法和频率</td><td colspan="2">检查结果</td></tr>
<tr><td rowspan="2">1</td><td rowspan="2">压实度(%)</td><td>标准密度</td><td>96</td><td rowspan="2">每桥头测 2 处</td><td colspan="2"></td></tr>
<tr><td>最大理论密度</td><td>92</td><td colspan="2"></td></tr>
<tr><td rowspan="3">2</td><td rowspan="3">平整度</td><td>δ(mm)</td><td>1.2</td><td rowspan="2">按每 100m 计算 IRI 或 δ</td><td rowspan="2" colspan="2"></td></tr>
<tr><td>IRI(m/km)</td><td>2.0</td></tr>
<tr><td>H(mm)</td><td>≤3</td><td>每桥头测 2 处×10 尺</td><td colspan="2"></td></tr>
<tr><td rowspan="2">3</td><td rowspan="2">厚度(mm)</td><td>合格值</td><td>不小于设计(计量)值的−5%</td><td rowspan="2">每桥头测 2 处</td><td colspan="2"></td></tr>
<tr><td>极格</td><td>不小于设计(计量)值的−10%</td><td colspan="2"></td></tr>
<tr><td>4</td><td colspan="2">渗水系数(mL/min)</td><td>≤300</td><td>每桥头测 1 处</td><td colspan="2"></td></tr>
<tr><td rowspan="2">5</td><td rowspan="2">抗滑</td><td>摩擦系数 F_B(BPN)</td><td>符合设计要求</td><td>每桥头测 1 处</td><td colspan="2"></td></tr>
<tr><td>构造深度 TD(mm)</td><td>符合设计要求</td><td>每桥头测 1 处</td><td colspan="2"></td></tr>
<tr><td>6</td><td colspan="2">宽度(mm)</td><td>不小于设计(计量)宽</td><td>每 200m 测 4 断面</td><td colspan="2"></td></tr>
<tr><td>7</td><td colspan="2">横坡(%)</td><td>设计±0.3</td><td>每桥头测 4 处</td><td colspan="2"></td></tr>
<tr><td>8</td><td colspan="2">边缘顺直度(cm)</td><td>5</td><td>拉 20m 直线,每桥头测 2 处</td><td colspan="2"></td></tr>
</table>

现场监理日期		施工负责人日期		自检负责人日期	

______高速公路______年路面养护工程

沥青混凝土罩面工程质量检验报告单(二)　　附表 3-6

施工单位____________　　监理单位____________

合 同 号____________　　编　　号____________

<table>
<tr><td colspan="3">工程名称</td><td colspan="2"></td><td>施工日期</td><td></td></tr>
<tr><td colspan="3">桩号与部位</td><td colspan="2"></td><td>检验日期</td><td></td></tr>
<tr><td rowspan="14">实测项目</td><td>项次</td><td colspan="2">检查项目</td><td>规定值或允许偏差</td><td>检查方法和频率</td><td>检查结果</td></tr>
<tr><td rowspan="2">1</td><td rowspan="2">压实度(%)</td><td>标准密度</td><td>96</td><td rowspan="2">每 2 000m² 测 1 处</td><td></td></tr>
<tr><td>最大理论密度</td><td>92</td><td></td></tr>
<tr><td rowspan="3">2</td><td rowspan="3">平整度</td><td>δ(mm)</td><td>1.2</td><td rowspan="2">按每 100m 计算 IRI 或 δ</td><td rowspan="2"></td></tr>
<tr><td>IRI(m/km)</td><td>2.0</td></tr>
<tr><td>H(mm)</td><td>≤3</td><td>每 200m 测 2 处×10 尺</td><td></td></tr>
<tr><td rowspan="2">3</td><td rowspan="2">厚度(mm)</td><td>合格值</td><td>不小于设计(计量)值的−5%</td><td rowspan="2">每 2 000m² 测 1 处</td><td></td></tr>
<tr><td>极值</td><td>不小于设计(计量)值的−10%</td><td></td></tr>
<tr><td>4</td><td colspan="2">渗水系数 mL/min</td><td>≤300</td><td>每 200m 测 1 处</td><td></td></tr>
<tr><td rowspan="2">5</td><td rowspan="2">抗滑</td><td>摩擦系数 F_B (BPN)</td><td>符合设计要求</td><td>每 200m 测 1 处</td><td></td></tr>
<tr><td>构造深度 TD (mm)</td><td>符合设计要求</td><td>每 200m 测 1 处</td><td></td></tr>
<tr><td>6</td><td colspan="2">宽度(mm)</td><td>不小于设计(计量)宽</td><td>每 200m 测 4 断面</td><td></td></tr>
<tr><td>7</td><td colspan="2">横坡(%)</td><td>设计±0.3</td><td>每 200m 测 4 处</td><td></td></tr>
<tr><td>8</td><td colspan="2">边缘顺直度(cm)</td><td>5</td><td>拉 20m 直线，每 200m 测 2 处</td><td></td></tr>
</table>

现场监理日期		施工负责人日期		自检负责人日期	

________高速公路________年路面养护工程

沥青路面坑槽修补工程质量检验报告单

附表 3-7

施工单位__________________　　　　监理单位__________________

合 同 号__________________　　　　编　　号__________________

<table>
<tr><td colspan="2">工程名称</td><td colspan="3"></td><td>施工日期</td><td colspan="2"></td></tr>
<tr><td colspan="2">桩号与部位</td><td colspan="3"></td><td>检验日期</td><td colspan="2"></td></tr>
<tr><td rowspan="6">基本要求</td><td>项次</td><td colspan="4">内　　容</td><td colspan="3">检查结果</td></tr>
<tr><td>1</td><td colspan="4">沥青混合料的集料质量及集料级配应符合设计要求和施工规范的规定</td><td colspan="3"></td></tr>
<tr><td>2</td><td colspan="4">沥青材料及混合料的各项指标应符合图纸和施工规范要求</td><td colspan="3"></td></tr>
<tr><td>3</td><td colspan="4">严格控制各种集料和沥青用量及各种材料和沥青混合料的加热温度</td><td colspan="3"></td></tr>
<tr><td>4</td><td colspan="4">拌和后的沥青混合料应均匀一致，无花白，无粗细料分离和结团成块现象</td><td colspan="3"></td></tr>
<tr><td>5</td><td colspan="4">摊铺时应严格掌握厚度和平整度，细致找平，要注意控制摊铺和碾压温度，碾压至要求的密实度</td><td colspan="3"></td></tr>
<tr><td rowspan="4">实测项目</td><td>项次</td><td>检查项目</td><td>规定值或允许偏差</td><td colspan="2">检查方法和频率</td><td colspan="3">检查结果</td></tr>
<tr><td>1</td><td>压实度(%)</td><td>试验室标准密度的96%
最大理论密度的92%</td><td colspan="2">钻孔取芯，检测点数不少于当月坑槽修补总数的5%</td><td colspan="3"></td></tr>
<tr><td>2</td><td>平整度(mm)
(最大间隙 h)</td><td>≤7</td><td colspan="2">3m直尺，不少于当月坑槽修补总数的10%</td><td colspan="3"></td></tr>
<tr><td>3</td><td>渗水系数
(mL/min)</td><td>≤300</td><td colspan="2">渗水系数测定仪，不少于当月坑槽修补总数的5%</td><td colspan="3"></td></tr>
<tr><td rowspan="2">外观鉴定</td><td>1</td><td colspan="4">表面平整密实、无泛油、松散、裂缝、粗细料集中等现象</td><td colspan="3"></td></tr>
<tr><td>2</td><td colspan="4">接缝紧密，平顺，烫缝不应枯焦</td><td colspan="3"></td></tr>
<tr><td colspan="2">现场监理日期</td><td></td><td>施工负责人日期</td><td></td><td>自检负责人日期</td><td colspan="2"></td></tr>
</table>

注：本表适用于小修保养养工程。

______高速公路______年路面养护工程

水泥混凝土路面工程质量检验报告单(一)　　附表 3-8

施工单位______　　监理单位______

合 同 号______　　编　　号______

工程名称		施工日期	
桩号与部位		检验日期	

	项次	内　容	检查结果
基本要求	1	基层质量必须符合规定要求，并应进行弯沉测定，验算的基层整体模量应满足设计要求	
	2	水泥强度、物理性能和化学成分应符合国家标准及有关规范的规定	
	3	粗细集料、水、外掺剂及接缝填料应符合设计和施工规范要求	
	4	施工配合比应根据现场测定水泥的实际强度等级进行计算，并经试验，选择采用最佳配合比	
	5	接缝的位置、规格、尺寸及传力杆、拉力杆的设置应符合设计要求	
	6	路面拉毛或机具压槽等抗滑措施，其构造深度应符合施工规范要求	
	7	面层与其他构造物相接应平顺，检查井盖顶面高程应高于周边路面1～3mm。雨水口标高按设计比路面低5～8mm，路面边缘无积水现象	
	8	混凝土路面铺筑后按施工规范要求养生	
外观鉴定	1	混凝土的断裂块数不得超过评定路段混凝土板总数的0.2%。不符合要求时每超过0.1%减2分。对于断裂板应采取适当措施予以处理	
	2	混凝土板表面脱皮、印痕、裂纹、露石、蜂窝、麻面、缺边、掉角等有缺陷的面积不得超过受检面积的2‰。不符合要求时每超过0.1%减2分。对于连续配筋的混凝土路面和钢筋混凝土路面，因干湿、温缩产生的裂缝，可不减分	
	3	接缝填筑饱满密实，不污染路面。不符合要求时，累计长度每100m减2分	
	4	胀缝有明显缺陷时，每条减1～2分	

现场监理日期		施工负责人日期		自检负责人日期	

________高速公路________年路面养护工程
水泥混凝土路面工程质量检验报告单(二)

附表 3-9

施工单位________________　　　　监理单位________________

合 同 号________________　　　　编　　号________________

<table>
<tr><td colspan="2">工程名称</td><td colspan="3"></td><td>施工日期</td><td></td></tr>
<tr><td colspan="2">桩号与部位</td><td colspan="3"></td><td>检验日期</td><td></td></tr>
<tr><td rowspan="12">实测项目</td><td>项次</td><td colspan="2">检查项目</td><td>规定值或允许偏差</td><td>检查方法和频率</td><td>检查结果</td></tr>
<tr><td>1</td><td colspan="2">弯拉强度(MPa)</td><td>在合格标准之内</td><td>按 JTG F80/1—2004 附录 C 检查</td><td></td></tr>
<tr><td rowspan="2">2</td><td rowspan="2">板厚度(mm)</td><td>代表值</td><td>−5</td><td rowspan="2">按 JTG F80/1—2004 附录 H 检查每 800m² 测 1 处</td><td rowspan="2"></td></tr>
<tr><td>合格值</td><td>−10</td></tr>
<tr><td rowspan="3">3</td><td rowspan="3">平整度</td><td>σ (mm)</td><td>1.2</td><td rowspan="2">平整度仪：全线每车道连续检测，每 100m 计算 σ、IRI</td><td rowspan="2"></td></tr>
<tr><td>IRI (m/km)</td><td>2.0</td></tr>
<tr><td>最大间隙 h (mm)</td><td>≤3</td><td>3m 直尺：每车道每 200m 测 1 处×10 尺</td><td></td></tr>
<tr><td>4</td><td colspan="2">抗滑构造深度(mm)</td><td>一般路段不小于 0.7 且不大于 1.1；特殊路段不小于 0.8 且不大于 1.2</td><td>砂铺法：每 800m² 测 1 处</td><td></td></tr>
<tr><td>5</td><td colspan="2">相邻板高差</td><td>2</td><td>抽量：每条胀缝 2 点，每 200m 抽纵、横各 2 条，每条 2 点</td><td></td></tr>
<tr><td>6</td><td colspan="2">纵、横缝顺直度(mm)</td><td>10</td><td>纵缝 20m 拉线，每 200m4 处；横缝沿板宽拉线，每 200m4 条</td><td></td></tr>
<tr><td>7</td><td colspan="2">中线平面偏位(mm)</td><td>20</td><td>经纬仪：每 200m 测 4 点</td><td></td></tr>
<tr><td>8</td><td colspan="2">路面宽度(mm)</td><td>±20</td><td>抽量：每 200m 测 4 处</td><td></td></tr>
<tr><td></td><td>9</td><td colspan="2">横坡(%)</td><td>±0.15</td><td>水准仪：每 200m 测 4 断面</td><td></td></tr>
<tr><td colspan="2">现场监理日期</td><td></td><td>施工负责人日期</td><td></td><td>自检负责人日期</td><td></td></tr>
</table>

______高速公路______年路面养护工程

路面标线工程质量检验报告单

附表 3-10

施工单位______________　　监理单位______________

合 同 号______________　　工程编号______________

工程名称		施工日期	
桩号与部位		检验日期	

	项次	内容	检查结果
基本要求	1	标线材料应符合部标《路面标线涂料》(JT/T280)的规定	
	2	喷涂标线前应先清洁路面，无起灰现象	
	3	所有路面标线的设置，颜色，形状应符合现图纸和《道路交通标志和标线》(GB 5768—1999)及《道路交通标线质量要求和检测方法》(GB/T 16311—1996)标准的规定	

	项次	检查项目		规定值或允许偏差	检查方法和频率	检查结果
实测项目	1	厚度(mm)	热熔型(1.8～2.0)	－0.10，＋0.50	用材料用量计算或抽检 10%	
	2	标线宽度(mm)		±8.0	直尺：抽检 10%	
	3	标线长度(mm)		±50	直尺：抽检 10%	
	4	纵向间距(mm)		±45	直尺：抽检 10%	
	5	横向偏位(mm)		±30	直尺：抽检 10%	
	6	标线剥落面积		总面积 0%～3%	4 倍放大镜：目测检查	
	7	反光标线逆反射系数($cd \cdot lx^{-1} \cdot m^{-2}$)		白色≥150 黄色≥100	反光标线逆反射系数测量仪：10%	

	项次	内容	检查结果
外观鉴定	1	路面标线以外的路面，应保持清洁，不得被标线材料所污染；当某处污染面积超过 0.001m^2 时，应进行清除，路面要修补	
	2	热涂后的标线，边缘无明显毛边。毛边长度每公里超过 1%时，应进行清除和修补	
	3	标线应顺直或圆顺，不符合要求，应清除和修补	
	4	标线表面不应出现网状裂缝、断裂裂缝、起泡现象	
	5	反光标线玻璃珠应撒布均匀，附着牢固，反光均匀	

现场监理日期		施工负责人日期		自检负责人日期	

________高速公路________年路面养护工程

突起路标质量检验报告单

附表 3-11

施工单位________________　　　　监理单位________________

合 同 号________________　　　　工程编号________________

<table>
<tr><td colspan="2">工程名称</td><td colspan="2"></td><td>施工日期</td><td></td></tr>
<tr><td colspan="2">桩号与部位</td><td colspan="2"></td><td>检验日期</td><td></td></tr>
<tr><td rowspan="5">基本要求</td><td>项次</td><td colspan="3">内　　容</td><td>检查结果</td></tr>
<tr><td>1</td><td colspan="3">突起路标产品应符合《突起路标》(JT/T390)的规定</td><td></td></tr>
<tr><td>2</td><td colspan="3">突起路标的布设及颜色就应符合《道路交通标志和标线》(GB 5768)的规定或符合设计要求</td><td></td></tr>
<tr><td>3</td><td colspan="3">突起路标与路面的粘结应牢固、耐久，能经受汽车轮胎的冲击而不会脱落</td><td></td></tr>
<tr><td>4</td><td colspan="3">突起路标应在路面干燥、清洁，并经测量定位后施工</td><td></td></tr>
<tr><td rowspan="7">实测项目</td><td>项次</td><td>检查项目</td><td>规定值或允许偏差</td><td>检查方法和频率</td><td></td></tr>
<tr><td>1</td><td>安装角度(0)</td><td>±5</td><td>角尺：抽检 10%</td><td></td></tr>
<tr><td>2</td><td>纵向间距(mm)</td><td>±50</td><td>钢卷尺：抽检 10%</td><td></td></tr>
<tr><td>3</td><td>损坏及脱落个数</td><td><0.5%</td><td>检查损坏及脱落个数：抽检 10%</td><td></td></tr>
<tr><td>4</td><td>横向偏位(mm)</td><td>±50</td><td>钢卷尺：抽检 10%</td><td></td></tr>
<tr><td>5</td><td>承受压力(kN)</td><td>>160</td><td>检查测试记录</td><td></td></tr>
<tr><td>6</td><td>光度性能</td><td>在规定范围内</td><td>检查测试报告</td><td></td></tr>
<tr><td rowspan="3">外观鉴定</td><td>1</td><td colspan="3">外观应美观，尺寸符合有关规范要求，表面光滑，不得有尖角、毛刺存在，表面无明显划伤、裂纹</td><td></td></tr>
<tr><td>2</td><td colspan="3">纵向安装应成直线，不得出现折线。曲线段的突起路标应与道路曲线相吻合，线型圆滑、顺畅</td><td></td></tr>
<tr><td>3</td><td colspan="3">突起路标粘结剂不得造成路面污染</td><td></td></tr>
<tr><td>现场监理日期</td><td></td><td>施工负责人日期</td><td></td><td>自检负责人日期</td><td></td></tr>
</table>

________高速公路________年路面养护工程

护栏调整工程质量检验报告单　　　　附表 3-12

施工单位________________　　　　监理单位________________

合 同 号________________　　　　编　　号________________

<table>
<tr><td colspan="3">工程名称</td><td colspan="2"></td><td>施工日期</td><td colspan="2"></td></tr>
<tr><td colspan="3">桩号与部位</td><td colspan="2"></td><td>检验日期</td><td colspan="2"></td></tr>
<tr><td rowspan="4">基本要求</td><td>项次</td><td colspan="4">内　容</td><td colspan="2">检查结果</td></tr>
<tr><td>1</td><td colspan="4">波形梁护栏高度符合规范要求</td><td colspan="2"></td></tr>
<tr><td>2</td><td colspan="4">波形梁护栏的线型平顺、连续，与公路线形相协调</td><td colspan="2"></td></tr>
<tr><td>3</td><td colspan="4">荧光柱帽安装牢固、规范</td><td colspan="2"></td></tr>
<tr><td rowspan="4">实测项目</td><td>项次</td><td>检查项目</td><td>规定值或
允许偏差</td><td>检查方法和频率</td><td colspan="3"></td></tr>
<tr><td>1</td><td>立柱竖直度
(mm/m)</td><td>±5</td><td>垂线、直尺：抽查 10%</td><td colspan="3"></td></tr>
<tr><td>2</td><td>护栏顺直度
(mm/m)</td><td>±5</td><td>拉线、直尺：抽查 10%</td><td colspan="3"></td></tr>
<tr><td>3</td><td>横梁中心高度
(cm)</td><td>60±2</td><td>直尺：抽查 10%</td><td colspan="3"></td></tr>
<tr><td rowspan="4">外观鉴定</td><td>1</td><td colspan="4">直线段护栏不得有明显的凹凸、起伏现象，曲线段护栏应圆滑顺畅，与线形协调一致，波形梁护栏不得有剥落、气泡、裂纹、疤痕、擦伤等表面缺陷。不符合要求时，每处减 1～2 分</td><td colspan="2"></td></tr>
<tr><td>2</td><td colspan="4">波形梁板搭接方向正确，搭接平顺，垫圈齐备，螺栓紧固。不符合要求时，每处减 1～2 分</td><td colspan="2"></td></tr>
<tr><td>3</td><td colspan="4">立柱及柱帽安装牢固，其顶部应无明显塌边、变形、开裂等缺陷。不符合要求时，每处减 1～2 分</td><td colspan="2"></td></tr>
<tr><td>4</td><td colspan="4">立柱顶面线型要顺直。不符合要求时，每处减 1～2 分</td><td colspan="2"></td></tr>
<tr><td colspan="2">现场监理日期</td><td></td><td>施工负责人日期</td><td></td><td>自检负责人日期</td><td colspan="2"></td></tr>
</table>

________高速公路________年路面养护工程

路面病害处理工程施工工序交验单

附表 3-13

施工单位________________ 监理单位________________

合 同 号________________ 工程编号________________

起讫桩号			方向		天气/气温			施工时间				
检查项目			承包人自检					监理核验				
桩号与车道												
病害铣刨及清扫	是否分层铣刨											
	是否无夹层											
	处理是否彻底											
	铣刨边缘是否顺直											
	是否清扫干净											
	检查人签名											
洒布粘层油或土工布	乳化沥青品名/产地											
	用量控制方法/用量											
	坑底是否干燥											
	粘层油是否均匀											
	接缝垂直面是否有粘层油											
	土工布铺设是否满足要求											
	粘层油是否破乳											
	检查人签名											
沥青混合料摊铺及碾压	松铺系数是否合适											
	混合料是否有离析											
	接缝边缘是否密实、平顺											
	摊铺温度	规定值										
	初压温度											
	终了温度											
	检查人签名											
其他	施工路面是否清洁											
	开放交通时沥青混凝土是否低于 50℃											

注:达到要求用“是”表示,不符合要求用“否”表示,温度应填数据。

＿＿＿＿高速公路＿＿＿＿年路面养护工程

路面病害处理工程数量检查记录表

附表 3-14

施工单位＿＿＿＿＿＿＿＿　合同号＿＿＿＿＿＿＿＿　监理单位＿＿＿＿＿＿＿＿　编号＿＿＿＿＿＿＿＿

起止桩号					方向				天气		施工时间			
编号	桩号	车道	长度(m)	宽度(m)	深度(cm)		面积(m^2)	土工布(m^2)	黏层油(m^2)	标线(长×宽)(m^2)	方量(m^3)	沥青混凝土类型	施工单位检测人	监理工程师检查意见及签名
					测点	均值								
合计														

__________高速公路__________年路面养护工程

路面病害处理检查记录附表　　附表 3-15

施工单位____________________　　监理单位____________________

合 同 号____________________　　编　　号____________________

起讫桩号					方向		施工日期	
分块桩号	测量桩号	厚度(cm)			宽度(m)	病害类型号及附图：		

检测人：　　　　现场监理：

______高速公路______年路面养护工程

排水盲沟施工现场检查记录表 附表 3-16

施工单位______ 监理单位______

合 同 号______ 编 号______

<table>
<tr><td colspan="2">工程名称</td><td colspan="2"></td><td>施工日期</td><td colspan="2"></td></tr>
<tr><td colspan="2">桩号与部位</td><td colspan="2"></td><td>检验日期</td><td colspan="2"></td></tr>
<tr><td colspan="7">盲沟设置图：(指平面图和断面结构图)</td></tr>
<tr><td colspan="2">盲沟位置(桩号)</td><td></td><td></td><td></td><td colspan="2"></td></tr>
<tr><td rowspan="6">工序检验</td><td>位置放样是否准确</td><td></td><td></td><td></td><td colspan="2"></td></tr>
<tr><td>坑槽凿除、清扫是否规范</td><td></td><td></td><td></td><td colspan="2"></td></tr>
<tr><td>透层油洒布是否合适、均匀</td><td></td><td></td><td></td><td colspan="2"></td></tr>
<tr><td>回填材料名称/分层厚度</td><td></td><td></td><td></td><td colspan="2"></td></tr>
<tr><td>混合料温度</td><td></td><td></td><td></td><td colspan="2"></td></tr>
<tr><td>浸渍土工布铺设情况</td><td></td><td></td><td></td><td colspan="2"></td></tr>
<tr><td rowspan="2">几何尺寸</td><td>主坑槽尺寸(长×宽×总厚)(cm)</td><td></td><td></td><td></td><td colspan="2"></td></tr>
<tr><td>盲沟(计量长度×厚度)(cm)</td><td></td><td></td><td></td><td colspan="2"></td></tr>
<tr><td colspan="3">承包人自检说明：</td><td colspan="4">监理评签：</td></tr>
<tr><td>现场监理日期</td><td></td><td>施工负责人日期</td><td></td><td>自检负责人日期</td><td colspan="2"></td></tr>
</table>

________高速公路________年路面养护工程

桥头加铺高程设计表

附表 3-17

施工单位__________________　　监理单位__________________

合 同 号__________________　　编　　号__________________

工程名称		厚度控制标准	
方向与桩号		日期	

序号	中央(m)			中间（m）			边缘(m)			宽度（m）	横坡度（%）	纵坡（%）	竖曲线
	地面高程	顶面高程	填高	地面高程	顶面高程	填高	地面高程	顶面高程	填高				

备注：

设计人日期		技术负责人日期		专业监理日期	

______高速公路______年路面养护工程

路面罩面(桥头加铺)施工工序交验单

附表 3-18

施工单位______________　　　　监理单位______________

合 同 号______________　　　　编　　号______________

<table>
<tr><td colspan="3">起讫桩号</td><td colspan="2"></td><td>方向</td><td></td><td colspan="2">天气/气温</td><td></td><td>施工时间</td><td colspan="2"></td></tr>
<tr><td colspan="3">检查项目</td><td colspan="5">承包人自检</td><td colspan="5">监理核验</td></tr>
<tr><td colspan="3">桩号与车道</td><td></td><td></td><td></td><td></td><td></td><td></td><td></td><td></td><td></td><td></td></tr>
<tr><td rowspan="6">测量放样、铣刨、清扫</td><td colspan="2">放样是否准确</td><td></td><td></td><td></td><td></td><td></td><td></td><td></td><td></td><td></td><td></td></tr>
<tr><td colspan="2">施工路段是否无病害</td><td></td><td></td><td></td><td></td><td></td><td></td><td></td><td></td><td></td><td></td></tr>
<tr><td colspan="2">端部铣刨深度是否合适</td><td></td><td></td><td></td><td></td><td></td><td></td><td></td><td></td><td></td><td></td></tr>
<tr><td colspan="2">铣刨是否平顺</td><td></td><td></td><td></td><td></td><td></td><td></td><td></td><td></td><td></td><td></td></tr>
<tr><td colspan="2">是否清扫干净</td><td></td><td></td><td></td><td></td><td></td><td></td><td></td><td></td><td></td><td></td></tr>
<tr><td colspan="2">检查人签名</td><td colspan="5"></td><td colspan="5"></td></tr>
<tr><td rowspan="5">洒布黏层油</td><td colspan="2">乳化沥青品名/产地</td><td colspan="5"></td><td colspan="5"></td></tr>
<tr><td colspan="2">用量控制方法/用量</td><td colspan="5"></td><td colspan="5"></td></tr>
<tr><td colspan="2">黏层油是否均匀</td><td></td><td></td><td></td><td></td><td></td><td></td><td></td><td></td><td></td><td></td></tr>
<tr><td colspan="2">自黏型玻纤网铺设是否满足要求</td><td></td><td></td><td></td><td></td><td></td><td></td><td></td><td></td><td></td><td></td></tr>
<tr><td colspan="2">检查人签名</td><td colspan="5"></td><td colspan="5"></td></tr>
<tr><td rowspan="11">沥青混合料摊铺及碾压</td><td colspan="2">沥青混合料名称</td><td colspan="5"></td><td colspan="5"></td></tr>
<tr><td colspan="2">松铺系数是否合适</td><td></td><td></td><td></td><td></td><td></td><td></td><td></td><td></td><td></td><td></td></tr>
<tr><td colspan="2">混合料是否有离析</td><td></td><td></td><td></td><td></td><td></td><td></td><td></td><td></td><td></td><td></td></tr>
<tr><td colspan="2">碾压是否密实、顺适</td><td></td><td></td><td></td><td></td><td></td><td></td><td></td><td></td><td></td><td></td></tr>
<tr><td rowspan="2">摊铺温度</td><td>规定值</td><td rowspan="2"></td><td rowspan="2"></td><td rowspan="2"></td><td rowspan="2"></td><td rowspan="2"></td><td rowspan="2"></td><td rowspan="2"></td><td rowspan="2"></td><td rowspan="2"></td><td rowspan="2"></td></tr>
<tr><td></td></tr>
<tr><td>初压温度</td><td></td><td></td><td></td><td></td><td></td><td></td><td></td><td></td><td></td><td></td><td></td></tr>
<tr><td>终了温度</td><td></td><td></td><td></td><td></td><td></td><td></td><td></td><td></td><td></td><td></td><td></td></tr>
<tr><td colspan="2">碾压总遍数</td><td></td><td></td><td></td><td></td><td></td><td></td><td></td><td></td><td></td><td></td></tr>
<tr><td colspan="2">开放交通时温度是否低于 50℃</td><td></td><td></td><td></td><td></td><td></td><td></td><td></td><td></td><td></td><td></td></tr>
<tr><td colspan="2">检查人签名</td><td></td><td></td><td></td><td></td><td></td><td></td><td></td><td></td><td></td><td></td></tr>
</table>

________高速公路________年路面养护工程

罩面（桥头加铺）工程数量计算表

附表 3-19

施工单位____________ 监理单位____________ 合同号____________ 编号____________

起止桩号					方向				天气			施工时间					
桩号	加铺前原路面高程（m）				加铺后顶面高程（m）				加铺厚度（cm）					宽度（m）	断面积（m²）	长度（m）	方量（m³）
	1	2	3	4	1	2	3	4	1	2	3	4	平均值				
注：混合料类型为：测点：1 为距中央路缘石 0.5m，2 为　　m，3 为　　m，4 为　　m 处															合 计		

现场负责人：　　　　检测人：　　　　现场监理：

________高速公路________年路面养护工程
沥青混合料拌和原始记录

附表 3-20

施工单位________________　　　　监理单位________________

合 同 号________________　　　　工程编号________________

施工段编号及里程桩号		施工日期		施工天气与温度	

配合比情况	混合料的类型	理论配合比	配合比审批编号	油石比

原材料情况	材料名称	品牌及规格	材料产地	质保单或报验单编号	每方混合料用量(kg)	每拌混合料用量(kg)
	沥青					
	粗集料					
	细集料					
	填料					
	外加剂					

拌和情况	拌和机型号	拌和机产量(T/h)	本台班拌和数量(T)	本台班沥青用量(T)	折算油石比(%)	机械运转情况说明

温度检测		规定值	实测值											平均
	沥青温度													
	矿料温度													
	出厂温度													

马歇尔试验结果							抽提试验结果				
							下列筛孔与标准级配比较误差(%)				
试验单编号	稳定度(kN)	流值(0.01mm)	空隙率(%)	密度(t/m³)	试验单编号	油石比(%)	0.075	2.36	4.75	最大粒径	中间粒径

填表说明:此表应按混合料种类每一台班分别进行填写

现场监理日期		技术负责人日期		自检负责人日期	

________高速公路________年路面养护工程

沥青混合料施工温度检测记录表

附表 3-21

施工单位____________　　　　监理单位____________

合 同 号____________　　　　工程编号____________

工程名称		施工日期、天气与气温	
桩号与部位		混合料类型	

序号	桩 号	摊铺温度（℃）	初压温度(℃)	终了温度(℃)

备注：

检测人：　　　　　　　　　　　　现场监理：

______高速公路______年路面养护工程

水泥混凝土路面基本要求检查记录 附表 3-22

施工单位__________ 监理单位__________

合 同 号__________ 编　　号__________

<table>
<tr><td>工程名称</td><td colspan="4"></td><td colspan="2">施工日期</td><td colspan="4"></td></tr>
<tr><td>桩号与部位</td><td colspan="4"></td><td colspan="2">检测与记录日期</td><td colspan="4"></td></tr>
<tr><td colspan="2">基顶检查记录</td><td colspan="9"></td></tr>
<tr><td colspan="2">施工路段面板检查记录</td><td colspan="9"></td></tr>
<tr><td colspan="11">一、纵向接缝检查</td></tr>
<tr><td rowspan="2">项目</td><td rowspan="2">缩缝位置</td><td colspan="4">缩缝拉杆</td><td rowspan="2">施工缝位置</td><td colspan="4">施工缝拉杆</td></tr>
<tr><td>直径</td><td>长度</td><td>根数或间距</td><td>边缘杆距缝最小间距</td><td>直径</td><td>长度</td><td>根数或间距</td><td>边缘杆距缝最小间距</td></tr>
<tr><td>设计或规定值</td><td></td><td></td><td></td><td></td><td></td><td></td><td></td><td></td><td></td><td></td></tr>
<tr><td>实测值</td><td></td><td></td><td></td><td></td><td></td><td></td><td></td><td></td><td></td><td></td></tr>
<tr><td colspan="11">二、横向接缝检查</td></tr>
<tr><td rowspan="2">项目</td><td rowspan="2">缩缝位置</td><td colspan="4">缩缝传力杆</td><td rowspan="2">胀缝位置</td><td colspan="4">胀缝传力杆</td></tr>
<tr><td>直径</td><td>长度</td><td>根数或间距</td><td>边缘杆距缝最小间距</td><td>直径</td><td>长度</td><td>根数或间距</td><td>边缘杆距缝最小间距</td></tr>
<tr><td>设计或规定值</td><td></td><td></td><td></td><td></td><td></td><td></td><td></td><td></td><td></td><td></td></tr>
<tr><td>实测值</td><td></td><td></td><td></td><td></td><td></td><td></td><td></td><td></td><td></td><td></td></tr>
<tr><td colspan="2">其他检查记录</td><td colspan="9"></td></tr>
<tr><td>现场监理日期</td><td colspan="2"></td><td colspan="2">施工负责人日期</td><td colspan="2"></td><td colspan="2">质检员日期</td><td colspan="2"></td></tr>
</table>

________高速公路________年路面养护工程

路面水泥混凝土施工原始记录　　附表 3-23

施工单位__________________　　监理单位__________________

合 同 号__________________　　编　　号__________________

<table>
<tr><td colspan="2">工程名称</td><td colspan="3"></td><td>施工日期</td><td colspan="3"></td></tr>
<tr><td colspan="2">桩号与部位</td><td colspan="3"></td><td>天气与温度</td><td colspan="3"></td></tr>
<tr><td colspan="2" rowspan="2">混凝土配合比情况</td><td>强度等级</td><td>理论配合比</td><td>配合比编号</td><td>水灰比</td><td>坍落度</td><td>施工配合比</td><td>配料通知单编号</td></tr>
<tr><td></td><td></td><td></td><td></td><td></td><td></td><td></td></tr>
<tr><td rowspan="7">原材料情况</td><td>材料名称</td><td>品牌及规格</td><td>材料产地</td><td colspan="2">质保单或报验单编号</td><td>每方混凝土用量（kg）</td><td colspan="2">每拌和混凝土用量（kg）</td></tr>
<tr><td>水泥</td><td></td><td></td><td colspan="2"></td><td></td><td colspan="2"></td></tr>
<tr><td>黄砂</td><td></td><td></td><td colspan="2"></td><td></td><td colspan="2"></td></tr>
<tr><td>碎石</td><td></td><td></td><td colspan="2"></td><td></td><td colspan="2"></td></tr>
<tr><td>（砾石）</td><td></td><td></td><td colspan="2"></td><td></td><td colspan="2"></td></tr>
<tr><td>水</td><td></td><td></td><td colspan="2"></td><td></td><td colspan="2"></td></tr>
<tr><td>外加剂</td><td></td><td></td><td colspan="2"></td><td></td><td colspan="2"></td></tr>
<tr><td colspan="2" rowspan="2">拌和及运输情况</td><td colspan="2">拌和机型号</td><td colspan="2">计量方式</td><td colspan="2">实际坍落度</td><td>运输方式</td></tr>
<tr><td colspan="2"></td><td colspan="2"></td><td colspan="2"></td><td></td></tr>
<tr><td colspan="2" rowspan="2">施工及养护情况</td><td colspan="2">主要施工工具</td><td>振捣方式</td><td>养生方式</td><td>养生期</td><td>拆模时间</td><td>切割时间</td></tr>
<tr><td colspan="2"></td><td></td><td></td><td></td><td>施工后（h）</td><td>施工后（h）</td></tr>
<tr><td colspan="2" rowspan="2">有关情况说明</td><td colspan="3">施工缝处理情况说明</td><td colspan="2">胀缝处理情况说明</td><td colspan="2">停工原因及停工时间情况说明</td></tr>
<tr><td colspan="3"></td><td colspan="2"></td><td colspan="2"></td></tr>
<tr><td colspan="2" rowspan="2">试块制作情况</td><td colspan="3">制取组数</td><td colspan="2">试块编号</td><td colspan="2">取样部位</td></tr>
<tr><td colspan="3"></td><td colspan="2"></td><td colspan="2"></td></tr>
<tr><td colspan="2" rowspan="2">完成情况</td><td colspan="3">制取组数</td><td colspan="2">试块编号</td><td colspan="2">取样部位</td></tr>
<tr><td colspan="3"></td><td colspan="2"></td><td colspan="2"></td></tr>
<tr><td colspan="9">填表说明：此表应按施工台班分别进行填写</td></tr>
<tr><td colspan="2">现场监理日期</td><td colspan="2"></td><td>施工负责人日期</td><td></td><td>质检员日期</td><td colspan="2"></td></tr>
</table>

______高速公路______年路面养护工程

路面标线现场检测记录表

附表 3-24

施工单位______ 监理单位______

合 同 号______ 工程编号______

工程名称			施工日期			
桩号与部位			检测与记录日期			
项次	检查项目	设计值	实 测 值			
	桩 号					
1	标线厚度(mm)					
2	标线宽度(mm)	虚				
		实				
3	虚标线长度(mm)					
4	纵向间距(mm)					
5	横向偏位(mm)					
	桩 号					
1	标线厚度(mm)					
2	标线宽度(mm)	虚				
		实				
3	标线长度(mm)					
4	纵向间距(mm)					
5	横向偏位(mm)					

检测人： 现场监理：

＿＿高速公路＿＿＿年路面养护工程

路面标线施工现场记录表

附表 3-25

施工单位＿＿＿＿＿＿＿＿　　监理单位＿＿＿＿＿＿＿＿

合 同 号＿＿＿＿＿＿＿＿　　工程编号＿＿＿＿＿＿＿＿

<table>
<tr><td colspan="2">工程名称</td><td></td><td>施工日期</td><td></td></tr>
<tr><td colspan="2">桩号与部位</td><td></td><td>检验日期</td><td></td></tr>
<tr><td colspan="5">路面标线图：</td></tr>
<tr><td rowspan="7">工程数量（m²）</td><td>起讫桩号</td><td></td><td></td><td></td></tr>
<tr><td>路面中心线</td><td></td><td></td><td></td></tr>
<tr><td>车道边界线</td><td></td><td></td><td></td></tr>
<tr><td>外侧边缘线</td><td></td><td></td><td></td></tr>
<tr><td>距离确认线</td><td></td><td></td><td></td></tr>
<tr><td></td><td></td><td></td><td></td></tr>
<tr><td></td><td></td><td></td><td></td></tr>
<tr><td colspan="3">承包人自检说明：</td><td colspan="2">监理评签：</td></tr>
</table>

现场监理日期		施工负责人日期		自检负责人日期	

________高速公路________年路面养护工程

突起路标现场检测记录表

附表 3-26

施工单位________　　监理单位________

合 同 号________　　编　　号________

工程名称			施工日期			
桩号与部位			检测与记录日期			
项次	检查项目	设计值	实 测 值			
	桩号					
1	安装角度(°)					
2	纵向间距(mm)					
3	损坏及脱落个数					
4	横向偏位(mm)					
	桩号					
1	安装角度(°)					
2	纵向间距(mm)					
3	损坏及脱落个数					
4	横向偏位(mm)					

检测人：　　　　　　　　现场监理：

________高速公路________年路面养护工程

突起路标施工现场记录表

附表 3-27

施工单位________________　　监理单位________________

合 同 号________________　　工程编号________________

<table>
<tr><td>工程名称</td><td></td><td>施工日期</td><td></td></tr>
<tr><td>桩号与部位</td><td></td><td>检验日期</td><td></td></tr>
<tr><td colspan="4">突起路标形状图：(单位 mm)</td></tr>
</table>

<table>
<tr><td colspan="4">检查项目</td><td>设计值</td><td>实测值</td></tr>
<tr><td rowspan="10">成品检查</td><td rowspan="3">底座</td><td rowspan="3">尺寸</td><td>A</td><td></td><td></td></tr>
<tr><td>B</td><td></td><td></td></tr>
<tr><td>C</td><td></td><td></td></tr>
<tr><td rowspan="7">反光片</td><td rowspan="3">尺寸</td><td>A</td><td></td><td></td></tr>
<tr><td>B</td><td></td><td></td></tr>
<tr><td>C</td><td></td><td></td></tr>
<tr><td colspan="2">反光膜等级</td><td></td><td></td></tr>
<tr><td rowspan="2">颜色</td><td>黄色</td><td></td><td></td></tr>
<tr><td>白色</td><td></td><td></td></tr>
</table>

<table>
<tr><td rowspan="5">安装记录</td><td rowspan="2">起讫桩号</td><td colspan="2">设计数量</td><td colspan="2">安装数量</td><td colspan="2">间距</td></tr>
<tr><td>中间</td><td>外侧</td><td>中间</td><td>外侧</td><td>中间</td><td>外侧</td></tr>
<tr><td></td><td></td><td></td><td></td><td></td><td></td><td></td></tr>
<tr><td></td><td></td><td></td><td></td><td></td><td></td><td></td></tr>
<tr><td></td><td></td><td></td><td></td><td></td><td></td><td></td></tr>
</table>

<table>
<tr><td colspan="3">承包人自检说明：</td><td colspan="3">监理评签：</td></tr>
<tr><td>现场监理日期</td><td></td><td>施工负责人日期</td><td></td><td>自检负责人日期</td><td></td></tr>
</table>

高速公路__________年路面养护工程

平整度(3m 直尺)现场检测记录表 附表 3-28

施工单位__________ 监理单位__________

合 同 号__________ 工程编号__________

工程名称		施工日期	
桩号与部位		检验与记录日期	

本项目为 层，平整度最大间隙(h)规定值为 mm

检测桩号		幅别	实 测 值										合格率(%)
起	止		1	2	3	4	5	6	7	8	9	10	

检测人： 现场监理：

________高速公路________年路面养护工程

现场检测记录表(通用)

附表 3-29

施工单位________________ 监理单位________________

合 同 号________________ 工程编号________________

工程名称			施工日期									
桩号与部位			检验与记录日期									
项次	检查项目	规定值或允许偏差	实 测 值									
			1	2	3	4	5	6	7	8	9	10

检测人： 现场监理：

________高速公路________年路面养护工程

路面横坡度与宽度检查记录表

附表 3-30

施工单位________________ 监理单位________________

合 同 号________________ 编 号________________

工程名称		施工日期	
方向、桩号		检验日期	

桩号	中读数（m）	边读数（m）	高差（m）	横坡度（%）			路面宽（m）		
				实测	设计	偏差	实测	设计	偏差

注：横坡允许偏差为 %，实测 点，合格 点，合格率为 %

宽度允许偏差为 %，实测 点，合格 点，合格率为 %

检测人： 现场监理：

__________高速公路__________年路面养护工程

水准仪测量记录表

附表 3-31

施工单位__________________　　　　监理单位__________________

合 同 号__________________　　　　编　　号__________________

工程名称				施工日期			
桩号与部位				仪器型号			
测量日期	年　月　日星期	天气		气温	℃	成像度	

测点桩号	后视	前视			高程			备注
		中央	中间	边缘	中央	中间	边缘	

测量人：　　　　　　　　现场监理：

________高速公路________年路面养护工程

厚度检测记录表

附表 3-32

施工单位______________　　监理单位______________

合 同 号______________　　编　　号______________

工程名称		施工日期	

序号	桩号	方向	取芯		计量		厚度偏差（mm）	备注
			横距（m）	厚度（mm）	横距（m）	厚度（mm）		

评定结果：①厚度偏差的平均值为______；

②厚度偏差小于允许偏差的点数有______点

技术负责人：　　监理工程师：

＿＿＿＿＿高速公路＿＿＿＿＿年路面养护工程

单位工程质量检验评定表　　附表 3-33

单位工程名称＿＿＿＿＿＿＿＿＿＿　　路线名称＿＿＿＿＿＿＿＿＿＿

施　工　单　位＿＿＿＿＿＿＿＿＿＿　　监理单位＿＿＿＿＿＿＿＿＿＿

施工单位	分部工程					备注
	工程名称	质量评定				
		实得分	权值	加权得分	等级	
	合计					
质量等级				加权平均分		
评定意见						

检验负责人：　　计算：　　复核：　　年　月　日

__________高速公路__________年路面养护工程

分部工程质量检验评定表　　　　附表 3-34

分部工程名称____________________　　所属单位工程____________________

所 属 项 目____________________　　工 程 部 位____________________

施 工 单 位____________________　　监 理 单 位____________________

施工单位	分 项 工 程					备 注
	工程名称	质 量 评 定				
		实得分	权 值	加权得分	等级	
	合计					
质量等级			加权平均分			
评定意见						

检验负责人：　　　　计算：　　　　复核：　　　　年　　月　　日

__________高速公路__________年路面养护工程

工程质量检验评定汇总表

附表 3-35

施工单位__________________　　　　监理单位__________________

工程名称	实　得　分	权　值	加权得分	等　级	备　注
合计					
加权平均分					

检验负责人：　　　　计算：　　　　复核：　　　　年　　月　　日

________高速公路________年路面养护工程
分项工程质量检验评定表

附表 3-36

分项工程名称 路面病害处理　　所属分部工程名称________　　所属项目________

工程部位(桩号)________　　施　工　单　位________　　监理单位________

基本要求																		
实测项目	项次	检查项目		规定值或允许偏差	实测值或实测偏差值										质量评定			
					1	2	3	4	5	6	7	8	9	10	平均值、代表值	合格率(%)	权值	得分
	1	压实度		在合格标准之内													3	
	2	平整度(mm)		$h\leqslant 3$													2	
	3	渗水系数		≤300mL/min													2	
	4	抗滑	摩擦系数	≥50													2	
			构造深度 TD(mm)	≥0.55														
	5	厚度(mm)	合格值	不小于设计(计量)值的−5%													3	
			极值	不小于设计(计量)值的−10%														
	6	宽度(mm)		不小于设计(计量)值													1	
	7	边缘顺直度(cm)		≤5cm/20m													1	
合计																		

外观鉴定		减分		监理意见	
质量保证资料		减分			
工程质量等级评定		评分：		质量等级：	

检验负责人：　　检测：　　记录：　　复核：　　年　月　日

______高速公路______年路面养护工程

分项工程质量检验评定表

附表 3-37

分项工程名称沥青混凝土罩面(或桥头加铺)　　所属分部工程名称______　　所属项目______

工程部位(桩号)______　　施　工　单　位______　　监理单位______

基本要求																		
实测项目	项次	检查项目		规定值或允许偏差	实测值或实测偏差值										质量评定			
					1	2	3	4	5	6	7	8	9	10	平均值、代表值	合格率(%)	权值	得分
	1	压实度		在合格标准之内													3	
	2	平整度		IRI≤2.0m/km 或 σ≤1.2mm													2	
	3	渗水系数		≤300mL/min													2	
	4	抗滑	摩擦系数	符合设计要求													2	
			构造深度 *TD*(mm)	符合设计要求														
	5	厚度(mm)	合格值	不小于设计(计量)值的−5%													3	
			极值	不小于设计(计量)值的−10%														
	6	宽度(mm)		不小于设计宽度													1	
	7	横坡度(%)		±0.3													1	
	8	边缘顺直度(cm)		≤5cm/20m													1	
合计																		
外观鉴定								减分							监理意见			
质量保证资料								减分										
工程质量等级评定	评分：											质量等级：						

检验负责人：　　检测：　　记录：　　复核：　　年　月　日

______高速公路______年路面养护工程

分项工程质量检验评定表

附表 3-38

分项工程名称水泥混凝土路面　　所属分部工程名称______　　所属项目______

工程部位(桩号)______　　施　工　单　位______　　监理单位______

基本要求																		
实测项目	项次	检查项目		规定值或允许偏差	实测值或实测偏差值										质量评定			
					1	2	3	4	5	6	7	8	9	10	平均值、代表值	合格率(%)	权值	得分
	1	弯拉强度(MPa)		在合格标准之内													3	
	2	板厚度(mm)		−10													3	
	3	平整度	σ (mm)	1.2													2	
			IRI(m/km)	2.0														
	4	抗滑构造深度(mm)		0.7～1.1													1	
	5	相邻板高差(mm)		2													1	
	6	纵、横缝顺直度(mm)		10													1	
	7	中线平面偏位(mm)		20													1	
	8	路面宽度(mm)		±20													1	
	9	横坡(%)		±0.15													1	
合计																		
外观鉴定							减分				监理意见							
质量保证资料							减分											
工程质量等级评定						评分：					质量等级：							

检验负责人：　　检测：　　记录：　　复核：　　年　月　日

______高速公路______年路面养护工程
分项工程质量检验评定表

附表 3-39

分项工程名称　路面标线　　　所属分部工程名称______　　　所属项目______

工程部位(桩号)______　　　施　工　单　位______　　　监理单位______

基本要求																	
实测项目	项次	检查项目	规定值或允许偏差	实测值或实测偏差值										质量评定			
				1	2	3	4	5	6	7	8	9	10	平均值、代表值	合格率(%)	权值	得分
	1	厚度(mm) 热熔型 1.8	−0.10,+0.50													2	
	2	标线宽度(mm)	+8.0													1	
	3	标线长度(mm)	±50													1	
	4	纵向间距(mm)	±45													1	
	5	横向偏位(mm)	±30													1	
	6	标线剥落面积	检查总面积的 0～3%													1	
	7	反光标线逆反射系数($cd \cdot lx^{-1} \cdot m^{-2}$)	白色标线≥150 黄色标线≥100													2	
合计																	

外观鉴定		减分		监理意见	
质量保证资料		减分			
工程质量等级评定	评分：		质量等级：		

检验负责人：　　　检测：　　　记录：　　　复核：　　　年　月　日

______高速公路______年路面养护工程

分项工程质量检验评定表

附表 3-40

分项工程名称 突起路标　　所属分部工程名称______　　所属项目______

工程部位(桩号)______　　施　工　单　位______　　监理单位______

基本要求																	
实测项目	项次	检查项目	规定值或允许偏差	实测值或实测偏差值										质量评定			
				1	2	3	4	5	6	7	8	9	10	平均值、代表值	合格率(%)	权值	得分
	1	安装角度(°)	±5													1	
	2	纵向间距(mm)	±50													1	
	3	损坏及脱落个数	＜0.5%													2	
	4	横向偏位(mm)	±30													2	
	5	承受压力(kN)	＞160													1	
	6	光度性能	在规定范围内													2	
合计																	
外观鉴定						减分								监理意见			
质量保证资料						减分											
工程质量等级评定						评分：						质量等级：					

检验负责人：　　检测：　　记录：　　复核：　　年　月　日

＿＿＿＿高速公路＿＿＿＿年路面养护工程

分项工程质量检验评定表

附表 3-41

分项工程名称＿护栏调整＿　所属分部工程名称＿＿＿＿　所属项目＿＿＿＿

工程部位（桩号）＿＿＿＿　施　工　单　位＿＿＿＿　监理单位＿＿＿＿

基本要求																	
实测项目	项次	检查项目	规定值或允许偏差	实测值或实测偏差值										质量评定			
				1	2	3	4	5	6	7	8	9	10	平均值、代表值	合格率(%)	权值	得分
	1	立柱竖直度（mm/m）	±5													2	
	2	护栏顺直度（mm/m）	±5													2	
	3	横梁中心高度（mm）	600±20													2	
合计																	
外观鉴定				减分				监理意见									
质量保证资料				减分													
工程质量等级评定	评分：							质量等级：									

检验负责人：　　检测：　　记录：　　复核：　　年　月　日

______高速公路______年路面养护工程

分项工程质量检验评定表

附表 3-42

分项工程名称<u>沥青路面坑槽修补</u>　　所属分部工程名称__________　　所属项目__________

工程部位(桩号)__________　　施　工　单　位__________　　监理单位__________

基本要求																	
实测项目	项次	检查项目	规定值或允许偏差	实测值或实测偏差值										质量评定			
				1	2	3	4	5	6	7	8	9	10	平均值、代表值	合格率(%)	权值	得分
	1	压实度(%)	在合格标准之内													3	
	2	平整度(mm)(最大间隙 h)	≤7													2	
	3	渗水系数(mL/min)	≤300													2	
合计																	

外观鉴定		减分		监理意见	
质量保证资料		减分			
工程质量等级评定	评分：		质量等级：		

检验负责人：　　检测：　　记录：　　复核：　　年　月　日

附表 3-43

__________高速公路__________年路面养护工程

分项工程质量检验评定表

分项工程名称__________　所属分部工程名称__________　所属项目__________

工程部位(桩号)__________　施　工　单　位__________　监理单位__________

项次	检查项目	实测值或实测偏差值																			
		1	2	3	4	5	6	7	8	9	10	11	12	13	14	15	16	17	18	19	20
注:①本表为相应“分项工程质量检验评定表”的附表;②本表中“项次”“检查项目”“规定值或允许差值”和“合格率”等栏目可按数据多少,自行分割																					

检验负责人:　　　　检测:　　　　记录:　　　　复核:　　　　年　　月　　日

参 考 文 献

[1] 中华人民共和国行业标准.公路工程施工监理规范(JTG G10—2006).北京:人民交通出版社,2006.

[2] 中华人民共和国行业标准.公路工程质量检验评定标准.第一册(土建工程)(JTG F80/1—2004).北京:人民交通出版社,2004.

[3] 中华人民共和国行业标准.公路养护技术规范(JTT 073—96).北京:人民交通出版社,2004.

[4] 中华人民共和国行业标准.公路沥青路面施工技术规范(JTG F40—2004).北京:人民交通出版社,2004.

[5] 中华人民共和国行业标准.公路水泥混凝土路面施工技术规范(JTG F30—2003).北京:人民交通出版社,2003.

[6] 中华人民共和国行业标准.公路沥青路面养护技术规范(JTJ 073.2—2001)北京:人民交通出版社,2001.

[7] 中华人民共和国行业标准.公路水泥混凝土路面养护技术规范(JTJ 073.1—2001).北京:人民交通出版社,2001.

[8] 中华人民共和国行业标准.公路技术状况评定标准(JTG H20—2007).北京:人民交通出版社,2007.

[9] 中华人民共和国行业标准.公路养护安全作业规程(JTG H30—2004).北京:人民交通出版社,2004.

[10] 陈鼎,赵锦文.监理项目风险分析与防范.北京:中国交通建设监理.2006.

[11] 熊广忠.公路工程施工质量监理手册.北京:中国水利水电出版社,2003.

[12] 中华人民共和国交通部公路司,交通部基本建设质量监督总站.公路工程施工监理手册.北京:人民交通出版社,2001.

[13] 陈传德.高速公路养护管理.北京:人民交通出版社,2005.

[14] 浙江省交通厅工程质量监督站.公路施工环境保护监理.北京:人民交通出版社,2006.

[15] 陈鼎.环保监理势在必行.北京:中国交通建设监理,2006.

[16] 陈鼎.公路工程环保监理的重点.北京:中国交通建设监理,2006.

[17] 中华人民共和国交通部.公路工程国内招标文件范本(2003 年版).北京:人民交通出版社,2003.

[18] 中华人民共和国交通部.公路工程竣(交)工验收办法(交通部令 2004 年第 3 号).北京:人民交通出版社,2004.

[19] 李雨峙,袁剑波等.FIDIC 条款与公路工程施工监理.北京:人民交通出版社,2001.

[20] 陈鼎,周利霞.监理项目绩效考核"如何"考.北京:中国交通建设监理,2006.